"十四五"普通高等教育国际经济与贸易专业核心课程教学案例丛书

U0656742

国际商法
教学案例

潘银坪 党伟 饶晗 主编

GUOJI SHANGFA

JIAOXUE ANLI

东北财经大学出版社
Dongbei University of Finance & Economics Press
大连

图书在版编目（CIP）数据

国际商法教学案例 / 潘银坪，党伟，饶晗主编． —大连：东北财经
大学出版社，2023.12
（"十四五"普通高等教育国际经济与贸易专业核心课程教学案例丛书）
ISBN 978-7-5654-4990-1

Ⅰ.国⋯　Ⅱ.①潘⋯ ②党⋯ ③饶⋯　Ⅲ.国际商法–教案（教育）–高
等学校　Ⅳ.D996.1

中国国家版本馆CIP数据核字（2023）第201561号

东北财经大学出版社出版

（大连市黑石礁尖山街217号　邮政编码　116025）

网　　址:http://www.dufep.cn

读者信箱:dufep@dufe.edu.cn

大连永盛印业有限公司印刷　　　东北财经大学出版社发行

幅面尺寸：170mm×240mm　字数：356千字　印张：17.5　插页：1

2023年12月第1版　　　　　　　2023年12月第1次印刷

责任编辑：李　彬　孙　平　　　　　责任校对：何　力

封面设计：原　皓　　　　　　　　　版式设计：原　皓

定价：52.00元

教学支持　售后服务　　联系电话：（0411）84710309

版权所有　侵权必究　　举报电话：（0411）84710523

如有印装质量问题，请联系营销部：（0411）84710711

"十四五"普通高等教育国际经济与贸易专业核心课程教学案例丛书

丛书主编　李勤昌

丛书编委（按姓氏笔画排序）

方韵诗　关建波　何　芬　袁　柳

常　崑　鲁朝云　曾莉婷　潘银坪

总序

　　教材是体现教学内容和教学要求的知识载体，是教与学的基本工具，是提高人才培养质量的重要保证。为进一步贯彻落实《教育部关于加快建设高水平本科教育全面提高人才培养能力的意见》（教高〔2018〕2号）、《教育部关于一流本科课程建设的实施意见》（教高〔2019〕8号）、《高等学校课程思政建设指导纲要》（教高〔2020〕3号）和《普通高等学校教材管理办法》（教材〔2019〕3号）等文件精神，更好地服务于学校全面深化教育改革、提升教育教学水平和人才培养质量，支持一流本科专业和一流本科课程建设，我们组织编写了"'十四五'普通高等教育国际经济与贸易专业核心课程教学案例丛书"。

　　根据应用型人才培养目标，运用OBE理念下的"多元组合教学法"，包括问题导向教学法（PBL）、合作学习、自主课堂、研讨式教学、探究式教学、翻转课堂、对分课堂等，抓住"一个中心三个基本点"（以学生为中心，问题导向、课程思政、能力培养），实现为党育人、为国育才的教学目的，应该是普通高等教育高质量发展的总体趋势和重要内容。

　　多元组合教学法的要义还是PBL教学法（也可称为案例教学法），就是倡导学生通过自主学习培养主动学习的能力和运用知识解决实际问题的能力，其他的方法只是侧重点不同而已。PBL教学法是根据以学生培养为中心的理念，老师按照教学计划，给出特定的问题，让学生课前通过自主学习，准备问题解决方案，再通过翻转课堂等方式，通过课上的学生变老师、老师变导师的生生互动、师生互动、审辩创新，优化解决方案，由此激发学生学习的主动性，培养自学能力、创造能力、团队精神的一种教学方法。PBL教学法应该具备以下要素：一是要具有真实的带有普遍性的特定问题，作为学生学习的起点；二是要建立学习小组，以便小组合作，自主学习，培养学生自学能力和协作能力；三是要有课上讨论，让学生在讨论中优化解决方案，培养思辨能力、挑战精神和沟通能力；四是要有具备教练能力的教师，维持学习秩序和指引方向；五是要有课后的自我评价，观察学生的知识、能力升华状况，反馈至课程的初始设计。

　　与传统的讲授式教学法相比，PBL教学法是颠覆性的。在这种教学方式下，课堂的主体是学生，由学生通过对问题的讨论，锻炼前述各项能力，教师只是课堂的组织者和学习的促进者。为了解决来自现实世界的特定问题，学生必须在课堂讨论之前主动搜集和学习相关理论知识，运用自己的智慧分析特定问题并提出解决问题的方案，由此提高学生学习的主动性和自觉性，培养学生的知识运用能力和决策能力。正因如此，自美国哈佛商学院在1921年正式采用案例教学法后，这一方法在全球商学院迅速传播开来，我国的相关专业也在大力推行这一教学方法。

实施PBL教学法的一个先决条件是要有好的教学案例。这里所说的教学案例不是传统教学中使用的简短的说明性案例，一个标准的教学案例应当包括案例正文和案例使用说明两个部分。案例正文是对某个企业所发生的需要解决的问题的客观情景描述，有时间、地点、人物、事件发生过程和所遇困惑的交代，结构通常包括背景、情景描述、讨论问题和参考资料等，其编写目的是让学生能够识别案例所设置的问题，然后通过主动学习相关理论知识，提出解决这些问题的方案。案例使用说明是为教师组织和引导学生课堂讨论提供指导，通常包括教学目的、分析思路、理论指导、教学组织等内容。

案例教学的实施过程也是颠覆性的。在经典的案例教学课程中，教师应当指定课前阅读材料，包括案例正文、讨论问题、相关教材和理论文献等。学生必须在课前阅读所有材料，识别和认真分析案例中设置的特定问题，提出问题的解决方案。在进入正式课堂讨论前，学生还应当进行小组讨论，通过相互学习，完善自己的决策方案。在课堂讨论中，教师是学习的组织者和促进者，而不是简单的知识灌输者。教师应当努力将教室营造成为一个合作性的讨论场所，围绕特定问题，组织和动员每个学生有序地参与各个具体问题的讨论，通过讨论让学生发现知识、运用知识，使课堂成为自主学习和锻炼合作决策的场所。

正是基于上述认识，本教学团队近些年来在积极尝试推行国际贸易和国际商务专业的PBL教学法和案例编写工作，《海上货物索赔教学案例》已于2016年由东北财经大学出版社出版，其中3个教学案例被中国专业学位教学案例中心收录。现在呈现给大家的教学案例丛书目前暂定7本，为国际经济与贸易本科专业核心课程的PBL教学改革而编写，包括《经济学教学案例》《世界经济概论教学案例》《国际贸易教学案例》《国际贸易实务教学案例》《国际货物运输教学案例》《国际商法教学案例》《国际结算教学案例》。

各分册采用统一编写体例。总体架构采用盯住主教材架构的方法，章、节、目名称总体上与其服务的主教材的章、节、目保持一致。原则上，每一章编写综合性的引导案例，涵盖该章的主要知识点。主要节、目（若目下有若干个知识点，则包括每一知识点）编写随堂案例，每一章（包括主要的节）编写若干综合案例，供该章（节）的学习总结与能力培养效果检验之用。各类型案例有中文表达的，也有全英文表达的。

各类案例原则上采用哈佛商学院的案例编写框架与构成要素。

引导案例是在讲授新的章节之前引出主题，激发学生兴趣，启发学生思考的短篇案例。其正文应当是涵盖该章、节、目的知识点的，综合性的或单一性的短篇案例，可以不编制案例使用说明。

随堂案例是针对本次课程的核心知识点，在课堂上发放、现场阅读、即时展开讨论的短篇案例，讨论时间一般为10~15分钟。该种案例短小精悍，主要预埋有特定问题的故事情节、讨论思考题等。为加强课程思政建设，还编有较为丰富的课程思政类教学案例。

综合案例通常是针对一次或几次课程的内容，需要学生课前或课后自行阅读、认真准备，课上以小组为单位作案例分析报告，并进行自由讨论的长篇案例。该种案例正文包括时间、地点、人物、预埋有特定问题的跌宕起伏的故事情节、讨论思考题、参考文献、附录等。

各分册主编和参编人员均具有长期专业或课程教学经验，成果丰富，从而保证了本丛书的先进性、创新性和挑战度。各分册既包括编者自己开发的教学案例，也包括对国内外权威机构公开发布和其他学者编写的案例改编形成的教学案例，在此谨向这些机构和学者表示衷心的感谢。为多门课程编写系统的教学案例乃首次尝试，不妥之处欢迎广大读者和使用者提出宝贵修改意见。

本教学案例丛书为"广州工商学院2021年度校级教材建设项目"成果。

李勤昌

前言

在经济全球化背景下，商事活动的国际性日益增强，掌握国际商法知识非常必要。国际商法具有跨境性、复杂性、多元性的特点，学习起来有一定难度。因此，我们在教学过程中运用问题导向教学法（PBL）开展教学，取得了良好效果。为配合 PBL 教学，我们编写了这本教学案例。

本教材按照东北财经大学出版社出版的《国际商法》（党伟主编）知识体系构建框架，为主要知识点配套教学案例，内容涵盖了国际商法导论、国际商事关系的主体及其法律地位、比较合同法、国际货物买卖法、比较代理法、商事组织法、工业产权法、比较票据法以及国际商事仲裁九个部分。每章配有开篇案例和综合案例，主要知识点配有随堂案例，每个案例由案例正文、讨论问题和参考答案组成。

本教材由潘银坪、党伟、饶晗主编，施继华参与了部分编写工作，薛佳欣参与了文字整理工作。由于编者水平有限，书中难免存在不足之处，敬请读者多提宝贵意见。书中参考了相关文献和出版物，在此对这些文献和出版物的作者表示衷心感谢。

《国际商法教学案例》编写组

2023 年 9 月

目　录

第四章　国际货物买卖法 / 81

第五章　比较代理法 / 140

第六章　商事组织法 / 162

第七章　工业产权法　/　198

第八章　比较票据法　/　224

第一章 国际商法导论

开篇案例 奥尼尔服装有限公司诉舒尔弛服装辅料有限公司案

【案例正文】

某市中外合资企业奥尼尔服装有限公司（简称奥尼尔公司）与该市舒尔弛服装辅料有限公司（简称舒尔弛公司）签订了一份购买5万米进口布料的合同。双方约定的该布料原产国为韩国，舒尔弛公司向奥尼尔公司交货时，应同时出具原产地证书；如双方发生争议，则应适用韩国法律，同时双方约定管辖法院是×市的中级人民法院。

两家公司签约后，舒尔弛公司积极组织货源，准备从韩国新凯服装面料公司（简称新凯公司）进口布料。由于疏忽，舒尔弛公司在自己提供的布料采购合同文本中把质量条款错写成"抗起球、表面有瑕点"。新凯公司在发现这一条款后，非常高兴，正好有一批直条痕面料准备处理，于是全部交付给舒尔弛公司。

当这批直条痕面料连同原产地证书被送达奥尼尔公司后，奥尼尔公司当即发现并提出交易标的存在质量问题，遂依据合同向×市中级人民法院提起诉讼。

【涉及的问题】

（1）奥尼尔公司与舒尔弛公司之间的纠纷适用于国际商法吗？双方对于适用的法律和管辖法院的约定是否有效？本案应适用何种法律？

（2）舒尔弛公司在知道从新凯公司采购回来的韩国面料存在质量问题之后，当即向新凯公司提出换货请求，但新凯公司以"按合同办事"为由，拒绝换货。舒尔弛公司与新凯公司之间的纠纷应如何处理？体现了国际商法的哪些原则？

【思政案例】国际私法的中国启蒙

梁启超（1873—1929年），中国近代重要的思想家、政治家和法学家。1892年赴日本学习法律并深受启蒙思想影响，回国后进而倡导维新运动与立宪政治。光绪三十二年（1906年）创立中国公学会并任总干事，宣传民主思想。辛亥革命后曾担任临时大总统府法制局长，参与新政策的制定。

梁启超的生平体现出其卓越的学识与政治才华，以及在变革时期推动中国走向现代化的决心与贡献。虽然其在政治上屡遭挫折，但其进步思想与理论成果依然激励着中国人追求自由、民主与法治。

恽代英（1895—1931年），中国共产党创建时期的重要领导人，著名的无产阶级革命家、政治活动家、理论家、中国青年运动的领袖和导师。1921年加入中国共产党，1926年任黄埔军校政治主任教官。1927年当选为中共五大中央委员，参与领导了南昌起义和广州起义，历任中共中央宣传部秘书长、组织部秘书长等职。1930年5月在上海被捕，1931年4月在南京英勇就义。

恽代英照亮了无数革命青年前行的道路，他的清贫操守与坚定信念永远留在后人心中。正如周恩来1950年为纪念恽代英牺牲19周年题词中概括的那样："中国青年热爱的领袖——恽代英同志牺牲已经十九年了，他的无产阶级意识、工作热情、坚强意志、朴素作风、牺牲精神、群众化的品质、感人的说服力，应永远成为中国革命青年的楷模。"2009年，恽代英以"中国青年的楷模"当选为"100位为新中国成立作出突出贡献的英雄模范人物"之一。

【思政思考】 ■━━━━━━━━━━━━━━━━━━━

良好的法律能力：法律法规检索能力、批判性思维能力、口头与书面的说服能力、持续不断的自学能力；

法律工作者品格：坚持正义、工作热情、坚强意志、朴素作风、牺牲精神。

1.1   国际商法的概念

┌────────────── 案例 1 ──────────────┐

跨国商务活动是否属于国际商法的调整范畴？

【案例正文】 ■━━━━━━━━━━━━━━━━━━━

法国 A 公司与中国 B 公司签订合同，合同规定："B 公司供应 A 公司 50 台大型拖拉机，每台 100 马力，总价格 15 万美元。合同订立后 3 个月内装船，凭不可撤销即期信用证付款。"

【涉及的问题】 ■━━━━━━━━━━━━━━━━━

此合同如果发生纠纷，应适用国际商法吗？

【参考答案】 ■━━━━━━━━━━━━━━━━━━

此合同为法国 A 公司与中国 B 公司所签订，当事人的营业地分处不同的国家，且当事人具有不同的国籍，故为国际商事合同，因此适用国际商法。

案例2

自然人的跨国商务活动是否属于国际商法的调整范畴？

【案例正文】 ▮

一个 19 岁的西班牙留学生 A 在中国的某商场购买了一块价格昂贵的瑞士名表。其父母听说后，坚决表示不同意，要求退货，理由是根据西班牙法律，21 岁才能成为完全民事行为能力人，A 只有 19 岁，未达到法定年龄，属于限制民事行为能力人，其所进行的超出其能力范围的行为应征得监护人的同意，否则无效。

【涉及的问题】 ▮

本案适用国际商法吗？

【参考答案】 ▮

本案不适用国际商法。国际商法是调整国际商事交易和商事组织各种关系的法律规范的总称。国际商法中的"国际性"是以当事人的营业地处于不同国家为标准，即跨越国界。按照《联合国国际货物销售合同公约》的规定，如果合同当事人的营业地设在同一国家，则即使他们具有不同的国籍，他们之间达成的合同和进行的交易也不属于国际性的商事合同。因此，当事人的国籍不是衡量国际性的标准。对于商事组织的认定，各国法律规定不尽相同，但对商事组织的要求基本相同：须有自己的名称（商号）；有固定的场所；有一定的资本；以营利为目的；有一定的组织形式，设立程序须符合法律规定。根据多数国家的规定，商事组织主要有公司、合伙和独资企业。本案中 A 不属于商事组织，其购买行为也不属于国际商事交易，因此不适用国际商法。

案例3

商务活动中的所有问题是否都属于商法的调整范畴？

【案例正文】 ▮

某年，中国政府与澳大利亚政府就相互之间的钢材贸易关系达成了一个双边协议，以规范两国之间的钢材贸易活动。

【涉及的问题】 ▮

中澳两国这种安排所建立的贸易关系是否属于国际商事关系？

【参考答案】 ▮

以政府关系为代表的国家之间的关系，也就是我们所说的"公法"意义上的国际关系，不属于我们所说的商人跨国商务活动。国际商法中"国际"一词是指"跨越国家"，涉及的是私法主体跨越国家进行的商事行为，而不包括公法意义上的国际关系，所以，中澳两国所建立的这种贸易关系不属于国际商事关系，但是，如果从国际贸易法的概念出发，这种关系应当是国际贸易法所调整的国际贸易关系。

1.2　国际商法的渊源

------------------- 案例 1 -------------------

什么是法的渊源？

【案例正文】■————————————————————————

在代理一件国际货物买卖合同纠纷的诉讼中，邓律师为支持自己的观点在法庭上提出了以下三个依据：（1）去年，本省高级人民法院在处理一件类似的国际货物买卖合同纠纷案件时所作出的判决，其结果与自己的观点一致；（2）最高人民法院在一个关于国际货物买卖合同纠纷案件处理的司法解释中作出的规定，可以支持自己的观点；（3）某著名学者在其著作中的论点与自己的观点一致，该论点已经被我国法律界广泛接受。

【涉及的问题】■————————————————————————

什么是法的渊源？邓律师提出的三个依据，是否可能被法庭在审判中所采纳？

【参考答案】■————————————————————————

首先，任何法都必须以一定的形式表现出来，法的渊源是指法的这种表现形式。"法的渊源"一词来自拉丁文"fontes juris"。由于这是一种比喻，因此法学家们对"渊源"一词的解释往往因人而异，各国的做法也存在差别。例如，大陆法系国家以法律（成文法）为主要渊源，英美法系国家以判例法为主要渊源，而在我国，法的渊源通常被认为包括宪法、法律、行政法规和地方性法规、司法解释、国际条约或协定。

其次，邓律师提出的三个依据中，只有第 2 个可能被法庭在审判中所采纳。因为第 1 个属于判例，判例在我国不属于法的渊源，不是法的组成部分；第 3 个属于学理解释或者称为专家的看法，可以起到参考作用，但不能作为司法审判的依据，也不属于法的渊源；第 2 个属于最高人民法院的司法解释，属于我国法的渊源的组成部分，可以被用来作为司法审判的依据。

------------------- 案例 2 -------------------

从土地买卖违约定金案看英美法系的法律原则

【案例正文】■————————————————————————

事实：原告同意以 12.5 万美元的价格，向汤普金斯（Tompkins）出售一块土地，汤普金斯交付 1 万美元给经纪人作为定金，契约中规定，如果买受人届时不履行契约，出卖人有权选择以没收定金的方式作为损害赔偿。由于汤普金斯违约，而经纪人误将定金返还汤普金斯，因此原告对汤普金斯及其经纪人提起诉讼。

诉讼过程：一审以条款系惩罚性为由，驳回原告的诉讼。

本案判决理由：（1）Pemdroke v. Caudill（160 Fla.948，37 So.2nd 538（1948））案的受诉法院认为，若违约时损害赔偿予以确定，则事前约定的违约金将被视为惩罚性而无效，无论缔约时损害是否予以确定；而 Hyman v. Cohen（73 So.2nd 393 Fla.（1954））案的受诉法院认为，若缔约时损害结果易于确定，则此种违约金条款将被视为惩罚性条款而无效。

本案法院认为，不动产交易的损害赔偿在契约违约时极易确定，因为可用契约价金及市场价格作为损害赔偿的计算标准。若采用 Pemdroke v. Caudill 案的标准，则会产生寒蝉效应（Chilling Effect），即此类不动产买卖交易在违约时极易确定损害结果，会造成所有不动产交易的违约金条款均无效。因此本案法院认为应采用 Hyman v. Cohen 案的标准，以缔约时是否易于确定作为判断标准，若预定的损害赔偿数额与实际损害数额相差过大，则可使用衡平原则，降低损害赔偿数额，而不必宣告损害赔偿条款无效。

（2）佛罗里达州不动产交易的市场价格变化极大，每年不同、每季不同，因此依据本案事实，双方当事人于缔约时，对违约的损害结果无法清楚确定，因此其订立的违约金条款不构成惩罚性条款。

【涉及的问题】
以上案例体现了英美法系有哪些特点？比较大陆法系和英美法系的不同。

【参考答案】
本案的判决是一个比较典型的英美法系的判决方式，法院所引用的不是法律条文，而是先例中对类似问题的判决所确立的原则。

在英美法系中惩罚性的违约金条款是无效的。本案中所要确定的就是：该土地买卖契约中的定金是惩罚性的还是补偿性的。法院有两个先例可以援引：一个是 1948 年的 Pemdroke v. Caudill 案，考虑违约时损害赔偿是否易于确定；另一个是 1954 年的 Hyman v. Cohen 案，考虑缔约时损害结果是否易于确定，以决定违约金条款是否应被视为惩罚性条款而无效。

经过比较认为后者更适合本案，因而采用了后者的原则来对本案作出判决。法院认为由于"佛罗里达州不动产交易的市场价格变化极大，每年不同、每季不同"，双方当事人在缔约时无法对违约可能造成的损害结果确定清楚，因此他们可以在合同中预先规定以交付定金的方式作为违约金的一种形式，以便在一方违约时，另一方可以得到及时救济。因此，法院判定"其订立的违约金条款不构成惩罚性条款"，该定金条款有效。

大陆法系和英美法系之间的主要区别在于：

大陆法系以成文法为主要标志，而英美法系以判例法为主要标志。大陆法系国家将其法律按照逻辑关系，系统整理、排列，划分为相互联系、相互协调的不同的法律部门，通过对部门法进行比较全面和系统的陈述而形成一个有机的整体，法典是其主要的表现形式。法院判决只对受审理的案件有效，对日后的同类案件不具有约束力，而英美法系国家则遵循"维持先例（Stare Decisis）"的原则，通过法官在审判实践中的判决及其积累，确立法律的规则体系，作为处理法律问题的主要依据。法官在处理当前的争端时，要以过去的判例为准则，特别是下级法院要受上级法院以往判决（先例）的约束，尽管英美法系国家也不同程度地存在一些成文法，但是它们多以单行法规的形式出现，针对具体的法律问题一般不趋向于法典化。

大陆法系国家法官在审理案件时，首先要考虑法典和其他成文法中的规定，依据该规定来对具体案件作出判决，采用的是"一般到个别"的演绎推理。法官是法律的执行者，不能超出成文法的规定进行审判活动。而英美法系国家，法官在审理案件时，首先要参照以往类似案件的判决，并从中归纳出适合于本案的一般原则，然后再作出判决，采用的是"个别到一般"的归纳推理。如果发现先例确立的原则已经不能适应当前的形式，或者随着社会的发展出现了前所未有的法律问题，法官可以根据公平合理原则创制先例。

两大法系的法律观念也不同。大陆法系以理性主义为哲学基础，重视法律研究，强调成文法规。而英美法系以经验主义为哲学基础，重视判例的作用，强调"法官制定法律"。

在法律分类上，大陆法系沿袭罗马法的传统，将全部法律分为公法与私法两大类，公法是指处理社会公共事务的法律，包括处理国家与个人关系的法律，如宪法、行政法、刑法、诉讼法以及处理国家之间关系的国际公法等。私法是指处理私人之间关系的法律，民法和商法是其主要代表。而英美法系在传统上并不将法律分为公法与私法。在英国法中，有"普通法"与"衡平法"之分，普通法是指与制定法（成文法）相对的"法官创造"的一般法律。衡平法是指15世纪始于英国，根据衡平（公平、合理、正义）原则，为弥补普通法的不足而形成的一种判例法。实际上普通法和衡平法都是判例法，因此英美法系国家不再强调普通法与衡平法之分，法院在司法审判中把它们作为共同的法律通则予以遵循。

1.3　运用法律原则解决国际商务纠纷

案例 1
平等交易原则

【案例正文】

某年，美国环保局对国内和国外炼油商提出了不同的标准，他们认为国外炼油商缺乏当年检测的、足以证明汽油质量的真实数据，只能通过一个"法律底线"显示其汽油的质量，而国内炼油商可以通过三种可行方法，制定"独立底线"这一标准，于是对国外炼油商采取了歧视政策，造成市场竞争的不均衡，从而引起贸易纠纷。

【涉及的问题】

此案例说明了国际商法应遵循什么法律原则？

【参考答案】

平等交易原则。在商事交易中，当事人的法律地位平等，在平等的条件下进行交易，以达到公平的目的。平等交易是市场经济的基本要求，参与商事活动的当事人只有具备独立主体的资格，并在平等的地位上自主经营，才有可能公平竞争，造就一个公平合理的商事交易环境。

案例 2
诚实信用和公平的原则

【案例正文】

某年 4 月 15 日，央视《每周质量报告》节目《胶囊里的秘密》曝光了河北一些企业用生石灰处理皮革废料，熬制成工业明胶后卖给绍兴新昌一些企业，这些工业明胶被制成药用胶囊流入药品企业进入患者腹中这一事件。由于皮革在工业加工时要使用含铬的鞣制剂，因此这样制成的胶囊往往重金属铬超标。经检测，××药业等 9 家药厂 13 个批次药品所用胶囊重金属铬含量超标。

【涉及的问题】

此案例体现了国际商法的哪些原则？

【参考答案】

此案例体现了诚实信用和公平的原则。所谓诚实信用和公平，是指当事人应根据交易习惯，按诚实信用和善意的方法进行交易，禁止欺诈和进行不正当交易，以维护交易公平。诚实信用和公平原则是民法的基本原则，同时也是商法的基本原则，在商法领域应用得十分广泛，在法律没有明确规定或合同没有明确规定时，法院和当事人可以以此原则补充法律规定的不足。

-------------------------- 案例 3 --------------------------

Bhasin诉Hrynew违反诚实信用原则案

【案例正文】■—————————

美加金融集团加拿大有限公司 Canadian American Financial Corp Canada Ltd. 使用"招生主任"（Enrollment Directors）的零售贷款人向投资人销售教育储蓄计划。本案上诉人 Bhasin 即为招生经理之一，本案被上诉人是上述公司和另一名招生经理 Hrynew 先生。Bhasin 与上述公司约定：合同期限为 3 年，在 3 年期截止时任意一方当事人没有给予提前 6 个月的书面通知的情况下合同自动更新延续。上述公司没有延续与 Bhasin 的协议，Bhasin 以上述公司与 Hrynew 为被告诉至法院，称上述公司没有诚信，违背了合同中关于是否续约的决定应诚信作出的默示条款。

加拿大最高法院判决上诉人胜诉，理由是：被上诉人 Hrynew 在加拿大 Calgary 是最大的代理商并与规范被上诉公司的 Alberta 省证券委员会有良好的工作关系，他长久以来企图获取上诉人的盈利市场，屡次接触上诉人意图合并代理，积极鼓动公司强制合并。该拟议合并在效果上是对上诉人代理权的敌意剥夺，向被上诉公司施压不延续与上诉人的代理关系，被上诉公司对这种压力进行了让步。Hrynew 还被任命为被上诉公司唯一的省交易主管而获得了审查上诉人和其他竞争者秘密商业记录的职权，被上诉公司告知了上诉人关于 Hrynew 作为招生经理有义务秘密处理信息的职能及省证券委员会已反对外部独立人履行此职能的两项虚假信息，认为被上诉方违反了诚信行为的一般原则。

【涉及的问题】■——————————————————

谈谈此案例给你的启示。

【参考答案】■——————————————————

历次《国际商事合同通则》和中国与很多大陆法系国家或地区的合同法（民法典）明确宣布了诚实信用原则。《国际商事合同通则》明确规定："当事人各方不得排除或限制此项义务。"其中的"诚实信用原则"不仅意味着当事人相互间不得欺诈和胁迫，而且要求他们本着善意订立、变更或履行合同。英美法系国家或地区的判例法广泛地支持该原则，甚至在更广的范围内强调诚实信用原则。

-------------------------- 案例 4 --------------------------

保障交易安全的原则

【案例正文】■—————————

K 先生是甲有限责任公司的总经理，该公司董事会给 K 先生的授权范围是，有权自行决定 150 万元以下的合同的签署，150 万元以上的合同则应经董事会讨论通过。一次 K 先生与乙公司签订了一份 180 万元的合同，但并没有提前提交董事会讨论。后董事长发现了此事，马上召集董事会讨论，结果，董事会认为市场风险太大而没有通过，但是乙公司坚持要求履行合同。

【涉及的问题】■

此案例应如何处理？体现了国际商法的哪些原则？

【参考答案】■

案例中乙公司的要求应当得到支持，甲公司应履行合同。因为甲公司董事会对 K 先生职权的限制，仅在公司内部有效，而乙公司并不知情，因此乙公司作为善意的合同当事人，与甲公司签订合同，其合法利益应当受到法律的保护。至于履行合同后，甲公司的损失，则应根据甲公司与 K 先生的劳动合同来解决。

此案例体现了保障交易安全中的外观主义原则。外观主义原则是指交易行为的效果以交易当事人的外观为准。《中华人民共和国公司法》规定，公司对公司董事或经理权力的限制不得对抗善意第三人。外观主义的立法精神在于保障社会交易的安全。乙公司作为善意的合同当事人，不可能知道 K 先生在公司中的权限，所以为了保障交易的安全，乙公司的利益会得到法律的优先保护。

综合案例：中国 B 救助公司诉希腊 A 投资公司海难救助合同纠纷案

【案例正文】■

一、背景介绍

希腊 A 投资公司（下称 A 公司）所属的 X 号油轮在中国琼州海峡搁浅，中国 B 救助公司（下称 B 公司）受 A 公司委托提供救助服务，但 A 公司一直未付救助费用。B 公司遂诉至人民法院，要求判决 A 公司支付救助费用 700 万元及利息。

二、基本案情

经查，X 号油轮系希腊籍油轮，载有原油 54 580 吨。某年 8 月 12 日在琼州海峡搁浅，船舶及船载货物处于危险状态，严重威胁海域环境安全。事故发生后，A 公司立即授权上海代表处就 X 号油轮搁浅事宜向 B 公司发出紧急邮件，请 B 公司根据经验安排两艘拖轮进行救助，并表示同意 B 公司的报价。

当天，上海代表处通过电子邮件向 B 公司提交委托书，委托 B 公司派出两艘拖轮到现场协助 X 号油轮脱浅。A 公司承诺，无论能否成功，均同意按约定付费；B 公司的两艘拖轮只负责拖带作业，X 号油轮脱浅作业过程中如发生任何意外，B 公司无须负责。A 公司另请 B 公司派遣一组潜水队员前往 X 号油轮探摸，按约定计费。8 月 13 日，A 公司还提出租用 B 公司拖轮，将其两名代表从海口运送至 X 号油轮，根据租用时间计算总费用。

与此同时，为预防危险局面进一步恶化造成海上污染，中国 C 海事局决定对 X 号油轮采取强制过驳减载脱浅措施。经海事局组织安排，8 月 18 日 X 号油轮利用高潮乘潮成功脱浅，之后安全到达目的港。

另查明涉案船舶的获救价值为 3 000 万美元，货物的获救价值为 4 800 万美元，船舶的获救价值占全部获救价值的比例为 38%。

三、法院审理

法院认为，我国已加入《1989 年国际救助公约》（下称救助公约）。救助公约和我国《海商法》规定，救助合同"无效果无报酬"，但均允许当事人对救助报酬可以另行约定。若当事人明确约定，无论救助是否成功，被救助方均应支付报酬，且以时间投入等作为计算报酬的标准时，则该合同系雇佣救助合同，而非上述救助公约和我国《海商法》规定的救助合同。

在救助公约和我国《海商法》对雇佣救助合同没有具体规定的情况下，可以适用中国法的相关规定确定当事人的权利义务。

一审法院判决 A 公司向 B 公司支付救助报酬 700 万元及利息；

A 公司不服一审判决，提起上诉。

二审法院撤销了一审判决，改判 A 公司支付救助报酬 250 万元及利息。

B 公司不服二审判决，申请再审。

再审法院经审理，撤销了二审判决，维持一审判决。

资料来源：根据中国审判流程信息公开网指导案例 110 号资料改编。

【案例使用说明】

一、讨论问题

1. 本案是否属于国际商法的管辖范围？

2. 谈一谈你对国际商法渊源的理解。

3. 在跨国商务交往过程中，商事主体应遵循哪些法律原则？

二、分析思路

本案例适用于国际商法课程中第一章国际商法导论，重点围绕法律的适用问题进行分析。本案例可以有效地帮助学生了解与本章有关的国际商法的渊源、冲突法、国际商法的法律原则等知识点。分析本案例应当根据讨论思考题，到案例中找出与每一讨论思考题相对应的案例素材，然后认真阅读案例相关材料，挖掘提炼出本部分案例材料的基本事实，重点运用国际商法的渊源、国际商法的法律原则对相关问题进行分析和讨论。

三、理论依据

确定案涉合同的性质是判断本案一审、二审法院审理时适用法律是否存在不当的依据。

1. 本案是否应遵循救助公约和我国《海商法》有关规定？

本案应当首先尊重当事人之间合同约定的权利义务，理由如下：

A公司是希腊公司，X号油轮为希腊籍油轮，双方当事人在诉讼中一致选择适用中国法。我国《海商法》作为调整海上运输关系、船舶关系的特别法，应优先适用。《海商法》没有规定的，适用我国《民法典》等相关法律的规定。

海难救助是一项传统的国际海事法律制度，救助公约和我国《海商法》对此作了专门规定。救助公约第12条、我国《海商法》第179条规定了"无效果无报酬"的救助报酬支付原则，救助公约第13条、我国《海商法》第180条及第183条在该原则基础上进一步规定了报酬的评定标准与具体承担方式。上述条款是对当事人基于"无效果无报酬"原则确定救助报酬的海难救助合同的具体规定。与此同时，救助公约和我国《海商法》均允许当事人对救助报酬的确定另行约定。

本案原、被告之间存在充分的意思自治，应尊重当事人的约定对有关费用予以认定。

2. 案涉合同规定的性质判断。

本案中，结合双方合同性质，当事人经过充分磋商，明确约定无论救助是否成功，A公司均应支付报酬，且X号油轮脱浅作业过程中如发生任何意外，B公司无须负责。依据该约定，B公司救助报酬的获得与否和救助是否有实际效果并无直接关系，而救助报酬的计算，是以救助时长、人工投入等事先约定的标准作为依据，与获救财产的价值并无关联。因此，案涉救助合同不属于救助公约和我国《海商法》所规定的"无效果无报酬"救助合同，而属雇佣救助合同。

3. 关于雇佣救助合同的报酬和标准。

救助公约和我国《海商法》并未规定雇佣救助合同下的报酬支付条件及标准。因此，本案应按我国《民法典》对当事人的权利义务予以规范和确定，即尊重有约从约的规定，按照当事人之间的意思自治发生效力。

四、参考答案

1. 国际商法是调整国际商事交易与商事组织关系的法律关系的总称，本案正属于国际商事交易法律关系，应当受国际商法调整。

首先，本案当事人属于不同国籍，案涉合同系不同国籍当事人之间订立的，具有涉外因素。

其次，本案中的B公司受其与A投资公司的合同约束，纯粹以平等民事主体的身份参与商业行为，其救助行为并非基于公法意义上的救助，而是单纯地履行合同协议，为合同相对方提供服务，并按照合同约定收取报酬，属于"私法"范畴，而非"公法"范畴。

2. 国际商法的渊源主要包括三个方面：

国际公约或条约，指两国或多国为设定、变更或终止它们之间的权利义务关系而达成的协议。国际条约或公约对于缔约国而言，具有强制性和约束力。

国际贸易惯例，通常是指在国际贸易的长期实践过程中形成的约定俗成的行为准则。国际惯例不是法律，不具有法律的普遍的约束力，但如果当事人在合同中采用某项惯例，该惯例就对其有确定的约束力。

各国之国内法，主要是指各国国内调整国际商事交易的一些法律规范，在大陆法系国家中主要是成文法（制定法），在英美法系国家中，判例可以作为国际商法的重要补充。

3.在跨国商务交往过程中，商事主体应遵循以下规则：平等交易、诚信和公平、交易简便迅速、保障交易安全等原则。具体到本案，主要围绕平等交易、诚实信用原则，强调私法自治（言之有理即可）。

第二章　国际商事关系的主体及其法律地位

开篇案例　《中华人民共和国民法典》人格权独立成编彰显中国法治特色

【案例正文】

编纂《中华人民共和国民法典》（以下简称《民法典》）是党的十八届四中全会确定的一项重大政治任务和立法任务，是通过对我国现行的民事法律制度规范进行系统整合、编纂和修订，形成的一部适应新时代中国特色社会主义发展要求、符合我国国情和实际、体例科学、结构严谨、规范合理、内容完整并协调一致的法典。《民法典》是新中国第一部以法典命名的法律，开创了我国法典编纂立法的先河，具有里程碑意义。

人格权的独立成编是中国《民法典》最为重大的创新和亮点。《民法典》共7编1 260条，各编依次为总则、物权、合同、人格权、婚姻家庭、继承、侵权责任，以及附则。在世界各国民法典中，并没有独立成编的人格权制度。民法典中人格权独立成编，不仅是我国民事立法的重大创新，更是注重人的精神本性与精神追求的更深层次的人文关怀，彰显了《民法典》以人为本的价值理念。

【涉及的问题】

人格权独立成编，对于建设中国特色社会主义法治体系有什么意义？

资料来源：佚名. 良法善治, 中华人民共和国民法典·人格权编［EB/OL］.［2022-12-09］. https：//mp.weixin.qq.com/s/1L_AmjJN1i5NAVZnJpXTOg. 编者有修改。

2.1 国际商事关系的主体

2.1.1 自然人

案例 1

小王与老张之间赠与合同的效力认定

【案例正文】

大年初六，老王的朋友老张到家里作客。老张是一名成功的企业家，见老王的儿子小王（16 周岁）数学颇好，又口齿伶俐，认为其定会大有前途，甚为欣喜。当天下午，老王夫妻二人外出买菜，只有小王陪老张在家喝茶聊天，老张提出赠与小王 100 万元人民币，但只能作为其出国留学备用金，不得随意使用。小王想，老张与我爸反正亲厚，于是当即拍手同意。为了表达对老张的谢意，小王从保险柜里拿出一根 500 克重的金条送给老张，并邀请他下个月到家里参加自己的生日派对。老王事后知道小王与老张之间互相赠与的行为，表示反对。

【涉及的问题】

案涉两个赠与合同，一是老张对小王的赠与，另一是小王对老张的赠与，这两个赠与合同分别属于什么效力呢？

【参考答案】

《中华人民共和国民法典》将自然人的民事行为能力分为完全民事行为能力、限制民事行为能力、无民事行为能力三种。本案中，小王今年 16 周岁，且不属于以自己劳动收入为主要生活来源的人，故依法属于限制民事行为能力人。

首先，老张对小王的赠与，系使小王纯获利益的法律行为，故限制民事行为能力人小王单独接受该 100 万元人民币的赠与，并不违反法律规定，无须经其法定代理人同意，该行为有效。

其次，小王从保险柜里取出 500 克金条反赠给老张的行为是否有效呢？可以从两个方面进行分析：一方面，作为限制民事行为能力人，不能独立实施单方民事法律行为（如捐赠、订立遗嘱、免除债务等）。赠与属于单方民事法律行为，故小王未经其法定代理人同意，单独实施的赠与老张 500 克金条的民事法律行为存在效力瑕疵。老王作为其法定代理人，明确表示反对，意味着不同意追认小王的赠与，故该行为无效。另一方面，如果不能判断何为单方民事法律行为，还可以从金条的价值入手进行分析。根据市场黄金价格推断，该金条价值不低于 20 万元人民币。小王作为限制民事行为能力人，只能单独实施与自己年龄、智力、精神状况相适应的法律行为。而未经监护人同意，小王单独处分了价值 20 万元以上的金条，显然与其年龄、智力不相适应，故从这个层面看，该行为也应属无效。

------------------------------案例 2------------------------------

未成年人 Sammy 的购车合同是否有效？

【案例正文】▰━━━

2005 年，听闻某知名汽车品牌降价促销，美国阿肯色州 14 岁的女孩 Sammy 去该汽车公司营销点，拟购后驱版轿车。销售人员因其没有监护人陪同而拒绝了她。第二天，Sammy 带了一名成年人 Jack 一同到店选购汽车。Sammy 付了账，以 Jack 的名义订立了合同。销售人员带两人去了附近的公证机构，经公证，Jack 将汽车转让给了 Sammy。销售人员随后将车交付给 Sammy。Sammy 的父亲知道后打电话给销售中心，告知要退车并要求对方偿还原价，遭到拒绝。于是，Sammy 的父亲以女儿的名义向法院起诉，要求否定汽车销售合同并返还购车款。

【涉及的问题】▰━━━

你认为，Sammy 是否能够否定自己以他人名义订立的汽车买卖合同？

【参考答案】▰━━━

是否能够否定汽车买卖合同，取决于该合同能否被撤销进而归于无效。具体要从以下几方面分析：

首先，要判断本案汽车买卖合同双方当事人是汽车公司和成年人 Jack，还是汽车公司和未成年人 Sammy。本案中，销售人员明知 Sammy 是未成年人，依然帮助他在另一个成年人的协助下购车，并且帮助他们办理汽车转让手续。销售人员是汽车公司的职工，其行为代表该公司。因此，合同的实质仍然是汽车公司将汽车卖给了 Sammy。

其次，Sammy 的父亲已明确否定该合同的订立，拒绝对该汽车买卖合同进行追认。

最后，案涉买卖合同的标的物是知名品牌的汽车，并非一般意义上的生活必需品。（依据美国阿肯色州的法律条文："除非涉及生活必需品，未成年人原则上可以否定他所签订的合同，而且不必返还原对价，除非原对价还没有在他手上灭失"，条文所指的生活必需品，系维持一个未成年人基本生活、经济以及社会地位所必需的东西。判断是否属于生活必需品，通常取决于该未成年人是否处于其父母的照顾、监护之下。如学校为其学生提供校车接送服务，学生购买汽车的行为就不能解释为购买生活必需品，但如果学校不提供校车接送服务，该学生的父母又无法保证接送其上下学，那么只要不违反当地法律的强制性规定，该学生的购车行为就可能被认定为购买生活必需品）

本案中，判断该车辆是否属于生活必需品，根据当地的法律，通常要进行实质审查。如认定该车为生活必需品，则不能否定合同。相反，如认定为非生活必需品，则能够否定合同的效力，进而要求返还全部购车款。

------ 案例3 ------
英国、德国法下，未成年人合同利益的保护问题

【案例正文】 ■————————————————————————

Lily 今年 14 岁，在某电视台举办的一档综艺选秀节目中一举夺魁。电视台的签约企业 A 娱乐公司与 Lily 订立了表演合同，合同规定在未来一年内，聘请 Lily 在 A 娱乐公司资助的商业活动上担任演唱嘉宾。

【涉及的问题】 ■————————————————————————

在英国法、德国法背景下，分别应当如何考虑该合同的效力？

【参考答案】 ■————————————————————————

"未成年人不受合同的约束"是处理该类问题的基本原则，但在兼顾未成年人利益和合同相对方公平原则的考虑下，各国法律都存在一定例外。

在英国法下，未成年人未经法定代理人同意，单独订立的合同可撤销，但其撤销权仅限于未成年人行使。但未成年人所签订的合同，如系购买生活必需品或接受对其有利的服务合同，则该合同可以约束双方当事人。因此，本案中，在未成年人合同效力层面，英国法将首先考虑该合同是否对未成年人有利，在此基础上考虑合同是否必须否定，以及否定该合同是否会造成不公平。

在德国法下，已满 7 周岁、未满 18 周岁的自然人被称为"限制民事行为能力人"。决定限制民事行为能力人签订的合同是否有效，首先考虑的是法定代理人是否同意，而非强调它对其是否有利，例外是纯获利益的合同不需要父母或其他法定监护人同意。但案涉合同需要 Lily 付出一定劳动，显然并非纯获利益的合同，且 A 娱乐公司显然清楚 Lily 不满 18 周岁，A 娱乐公司非善意相对人。故只需考虑 Lily 的法定代理人是否同意或事后是否将予以追认。

2.1.2　法人

------ 案例 ------
公司的"生与死"

【案例正文】 ■————————————————————————

自加入 WTO 后，一批又一批的中国企业奔赴海外，在海外设立公司，开展海

外投融资业务和跨国经营。但近年来，随着中美贸易摩擦加剧，国际市场发生重大变化，加之新冠疫情带来的影响，许多企业在海外生存面临重大危机，不得已选择停止运营海外公司。

然而，设立公司容易，注销却并不简单。某些国家或地区注销一家公司需要耗费数年时间。

在印度的法律制度中，成功关闭一家公司至少需要耗时 2 年。注销前，需要查询该公司成立以来的报税情况，以及是否完成公司合规等程序。在完成所有合规程序后，公司才能得以注销。

美国是联邦制国家，各州的法律有所不同，美国公司的注销通常需要符合以下几个条件：

（1）公司所有者须批准公司的解散；

（2）向公司住所地以及经营地所在州提交公司解散文书证明文件；

（3）缴纳联邦和州的税；

（4）解散获批后，公司必须结束其事务（为结束经营和清算其资产所必需的业务除外）；

（5）通知债权人；

（6）解决债权人债权；

（7）分配公司剩余资产。

当然，要关闭海外公司，不一定通过注销或清盘，通常还有其他选择，譬如可以通过兼并、收购以及重组公司等方式。

【涉及的问题】

根据《中华人民共和国公司法》的有关规定，谈谈有限责任公司注销通常需要什么程序。

【参考答案】

根据《中华人民共和国公司法》，有限责任公司注销通常需要以下程序：

（1）清算：企业法人解散的，应当在依法清算并注销前，以该企业法人为当事人；未依法清算即被注销的，以该企业法人的股东、发起人或者出资人为当事人。

（2）提交注销申请：企业法人应当向公司登记机关提交注销申请，并提供有关文件。

（3）公告：公司登记机关应当在全国企业信用信息公示系统上公告该企业法人的注销事项。

（4）注销：经公司登记机关核准，企业法人注销后，应当办理税务注销、社会保险注销、银行账户注销等相关手续。

2.1.3　国家

案例

菲律宾海军上将号游轮案

【案例正文】

赔款管理委员会是菲律宾政府成立的机构，既可为政府项目服务，也可为菲律宾公民和菲律宾企业服务。1959 年，自由轮公司（在菲律宾注册成立）向赔款管理委员会申请购买一艘海轮。

赔款管理委员会从日本购买一艘海轮——"海军上将号"游轮，并于 1960 年与自由轮公司就此船的买卖达成了约定：在全部价款付清之前，赔款管理委员会保留该船的所有权（即"保留所有权买卖"）。一旦买方不能支付任何一期分期支付的价款或不遵守合同的其他条件，合同将自动解除。

自由轮公司将该船包租给中国香港 A 船运公司营运，注册的船主是赔款管理委员会。

1972 年，"海军上将号"游轮被送到中国香港维修，自由轮公司和中国香港 A 船运公司就谁应负责支付修理费发生纠纷，中国香港 A 船运公司诉至法院。

中国香港 A 船运公司申请签发一张对物诉讼令状，要求自由轮公司赔偿违约损失。此时，因自由轮公司已严重拖欠船款，菲律宾赔款管理委员会决定收回该船。

菲律宾政府向中国香港法院申请，要求撤销案涉游轮在中国香港诉讼的令状。中国香港法院依据主权豁免原则作出了撤销命令。本案上诉至英国法院，又再次上诉到英国枢密院。

英国枢密院作出判决，认定本案不应适用主权豁免原则。

【涉及的问题】

你认为，法院认定本案不适用主权豁免原则的原因是什么？

【参考答案】

从案例中可知，"海军上将号"游轮自问世以来，一直作为一艘商业船舶投入营运，通过运载货物赚取运费。自由轮公司一直受其与菲律宾赔款管理委员会订立的买卖合同约束，是商业上基于合同的约束，而非基于主权从属的约束。

尽管菲律宾政府作为案涉船舶的所有权人，但该船只是纯粹的商用船舶，法院没有理由假定其被菲律宾政府要回后，用途就会发生根本变化。因此，法院认为被告应对原告作出赔偿。

2.2　外国人在国际商事关系中的民事法律地位

```
┌─────── 案例 ───────┐
```
美国石油标准歧视案

【案例正文】■━━━━━━━━━━

20 世纪 90 年代，美国国内外的汽油销售公司为争夺市场份额展开激烈竞争。在销售量下降和要求提高汽油质量的新的环保标准压力下，美国积极修订《清洁空气法》。

1994 年，美国《清洁空气法》修正案对汽油提出了新的环境标准，规定进口的汽油必须立即实施新的标准，而国产汽油则 2 年后才需要实施。委内瑞拉彼时是对美国汽油的最大出口国，其认为这是典型的歧视性做法，违背了 WTO 的基本原则。1995 年 1 月 23 日，委内瑞拉向 WTO 争端解决机构起诉，声称美国正在执行的清洁汽油规定在国产汽油与进口汽油之间造成了歧视，违反了 GATT 第一条和第三条、《技术性贸易壁垒协议》等规定，并要求就此事与美国进行磋商。此案是 WTO 争端解决机构处理的第一起完整的案件，在国际上引发热议。

资料来源：根据国家标准网资料改编。

【涉及的问题】■━━━━━━━━━━

上述案例中，美国违反了什么国际法原则？

【参考答案】■━━━━━━━━━━

违反了最惠国待遇和国民待遇原则，这两项原则是 WTO 给予各成员的最基本的权利和义务。美国对国内外汽油销售公司实施不同的环境标准带有明显的歧视性质，是典型的以保护生态环境之名，行贸易保护主义之实的行为。委内瑞拉是向美国出口汽油最多的国家，也是这一歧视性规定最大的受害者。违反国民待遇或最惠国待遇原则，就会引起贸易争端。

▌综合案例：美国 M 公司与中国 B 电影集团申请承认和执行仲裁裁决案

【案例正文】■━━━━━━━━━━

一、背景介绍

2016 年 5 月法国戛纳电影节期间，案外人"孙某"以中国 B 电影集团有限公司（下称"B 电影集团"）名义与美国 M 全球有限责任公司（下称"美国 M 公司"）协商引进电影版权事宜，并于法国签署了"交易备忘录"。内容主要有：B

电影集团引进电影《曲线》，具有在中国电影院线、电视、互联网等媒介放映的许可权；B 电影集团应向美国 M 公司支付 100 万美元的保证金；"交易备忘录"项下任何争议均排他性地接受美国独立电影电视联盟国际仲裁院（下称"IFTA"）的规则，在洛杉矶仲裁。

"交易备忘录"签订后，"孙某"未按期付款。美国 M 公司于 2016 年 12 月向 IFTA 提起仲裁。仲裁期间，美国 M 公司与"孙某"多次电子邮件沟通，"孙某"以"B 电影投资公司"名义承诺延期付款。2017 年 2 月，美国 M 公司与 B 电影投资公司签署"交易备忘录"修订协议。其后"孙某"仍未付款。2017 年 4 月，IFTA 作出裁决，要求 B 电影集团支付美国 M 公司损害赔偿等费用。美国 M 公司向中国法院申请承认和执行该裁决。

二、基本案情

1.美国 M 公司诉称：（1）根据 IFTA 作出的生效裁决，B 电影集团应当向美国 M 公司支付相关款项。（2）根据《承认及执行外国仲裁裁决公约》（以下简称《纽约公约》）第三条，IFTA 国际仲裁院位于美国，中国、美国均为《纽约公约》缔约国，故应承认与执行该仲裁裁决。

2.B 电影集团辩称：我司从未与美国 M 公司达成任何协议或合意，IFTA 无权对 B 电影集团作出仲裁裁决，依据《纽约公约》第 5 条第 1 款（甲）（乙）（丁）项之规定，涉案仲裁裁决依法应不予承认和执行。

3.法院经审理查明：2016 年 5 月戛纳电影节期间，案外人"孙某"与美国 M 公司协商引进电影事宜。"孙某"向美国 M 公司提供了其名片，该名片正面印制有"孙某""总裁""B 投资公司"字样，背面印制有图片及"B Film""天影 B 集团""B 电影投资公司"字样。2016 年 5 月 15 日，"孙某"与 M 公司于法国戛纳签署了"交易备忘录"。合同双方主体为美国 M 公司及"B Film Corporation"，签署页"B Film Corporation"处有"孙某"的签字，无盖章。

2017 年 2 月 24 日，双方签订"交易备忘录"的修订协议，约定：B 电影投资公司应一个月内付给美国 M 公司 50 万美元，且无条件接受并承担其对美国 M 公司的全部责任和义务。该修订协议有公司公章及"孙某"签名。

审理期间，B 电影投资公司股东孙某到庭说明情况，陈述涉案"交易备忘录"及其修订协议中"孙某"的签名为其所签，与 B 电影集团无关，其未代表也无权代表 B 电影集团签订合同。

经核实，B 电影集团并不存在姓名为"孙某"的高管或者普通工作人员。

美国 M 公司陈述：我司工作人员在与"孙某"签订合同前，曾在电影行业数据库 Cinando 查询"孙某"的个人信息，显示"孙某"系 B 电影集团的员工。美国 M 公司对该陈述未提供任何证据。

4.关于双方引用的域外法律规定：

美国 M 公司在书面意见中引用了如下域外法：（1）《法国民法典》中关于表见

代理的规定，即"无权代理或超越代理权而完成的行为不可对抗被代理人，除非相对人可合理信赖代理人的权力是真实的，特别是因被代理人的行为或表示。"（2）中国知网查询的某知名学者所著的《〈法国民法典：合同法、债法总则和债之证据〉法律条文及评注》。

B 电影集团书面意见中引用如下《法国民法典》的规定：（1）委托或代理是指一人授权另一人以委托人的名义，为委托人完成某种事务的行为。（2）给予委托，得以经公证书或私署文书，甚至以信件为之；委托亦可口头授予，但是，仅在依照"契约与合意之债的一般规则"编所定之规则时，始允许以证人证明之。（3）对于受委托人（代理人）超越授权而进行的事务，委托人仅在明示或默示批准时，始负履行责任。

三、裁判结果

法院裁定不予承认并执行 IFTA 作出的裁决。

资料来源：天津市第一中级人民法院.（2018）津 01 协外认 2 号案［EB/OL］.［2023-01-10］.https：//wenshu.court.gov.cn/. 编者有修改。

【案例使用说明】

一、讨论问题

1. 找出本案例中的国际法律关系商事主体，并说明其权利能力以及行为能力。

2. 法院能否依据《纽约公约》审理此案？

3. 本案中，孙某与 B 电影集团是何关系？

4. 孙某是否享有替 B 电影集团签订案涉仲裁协议的代表权？

二、分析思路

法律的分析应当坚持"以事实为依据，以法律为准绳"。应当首先仔细审题，到案例中找出与每一讨论思考题相对应的案例事实，然后认真阅读案例相关材料，挖掘提炼出本部分案例材料的基本事实，再结合国际商法有关知识点，对相关事实反映的问题作出判断，确保法律依据适用的准确性。

三、理论依据

本案是一起因引进国外电影而引发的典型的涉外商事仲裁裁决司法审查案件，仲裁裁决由 IFTA 作出，美国 M 公司向中国法院申请承认与执行该仲裁裁决，B 电影集团依据《纽约公约》请求拒绝承认和执行该仲裁裁决。本案首先要识别有关法院应适用何种法律审理案件，进而依据不同的法律，判断孙某是否具有代理权或代表权。

1. 有关法律适用问题

中国和美国均属于《纽约公约》成员国，本案适用《纽约公约》审理。此外，申请执行人和被申请执行人在庭审中适用了《纽约公约》。

审查"孙某"是否具有代表权，应适用中国法。依照《中华人民共和国涉外民事关系法律适用法》第 14 条，法人及其分支机构的民事权利能力、民事行为能力、组织机构、股东权利义务等事项，适用登记地法律。B 电影集团登记地在中国境内，应当适用中国法判断。

审查"孙某"是否具有代理权，应适用法国法。《中华人民共和国涉外民事关系法律适用法》第 16 条规定："代理适用代理行为地法律，但被代理人与代理人的民事关系，适用代理关系发生地法律。"本案中，"孙某"是在法国签订的协议，其是否可以代理 B 电影集团签订协议，应当适用代理关系发生地法律，即法国法律来判断。

2.《法国民法典》中有关代理的规定

《法国民法典》规定："委托或代理是指一人授权另一人以委托人的名义，为委托人完成某种事务的行为。""给予委托，得以经公证书或私署文书，甚至以信件为之；委托亦可口头授予，但是，仅在依照'契约与合意之债的一般规则'编所定之规则时，始允许以证人证明之。"

《法国民法典》对表见代理作出如下规定："无权代理或超越代理权而完成的行为不可对抗被代理人，除非相对人可合理信赖代理人的权力是真实的，特别是因被代理人的行为或表示。"根据该规定，主张表见代理成立的一方应举证证明其"可合理信赖代理人的权力是真实的，特别是因被代理人的行为或表示"。

四、参考答案

1. 本案涉及的国际商事主体有：B 电影集团有限公司、M 全球有限责任公司、"孙某"和 B 电影投资公司。

其中，三个公司属于法人，其民事行为能力和民事权利能力，始于登记，终于注销。"孙某"为自然人，依中国法，其民事权利能力始于出生，终于死亡；"孙某"是 18 周岁以上的自然人，属于完全民事行为能力人。

2. 本案应适用《纽约公约》审理。因为，中国和美国均属于《纽约公约》成员国。

3. 无权代理人或无权代表人。"孙某"并非 B 电影集团的法定代表人，也不是高管或员工，其本身与该公司无任何关系，从未享有过代理或代表权限但孙某实施了无权代表或代理行为，以 B 电影集团名义对外订立合同。

4."孙某"不享有替 B 电影集团签订案涉仲裁协议的代表权或代理权。

"孙某"不享有代表权。《中华人民共和国涉外民事关系法律适用法》第 14 条规定："法人及其分支机构的民事权利能力、民事行为能力、组织机构、股东权利义务等事项，适用登记地法律。""何人能代表公司"属于法人"民事权利能力、组织机构等事项"，应当适用登记地法律。本案被申请人注册地在中国境内，应适用中国法判断。依照《中华人民共和国公司法》，只有公司法定代表人能够代表公司签订相关协议，而"孙某"并非 B 电影集团对外登记的法定代表人，其行为依法不发生"代表"效力。

"孙某"也不享有代理权。《中华人民共和国涉外民事关系法律适用法》第 16

条规定："代理适用代理行为地法律，但被代理人与代理人的民事关系，适用代理关系发生地法律。"本案中，协议是在法国戛纳签订的，自然人是否可以代理公司签订协议，应当适用代理关系发生地法律，即法国法律来判断。

首先，依据《法国民法典》，美国 M 公司应审查被代理人是否具有公证书、私署文书、信件、证人证言等证据，否则，无法认定存在委托代理关系。

其次，依据《法国民法典》，主张表见代理应举证证明其"可合理信赖代理人的权力是真实的，特别是因被代理人的行为或表示"。本案中美国 M 公司主张其查询过电影行业数据库 Cinando，但其未能提供相关证据证明，也未能详细说明该数据库的相关信息，双方亦不存在任何交易习惯，没有合理信赖的基础。故依照行为地法法国法，无法认为"孙某"的行为能够代理 B 电影集团。

第三章　比较合同法

开篇案例　初级产品买卖合同是否成立？

【案例正文】 ■————

中国 A 公司出售一批初级产品 C514，6 月 27 日发传真给荷兰 B 公司："报 C514，200 吨，每吨 920 美元，不可撤销信用证付款，立即装船，请即复。"

7 月 2 日荷方回传真："C514，200 吨，我最后买主开始表示确实的兴趣，恐怕谈判时间较长，请求延长实盘有效期 10 天，如有可能请增加数量，降低作价，请复。问候。"

7 月 3 日中方传真："C514 数量可增至 300 吨，最优惠价为 900 美元 CIF 鹿特丹，有效期延至 7 月 15 日，请尽快回复。"

7 月 13 日，荷方传真："C514 我接受 300 吨，每吨 900 美元鹿特丹，不可撤销即期信用证付款，即期装船，按装船净重计算。除提供通常装船单据外，需提供卫生检疫证明书、产地证、磅码单（以中国口岸装船重量为基础），需提供良好适合海洋运输的袋装。"

【涉及的问题】 ■————

（1）合同成立的基本程序是什么？A、B 公司之间传真往来的法律性质分别属于什么？

合同成立的基本程序是要约（又称发价或发盘）和承诺（又称接受或受盘）。中国 A 公司 6 月 27 日传真是要约，7 月 2 日荷方传真是反要约，7 月 3 日中方传真是反要约，7 月 13 日荷方传真是承诺（如果中方没有明确表示反对）。

（2）A、B 公司的合同成立了吗？合同的内容是什么？

A、B 公司之间的合同成立。双方通过互相传递有效的要约和承诺，就交易的内容达成了一致意见，因此签订了合同。合同的内容为双方在要约和承诺中达成协议的合同条款，即卖方 A 公司出售初级产品 C514，300 吨，每吨 900 美元 CIF 鹿特丹，不可撤销即期信用证付款，即期装船，按装船净重计算。卖方除提供通常装船单据外，需提供卫生检疫证明书、产地证、磅码单（以中国口岸装船重量为基础），并需提供良好的适合海洋运输的袋装。

（3）如果在 7 月 12 日，由于巴西发生严重的冻灾，种植业大量减产，导致 C514 价格飞涨。中方当即发出传真，"十分抱歉，由于世界市场的变化，我方已无法提供 7 月 3 日传真中的货物。因此我方请求撤销发价。致良好问候。"请问，

A 公司的做法妥当吗？

A 公司做法欠妥。因为 A 公司在 7 月 3 日的传真中，已明确规定了要约的有效期限为 7 月 15 日，根据《联合国国际货物销售合同公约》的规定，明确规定有效期限的要约在有效期限内为不可撤销的发价，因此 A 公司在 7 月 15 日之前不得撤销发价。

（4）如果接到 7 月 13 日荷方来电后，确实由于市场发生变化导致履行合同有困难，中方可以采取何种方法保护自己的利益？

荷方在 7 月 13 日的传真中添加了：需提供卫生检疫证明书、产地证、磅码单（以中国口岸装船重量为基础），需提供良好适合海洋运输的袋装。根据《联合国国际货物销售合同公约》的规定，这种情况属于对要约的非实质内容的变更，只要要约人不明确表示反对，则承诺生效，合同成立，合同内容以要约内容及承诺中更改或添加的内容为准，要约人如果立即明确表示反对，则承诺不生效，合同不成立。本案中，如果 A 公司只以市场发生变化为由拒绝履行合同，则显然没有法律依据。因此，A 公司可以在接到荷方传真后，立即提出反对意见，可以援引《联合国国际货物销售合同公约》中的相关规定，以合同未有效成立为由，结束与荷方的谈判和交易。

（5）谈谈此案例给你的启示。

3.1　合同概述

3.1.1　合同的概念

-------------- 案例 --------------

好朋友之间的协议是否构成商事合同？

【案例正文】▮

小王和小李是好朋友，两人经常互相帮忙，也经常在一起吃饭、聊天。有一天，小王说好要请小李去一家当地新开的餐馆吃饭，小李开玩笑说，如果你不来的话，那么你要给我 100 元违约金，小王答应了。但是当天小王家中有事，无法赴约。

【涉及的问题】▮

（1）小王和小李的协议是合同吗？

（2）小王是否要支付违约金？为什么？

（3）小王认为，自己没有赴约，也不用支付违约金，因为自己与小李的约定是口头的，所以没有强制的约束力；如果不是口头约定，而是双方立字为据，那么他就应当支付违约金。你认为小王的说法正确吗？

【参考答案】■

（1）小王和小李的协议不是合同。并不是所有的协议都是合同，小王和小李之间的协议不具有法律关系的性质，只是一般的交往关系，对当事人没有强制的约束力。

（2）小王不需要支付违约金。因为他与小李之间没有形成具有法律约束力的合同关系，从法律上讲，他不必支付违约金。

（3）小王的说法是不正确的。他不必支付违约金是因为他与小李之间并没有形成合同关系，而不在于以什么形式达成协议。根据各国的法律规定，只要不是法律明确要求以书面形式达成合同的，口头合同也具有法律效力。我们在日常生活中存在大量的口头合同，如买卖关系合同、借用关系合同、运输关系合同等，这些合同对当事人都是具有法律约束力的，如果违反了口头合同，则当事人也要承担相应的法律后果。

3.1.2　合同的要件

------------------------------ 案例 1 ------------------------------

Baird 纺织品控股公司诉 Marks and Spencer 公司案

【案例正文】■

原告 Baird 纺织品控股公司作为被告 Marks and Spencer 公司的主要服装供应商一直持续了 30 年，双方当事人之间并没有明示合同，显然，被告有意维持这种状态的目的是不希望承担将来必须提交订单的任务。某年 10 月，被告毫无预兆地终止了与原告的所有供应安排。但是，原告认为双方当事人之间存在着一份默示合同，使得被告以合理的质量和价格从原告处取得服装，被告不应无合理通知地终止该安排。英国法官判决原告败诉，理由是：在被告显然有意避免缔结一份合同的情况下，暗示这种合同的存在是不正常的；以合理的质量和价格向被告供应服装的义务在任何情况下都是不确定的；不存在法院能够据之评判质量或价格是否合理的客观标准；双方当事人之间的合约基础为具体的订单和销售确认；双方当事人之间存在的长期生意关系，并不能进一步地扩展为一种更广的合同关系。

【涉及的问题】■

谈谈此案例给你的启示。

【参考答案】

根据《联合国国际货物销售合同公约》，合同应在当事人意思表示一致的情况下订立，需要有明确地订立合同的建议。所谓"明确"，是指要约应包含足以确定要约人与受要约人之间主要权利和义务的内容。建议人的一项提议如果对自己与受建议人之间主要权利和义务很不确定，则这样的提议即使被受建议人全盘接受，建议人与受建议人之间也不会存在有约束力的合同，因为任何国家的合同法或法院并不能为建议人和受建议人创立合同。

------------------- 案例 2 -------------------
Sumitomo Trust & Banking 诉 UFJ 持股公司案

【案例正文】

原告 Sumitomo Trust & Banking 与被告 UFJ 持股公司之间就后者向前者出售其信托业务部门问题，达成了含 lock-in（即约定诚信商定合同）和 lock-out（即约定排除与第三方进行合同谈判）内容的协议。被告后来却决定与东京三菱金融集团进行合同谈判。原告诉至法院，要求发布禁止被告与第三方谈判的禁令或赔偿总额为 1 000 亿日元的损失。在后来的诉讼过程中，原告放弃了禁令主张，并将索赔额降至 100 亿日元，日本的东京区法院认为以上的 lock-in 约定具有约束力，该法院和最高法院都认定以上的 lock-out 约定也具有约束力。最后，该案经调解以被告同意向原告支付 25 亿日元赔偿的方式结案。

【涉及的问题】

谈谈此案例给你的启示。

【参考答案】

根据《联合国国际货物销售合同公约》，合同应在当事人意思表示一致的情况下订立，需要有明确的订立合同的建议。由于交易类别及环境的差异，《2016 年商事通则》及多数国家的合同法回避规定一般建议要约究竟包含了哪些内容才视为有明确性的要约。实践中，多数国家根据具体的案件来确定要约应具备的内容。

------------------- 案例 3 -------------------
当事人应当具有订立合同的能力

【案例正文】

一个 15 岁的中国中学生为自己买了一件 30 元的衣服和一台价值 2 000 元的手机，遭到父母的反对。

【涉及的问题】

他能否以未成年为由要求退货？

【参考答案】

行为人必须有缔约的能力，才能使合同有效订立。此案例涉及自然人的行为能力，依据中国法律，15 岁的中学生虽未成年，但他具有符合其年龄的理解力和判断力，则他为自己购买的 30 元的衣服是不能要求退货的，而购买价值 2 000 元的手机并非纯获利益的民事法律行为，需要法定代理人同意、追认，父母为未成年子女的法定代理人，其父母反对其购买价值 2 000 元的手机，则可以要求退货。

---------- 案例 4 ----------
交易标的物应合法

【案例正文】

各地市场监管部门迅速行动，加大监管执法力度，从严从重从快查处了一批案件，切实维护了正常的市场经济秩序，有力保护了人民群众的生命安全和身体健康。市场监管总局于 2020 年 2 月 29 日公开曝光的第三批相关典型案例中，6 起为野生动物违规交易典型案例，分别是江苏省张家港保税区市场监管局查处涉嫌违规交易野生动物案、湖南省桃源县市场监管局查处涉嫌违规交易野生动物制品案、湖南省绥宁县市场监管局查处涉嫌违规交易野生动物制品案、江苏省泰州市兴化市市场监管局查处涉嫌违规交易野生动物及制品案、四川省达州市市场监管局查处涉嫌违法生产销售捕猎野生动物工具案、上海市闵行区市场监管局查处违规交易野生动物案。

【涉及的问题】

请结合此案例谈谈交易标的物合法的必要性。

【参考答案】

合同内容合法是合同产生法律效力的根本前提，各国法律都规定合同不得违反其本国的法律和公共秩序。例如，在英美法系中赌博合同、高利贷合同、违反行业执照管理的合同以及与敌国贸易的合同等都属于违法合同，因而是无效的。

"公共秩序（Public Order）"一词，是大陆法系的用语，英美法系则使用"公共政策（Public Policy）"的概念。公共秩序是一个弹性概念，西方国家的法官在行使所谓"自由裁量权（Discretion）"时往往对它作出不同的解释。例如，合同中含有限制性商业条款（如不合理限制渠道和出口市场等）或关于排除或限制产品责任的规定等内容，在很多国家的判例中被认定为违反公共秩序或公共政策。

《中华人民共和国民法典》规定，合同的订立和履行，不得违反中华人民共和国法律或者损害社会公共利益。

```
案例 5
```

当事人的合意具有真实性

【案例正文】■

刘某与建筑材料商 A 公司达成一项协议：如果刘某一个月内来买钢材，A 公司将以优惠的价格卖给刘某。后来，双方却因价格问题意见不一致无法达成交易。

【涉及的问题】■

A 公司是否违约？

【参考答案】■

当事人对"优惠"的价格或该价格的确定方法及数量等重要内容均未作约定，因此，双方并未真正达成合意，双方之间并未成立一项有约束力的合同关系，也就谈不上什么违约。

```
案例 6
```

"知假买假"是否构成合意真实

【案例正文】■

某年 3 月 27 日至 4 月 8 日，谭某分 4 次前往顺德区大良嘉紫食品店（以下简称"嘉紫食品店"）处购买 Oceania 金装成人奶粉 5 包、德运高钙全脂奶粉 14 包、德运高钙脱脂奶粉 20 包、Maxigenes 成人奶粉 10 罐，合计花费 9 059.8 元。上述全部奶粉的外包装上，均没有中文说明或标识。谭某要求嘉紫食品店退还其货款 9 059.8 元，并赔偿 90 598 元。

经查证，原审法院认为奶粉的确不符合规定，但本身无食品安全问题。由于外包装上没有中文说明或标识十分明显，谭某多次购买，已明知此情况的存在，因此不存在误导的情形。所以，对谭某要求退还所购食品的价款并 10 倍赔偿之诉请不予支持。

上诉人谭某因与被上诉人嘉紫食品店产品责任纠纷一案，不服佛山市顺德区人民法院民事判决，向佛山市中级人民法院提起上诉，请求改判嘉紫食品店退还谭某货款 9 059.8 元，并赔偿 90 598 元。

经审查，原审判决查明的事实正确，法院予以确认。本案中，谭某并无证据证明涉案奶粉存在有毒、有害或不符合营养要求等食品安全问题，再者，涉案奶粉外包装上没有说明或标识十分明显，谭某多次购买是清楚该情况的存在的，涉案奶粉没有中文标签、说明书并未对其造成误导。

综上所述，谭某的上诉请求不能成立，应予驳回。一审判决认定事实清楚，适用法律正确，应予维持。依照《中华人民共和国民事诉讼法》第 177 条第 1 款第 1 项的规定，驳回上诉，维持原判。

【涉及的问题】

你认为"知假买假"属于受欺诈吗？

【参考答案】

"知假买假"不属于受欺诈，但属于欺诈。法律规定因食品、药品质量问题发生纠纷，生产者、销售者以购买者明知食品、药品存在质量问题而仍然购买为由进行抗辩的，人民法院不予支持。因此在食品药品领域内，生产者、销售者的欺诈行为对知假买假者构成欺诈。其法律依据为《中华人民共和国消费者权益保护法》第 55 条，经营者提供商品或者服务有欺诈行为的，应当按照消费者的要求增加赔偿其受到的损失，增加赔偿的金额为消费者购买商品的价款或者接受服务的费用的 3 倍；增加赔偿的金额不足 500 元的，为 500 元。法律另有规定的，依照其规定。经营者明知商品或者服务存在缺陷，仍然向消费者提供，造成消费者或者其他受害人死亡或者健康严重损害的，受害人有权要求经营者依照本法第 49 条、第 51 条等法律规定赔偿损失，并有权要求所受损失 2 倍以下的惩罚性赔偿。

案例7

格式条款（合同）的有效性

【案例正文】

某书店老板害怕其书籍被水淹，便到保险公司投保，并在保险营业人员的指导下投了水灾险。投保后一冬日夜晚，书店内水表冻裂，书籍被淹，失去使用价值。书店老板向保险公司索赔，保险公司营业人员告知，老板所投的水灾险的水灾为洪水所引起的灾害，保险协议上白纸黑字非常清楚，所以不予赔偿。书店老板将保险公司告上法庭。

【涉及的问题】

此案应如何判决？

【参考答案】

保险公司应赔偿书店老板的损失。

格式条款又称共同条件、一般交易条件、标准条款和定式条款等。格式条款是指一方为经常和重复使用的目的而预先准备的条款，在实际使用时未与对方谈判。全部由格式条款构成的合同就是格式条款合同。由于格式条款是单方预先拟定的，所以格式条款合同往往会使交易双方处于不平等的谈判地位。但是格式条款合同高效实用的优点使得其在商务实践中受到普遍的欢迎，不但国际贸易领域，消费零售业和服务业也采用，尤其是公共服务领域使用得更为广泛。因此各国的法律都是支持格式条款合同的存在的，但对格式条款的解释及其效力等问题都作出了相应的规定。

关于格式条款的效力，各国法律在某些细节上的规定虽然存在着一些差异，但从总体上看基本相同。《国际商事合同通则》规定：

（1）使用格式条款应适用订立合同的一般规则。

（2）格式条款中对方不能合理预见的意外条款无效，除非对方明确表示接受。所谓"意外"应考虑到该条款的内容、语言和表达方式等因素。

（3）非格式条款优先。如果格式条款与非格式条款发生冲突，则以非格式条款为准。

《民法典》规定，采用格式条款订立合同的，提供格式条款的一方应当遵守公平原则确定当事人的权利和义务，并应当采取合理的方式提请对方注意免除或者限制其责任的条款，按照对方的要求，对该条款进行说明。同时，对于格式条款具有违法情形或者提供格式条款一方免除其责任、加重对方责任、排除对方主要权利的条款，均视为无效条款。另外，《民法典》对有关格式条款的解释则规定：对格式条款的理解发生争议的，应当按照通常的理解予以解释；对格式条款有两种以上解释的，应当作出不利于提供方的解释；格式条款与非格式条款不一致的，应当采用非格式条款。

---- 案例 8 ----
西班牙买方与法国卖方纠纷案

【案例正文】◾━━━━━━━━━━━━━━━━━━━

西班牙买方与法国卖方通过一经纪公司达成了一项按每吨 195 法郎的价格、共分 5 期交 9 000 吨谷物饲料的买卖协议，该经纪公司某年 6 月 17 日向双方当事人开具了发票，发票上载明了交货地和佣金，并标示：交易取决于（保险公司）承诺。保险公司同年 7 月 21 日通知卖方只承保总值 78 万法郎中的 15 万法郎的交易。8 月 18 日，卖方在交货地提交了第一批货物，随后的两批货物买方却没有收取。为弥补所遭受的损失，卖方诉至法院。

5 年后的 7 月 1 日西班牙判决卖方胜诉，理由是：当事人的合同通过电话口头达成在先，经纪公司的发票为该合同的证明；按照适用于西班牙的国际法和国内法，这类合同可自由地采取任何形式。

【涉及的问题】◾━━━━━━━━━━━━━━━━━━━
谈谈此案例给你的启示。

【参考答案】◾━━━━━━━━━━━━━━━━━━━
现代各国的合同法对多数合同形式采取自由的态度，当事人可以采取口头、书面、默示或其他形式表示合意，发生纠纷时，当事人可以采用包括证人证言在内的任何证据证明其主张。

3.1.3　合同的分类

------ 案例 1 ------

诺成和实践合同

【案例正文】 ■

李某长期在外地工作，家里的父母年迈无人照顾，邻居章某因和李某交好，就抽空前来照顾两位老人。李某感动之余，决定将自己一台八成新的彩电送给章某。

【涉及的问题】 ■

李某承诺之后，是否可以反悔，不送给章某彩电？

【参考答案】 ■

根据合同的成立是否必须交付实物，合同可以分为诺成合同（Consensual Contract）和实践合同（Real Contract）。诺成合同是指只要双方当事人意思表示一致，就合同的条款依法达成协议，即认为成立的合同，例如买卖合同、承包合同、租赁合同等。实践合同又称要物合同，是指除双方当事人意思表示一致外，还必须交付实物才能成立的合同，例如赠与合同、民间借贷合同、保管合同等。

此案例涉及赠与关系，但并未达成赠与合同关系，因为承诺时并未发生承诺物（即彩电）的交付，所以李某在承诺之后，可以反悔。

------ 案例 2 ------

判断合同的类型

【案例正文】 ■

日本 A 公司向大连 B 公司订购一批水产品，双方通过电话商谈达成口头供货协议，大连 B 公司同意在 1 年内向日本 A 公司发出 10 批货物，总价款 30 万美元左右，以实际交货为准结算。为保证付款，日本 A 公司将一张 1 年期的远期汇票质押给大连 B 公司。根据我国法律的有关规定，质押合同应当采用书面形式，票据质押应自权利凭证交付之日起生效。

【涉及的问题】 ■

日本 A 公司与大连 B 公司之间订购水产品的合同采取口头形式是否有效？分析日本 A 公司与大连 B 公司之间的汇票质押合同属于哪种合同类型。

【参考答案】■

日本 A 公司与大连 B 公司之间订购水产品的合同采取口头形式应当有效。《中华人民共和国民法典》和《联合国国际货物销售合同公约》均未要求国际贸易合同必须采用书面形式，因此这一合同采用口头形式并不违反法律的要求，它是有效的。

接下来分析日本 A 公司与大连 B 公司之间的汇票质押合同。第一，从单务合同与双务合同的划分来看，该汇票质押合同应属于单务合同，即日本 A 公司承担担保付款的义务，而大连 B 公司是权利的享受方。第二，从明示合同与默示合同的划分来看，该合同应属于明示合同，不存在默示生效的条件，但是，如果日本 A 公司未及时支付某笔货款而给大连 B 公司造成损失，而质押合同未订明质押担保的范围，则应视为双方存在一个默示条款：质押担保的范围依据法律的规定，包括主债权、利息、损害赔偿等。第三，从诺成合同与实践合同的划分来看，该合同应属于实践合同，因为中国法律规定，票据质押应自权利凭证交付之日起生效。如果双方签订了书面质押合同而未实际交付质押物，合同并不产生法律约束力。第四，从要式合同与非要式合同的划分来看，该合同应属于要式合同，因为中国法律规定，质押合同应当采用书面形式，没有采用该法定形式的质押合同不产生法律约束力。

3.2　合同的成立

3.2.1　要约

------------- 案例 1 -------------

区分要约与要约邀请

【案例正文】■

顾客甲在逛商场时看到一件衣服，上前询问销售员乙："这件衣服多少钱可以卖？"乙立即问："你出多少钱？"甲回答："400 元，你卖不卖？"乙应声回答："至少 700 元，少了不卖。"

【涉及的问题】■

请问：甲和乙的对话哪些属于要约？哪些属于要约邀请？

【参考答案】■

"这件衣服多少钱可以卖"和"你出多少钱"是要约邀请。"400 元，你卖不卖"构成要约。

------ 案例 2 ------

伦纳德诉百事公司案

【案例正文】

被告百事公司为配合促销活动在电视中播出了一则广告，广告中告知公众可以通过购买商品获得积分，并用积分换取奖品，积分不足的可用美元购买。广告中出现了一架军用"鹞式"直升机，并标明了它需要的特定积分，而在促销活动的目录中并不包括"鹞式"直升机。原告伦纳德决定用相当于直升机积分的美元换取直升机，但遭到被告拒绝，于是伦纳德起诉被告违约。法院判决认定，双方不存在合同，驳回了原告的诉讼请求。

【涉及的问题】

伦纳德和百事公司之间是否存在合同关系？为什么？

【参考答案】

伦纳德和百事公司之间并不存在合同关系，因为被告百事公司的广告并不是合同法上的要约。如果广告内容没有具体和明确到可以让一个理性人视为要约，那么这样的广告就不构成合同法上的要约。

------ 案例 3 ------

雷恩-马歇尔公司诉普罗拉多过滤器分公司案

【案例正文】

某年，原告收到一份寄自被告的广告性通函，其中附有若干种可供选择的购买普罗拉多牌商品的订单。依通函中说明，每购买一种商品，买方均可得到相应的回扣，回扣依订单金额大小而不同。其中一项规定，购买 10 万磅重的普罗拉多牌产品，普罗拉多公司将赠送一辆次年生产的布依克-厄勒克特拉牌汽车和一架柯达一次成像相机。汽车和相机的零售价为 17 450 美元，买主只需为此再付 500 美元。

原告在阅读了该通函后，将一张认购 10 万磅以上的普罗拉多牌石油过滤器的订单寄给被告，并要求得到上述回扣。在收到这一订单后，普罗拉多公司打电话给原告说，该订单没有被接受。此后，被告没有交货和支付回扣，原告也没有付款。原告提起诉讼，要求被告履行合同义务。

【涉及的问题】

原告与被告之间是否已经产生了合同关系？

【参考答案】

考虑原告与被告之间是否已经产生了合同关系，关键在于被告最初发出的广告性通函是否构成一个要约。事实上，通过新闻媒体、展览会、广告牌、传单等方式发布的商品广告一般不被视为出售商品的要约。同样，通过寄发商品目录、价目表而向他人传递交易信息，不管其所载交易条件有多详细，也只是要约邀请而不是要约。因此，法院在审理这个案件时，认为被告寄出的这份通函具有广告性质，其判词中有一段比较清楚的表述："人们更乐于接受的解释是，广告仅是一种邀请对方与自己进行讨价还价的表示。一份公布的价格表也不是一个依公布价格出售货物的要约。法院判决，被告寄出的小册子不是一个要约，原告的订单才是要约。该要约没有被接受。"因此，当事人之间并没有形成一个有约束力的合同关系。

------ 案例 4 ------

鸡蛋订购纠纷案

【案例正文】■─────────────────

荷兰买方向德国卖方发出订单，订购"3 卡车鸡蛋"，交货方式为"由买方派车到德国接货"。买方先后 3 次派车到卖方营业地接货，但卖方都未将货车装满（由于鸡蛋利润较低，如果未将货车装满，买方很难获利，甚至会亏损）。买方认为，卖方没有按照约定足额交货，主张在应付款中扣除一部分，以抵销其进行替代购货所造成的损失。但卖方认为，买方订单中的"3 卡车鸡蛋"数量并不确定，应以卖方实际装货量为准。双方发生争议。

【涉及的问题】■─────────────────

此案例应如何处理？

【参考答案】■─────────────────

此案例须解决的关键问题是：双方是否就鸡蛋的交货数量达成了一致（交付的数量是否是双方实际达成的数量）。

法院认为，一方当事人在订立合同过程中的声明和行为，应当根据另一方当事人的合理理解或者应当合理理解的情形来解释（《联合国国际货物销售合同公约》第 8 条第（2）款）。考虑了交易的所有相关背景，法院得出结论：虽然买方的订单表述的是"3 卡车鸡蛋"，但是这个数量没有争议，因为没有一个谨慎的商人为不能满载的数量而会派卡车长途往返接货，所以卖方所处的位置使其完全明白买方订购的是满载卡车的鸡蛋。

因此，买方有权得到替代购货所造成的损失，并有权获得利息赔偿。

------ 案例 5 ------

坎特雷有限公司诉特拉纳有限公司案

【案例正文】■─────────────────

T（特拉纳有限公司）与建筑承包商 C（坎特雷有限公司）达成一项协议，如果 C 介绍某人来投资，T 将以公平合理的价格来雇用 C 为承包商。后来，T 却将承包工作授予其他企业而与 C 发生争执。美国法院认为，建筑合同的价格条款为一基本条款，当事人对该价格或该价格的确定方法未作约定，因此，原被告之间并不成立一项有约束力的合同关系，也就谈不上被告违反什么合同。

【涉及的问题】▬▬▬▬▬▬▬▬▬▬▬▬▬▬▬▬▬▬▬▬

谈谈此案例给你的启示。

【参考答案】▬▬▬▬▬▬▬▬▬▬▬▬▬▬▬▬▬▬▬▬▬

一般的国际商事要约最少应包含标的、价格或确定价格的方法（如按某时最高竞价或某交易所牌价确定等）、数量或确定数量的方法（如按需供应等）这三项内容，否则很容易出现因缺乏明确性而对要约人或受要约人缺乏约束力的情况。订约建议中连具体交易标的都未确定，显然不能被视为要约。交易的数量或确定数量的方法也是不可少的，否则无法确定要约人或受要约人权利和义务的大小。价格或确定价格的方法对存在市价的交易可能不是特别必要的，但对不存在市价的交易特别是一些服务贸易而言是至关重要的，因为这些不存在市价的交易价格差别是很大的。《中华人民共和国民法典》规定："合同生效后，当事人就质量、价款或者报酬、履行地点等内容没有明确约定的，可以协议补充；不能达成补充协议的，按合同有关条款或交易习惯确定。"可见，对按合同有关条款无法确定价格而又没有现存的或通行的交易习惯可参照时，该条也没有作出可操作的确定价格的规则。为防止自己达成的协议在法律上的不确定性，严谨的当事人应特别重视价格问题。

------- 案例 6 -------

番茄酱买卖纠纷案

【案例正文】▬▬▬▬▬▬▬▬▬▬▬▬▬▬▬▬▬▬▬▬

一家法国公司（卖方）以英语向一家德国公司（买方）发出传真，提议销售20 卡车浓缩番茄酱（Tomato Concentrate）。买方以传真接受了这一提议。但后来，买方只收到 1 卡车货物，卖方宣布合同无效。双方发生争议，卖方认为：自己发出的传真在语言上有许多不确定之处，不能构成一项有效的要约，因而与买方之间的合同并未订立。所发出的 1 卡车货物应视为样品，买方同意后双方应签订正式的合同，并且，由于当年夏季法国天气异常，大雨过多造成番茄减产，卖方有权要求免除责任。

卖方起诉买方，要求买方支付已经交付货物的欠款；买方拒绝，提出与卖方违约所造成的损害赔偿相抵销。

【涉及的问题】▬▬▬▬▬▬▬▬▬▬▬▬▬▬▬▬▬▬▬▬

此案例应如何处理？假如这样的情况发生在中国，应该怎样处理？

【参考答案】■

法院没有支持卖方关于合同并未订立的主张。法院认为，根据《联合国国际货物销售合同公约》第14条的规定，卖方的传真已经构成了要约。因为：第一，其传真中表述的货物、数量、价格都十分确定，尤其是番茄罐头（规格）以及卡车装载量都规定得十分明确，当事人所指的数量双方都十分清楚，并且属于该行业当事人常用的贸易做法。第二，表明了要约人受要约约束的意思。卖方传真的语言虽然有不确定的地方，但是卖方以英语发出传真，可以推定明确表明了卖方受约束的意思。因为英语作为买卖双方的外语，并不是双方通常使用的工作语言，卖方以这种语言发出传真很难解释为其他的意思，只能理解为卖方以一种非常正式的表述方式向对方发出要约，这种郑重其事的表达使对方有理由相信卖方愿意受其许诺的约束。因而法院的结论是，卖方传真包含了《联合国国际货物销售合同公约》第14条要求的要约的所有因素（条款），在买方对其作出承诺后，合同已经订立。

此外，法院认为，第一车交货不能被卖方解释为样品，卖方也不能根据《联合国国际货物销售合同公约》第79条的规定要求免责。法院认为，法国的大雨确实降低了番茄的产量，刺激了价格的上涨，但并没有导致所有番茄腐烂或者绝收，因而卖方仍然有可能供货，作物减产和番茄市场价格上涨是卖方可以克服的障碍，不构成不可抗力。

法院判决卖方违约，买方可以获得合同价格与宣告合同无效时市场价格的差价作为损害赔偿。此外，法院（根据法国国内法）接受了买方将损害赔偿与应付卖方货款相抵销的主张。法院认为，在相同当事人之间的性质相同的债务可以抵销，是现代商法的一项普遍原则（is by now a general principle of the lex mercatoria），对所有文明的商业国家而言，（这项原则）是共同的（common to all civilized，trading nations）。

如果该案件发生在中国，法院不会认为当事人以英语发出要约是"表明了要约人受约束"的意思，因为英语是中国（以及很多东方国家）对外贸易的工作语言。法院在当事人为法国、德国企业的背景下，认定英语并不是双方通常使用的工作语言，卖方以这种语言发出传真是种郑重其事的表达方式，表现了西方国家的法院更多地从一个商人的立场去理解交易，以商人的思维解决商事争议的传统。

------ 案例7 ------
A与B买卖纠纷案

【案例正文】■

某年3月28日，A向B发出了出售某种货物的要约，却忘了注明要约日期。几经周折，该要约于5月2日上午才到达B处。B于5月2日下午用电报答复表示接受。A 收到答复很是诧异，A 因认为 B 不接受要约而于 4 月 28 日将货物低价卖予他人。为此，B 诉诸法院，控告 A 违约。英国法官认为，A 应承担违约责任，只有在以下情形下 B 的承诺因违反诚信原则而无效：A 注明要约日期、其要约信件上可清晰辨认出发信日期或者其他能让 B 知悉要约日期的内容。B 向本法官展示的却是一崭新的要约信件，一般的善意的收信人都会认为该信是几天前才发出的，根据要约生效原则，A 的要约于 5 月 2 日上午才生效，B 于 5 月 2 日下午表示接受并没有超过有效承诺所需的合理期限。

【涉及的问题】 ━━━━━━━━━━━━━━

谈谈此案例给你的启示。

【参考答案】 ━━━━━━━━━━━━━━

要约到达生效的规则对要约人具有重要意义。有时由于出现了特殊情况，发出去的要约对要约人很不利，如果要约尚未到达，则要约人完全可以采用快捷撤回的方式阻止要约对自己的约束。而此案例说明了要约到达生效的规则对受要约人也存在重要意义。

------- **案例 8** -------
要约的撤回与撤销

【案例正文】 ━━━━━━━━━━━━━━

大连某水产品进出口公司（以下简称"大连公司"）于 5 月 21 日以商业信函的方式向一日本公司发出一份要约，欲出售一批货物。该要约中明确表示：请日本公司在 5 月 26 日以前作出答复，大连公司在此前无论发生什么情况都不会撤销该要约。预计这封商业信函将在 5 月 24 日到达日本公司。然而，5 月 23 日大连公司就改变了主意，在当天以电传方式通知了日本公司：取消 5 月 21 日发出的要约。

【涉及的问题】 ━━━━━━━━━━━━━━

（1）以《联合国国际货物销售合同公约》为依据，你认为，5 月 23 日这天大连公司能否取消自己于 5 月 21 日发出的那份要约？

（2）要约的撤回与要约的撤销有什么区别？

【参考答案】 ━━━━━━━━━━━━━━

（1）5 月 23 日这天，大连公司可以取消自己于 5 月 21 日发出的那份要约，这属于要约的撤回。《联合国国际货物销售合同公约》第 15 条第（2）款规定，一项要约，即使是不可撤销要约，如果撤回通知先于要约送达受要约人或同时送达受要约人，得予撤回。《中华人民共和国民法典》的规定与此相同。

（2）要约的撤回与要约的撤销区别在于：要约的撤回是在要约生效之前作出的，而要约的撤销则是在要约生效之后，要约人收回其要约的意思表示。《联合国国际货物销售合同公约》与《中华人民共和国民法典》对于要约的撤销采取同样的原则。本例中，在 5 月 24 日本公司收到要约后，大连公司就不能再撤销其要约了。

案例 9

Hyde 诉 Wrench 案

【案例正文】 ▉━━━━━━━━━━━━━━━━━━━━━━━━━━━━

被告 Wrench 在 6 月 6 日向原告 Hyde 提出要约，愿以 1 000 英镑将自己的农场出售给原告。6 月 8 日原告回答表示愿以 950 英镑购买该农场，被告于 6 月 27 日表示拒绝。6 月 29 日原告又书面通知被告说，他愿意接受原来的报价即 1 000 英镑，但被被告拒绝。原告于是向法院起诉，要求强制履行双方达成的合同。法院判决原告败诉。

【涉及的问题】 ▉━━━━━━━━━━━━━━━━━━━━━━━━━━━━

谈谈此案例给你的启示。

【参考答案】 ▉━━━━━━━━━━━━━━━━━━━━━━━━━━━━

原被告之间并未形成合同关系，原告在 6 月 8 日表示愿以 950 英镑购买农场，是一个反要约，其效果是拒绝了被告的原要约，使原要约失去了法律效力。原告不能事后改变主意，要求对原要约作出承诺，因为原要约既已不复存在，原告当然也无承诺可言。

案例 10

荷兰 H 公司诉英国 E 公司案

【案例正文】 ▉━━━━━━━━━━━━━━━━━━━━━━━━━━━━

E 是一家英国的航空公司，一日为售出某台机器而向 H 空中服务公司要约：售 X 机器一台，请汇 5 000 英镑。H 立即回电：接受你方要约，已汇 5 000 英镑至你方银行账号，在交货前该笔款项将由银行代为你方保管，请立即交货。E 却将 X 机器高价售予第三人。H 便诉至英国法院控告 E 违约。英国法官判 H 败诉，理由之一是：被告要约中规定的付款是无条件的，原告在回电中却变更为付款以交货为前提，这样，原告尽管在回电中使用"接受"一词，也不能构成一项有效的承诺。

【涉及的问题】 ▉━━━━━━━━━━━━━━━━━━━━━━━━━━━━

谈谈此案例给你的启示。

【参考答案】 ▉━━━━━━━━━━━━━━━━━━━━━━━━━━━━

此案例就是一个不可撤销的要约。有时受要约人诚心接受要约，却因自己的特殊需要而在答复中作出了一些认为要约人不会反对的非实质性变更要求，如将这种答复行为不视作承诺往往会给受要约人造成很不公平的后果，为此，包括美国、中国在内的一些国家及《2016 年商事通则》纷纷作出变通规定，即要约人如果没有及时相反的表示，在符合承诺其他有效条件的前提下，含非实质性变更要求的答复仍可以构成一项有效承诺。不过，美国《统一商法典》和《2016 年商事通则》等对何谓"实质性变更"并没有进行定义和列举。《中华人民共和国民法典》对"实质性变更"也没有作出定义，但列明受要约人对以下事项的变更为实质性变更：标的、数量、质量、价款或报酬、履行期限、履行地点和方式、违约责任和解决争议的方法等。这一规定对避免或快速解决当事人之间的有关争议显然会起到积极作用。

---- 案例 11 ----

要约的失效

【案例正文】 ■————————————————————————

广州霓裳制衣有限公司生产了大批女士成衣，除自售外，还按照对方习惯的联系方式，向深圳、汉口的两家公司发了传真，向南昌某公司发了电子邮件，最后，向作为后备对象的贵阳某公司发了信件，表示如愿要货，请于 10 月底回复，保证 11 月上旬发货。

谁知才过一天，上海的某外贸公司就来洽谈，表示可以接受制衣公司全部的货。两家公司一拍即合。

【涉及的问题】 ■————————————————————————

前面如此多的要约，要怎么处理呢？

【参考答案】 ■————————————————————————

到贵阳的信件不可能到达，可以先打个电话撤回要约。

传真和电子邮件这些即发即收的通信手段都已经生效，撤回来不及，只能考虑能否撤销。

由于本例要约人确定了承诺期限，所以不可撤销。可向对方表示歉意，请对方提出索赔意见，以便协商。

如果有公司回复，要求调低价格，表示对于要约作出了实质性的变更，要约失效。

3.2.2　承诺

---------- 案例 1 ----------

承诺必须由受要约人作出

【案例正文】 ■————————————————————————

卖方拟出售给 A 某产品，于某年 3 月报价给 A，并在报价上写明了交货的时间和数量。A 将该报价单转至印度尼西亚客户 B，B 确认接收，且于报价单上签字。

【涉及的问题】 ▰━━━━━━━━━━━━━━━━━━━━━━━━━━━━━━━

请问：B 的确认能构成承诺吗？

【参考答案】 ▰━━━━━━━━━━━━━━━━━━━━━━━━━━━━━━━━━

不能。承诺应由受要约人针对要约的内容向要约人作出。本案中，卖方向 A 公司发出要约，承诺人只能是 A 公司，否则就不是有效的承诺。因此 B 公司的确认并不是对卖方要约的一个有效承诺。

------- **案例 2** -------

M 型水上飞机买卖纠纷案

【案例正文】 ▰━━━━━━━━━━━━━━━━━━━━━━━━━━━━━━━

卖方发出要约：现有 M 型水上飞机一架，单价 5 000 美元，如同意购买，请将 5 000 美元汇入我银行账户，可以立即交货。买方答复：同意购买，已经将 5 000 美元汇至你开户的银行，交货后立即付款。卖方收到买方的答复后，却将飞机卖给了他人。

【涉及的问题】 ▰━━━━━━━━━━━━━━━━━━━━━━━━━━━━━━━

请问：卖方能否这样做？

【参考答案】 ▰━━━━━━━━━━━━━━━━━━━━━━━━━━━━━━━━━

卖方可以这样做。因为买方的答复不是承诺，而是新的要约。按卖方的条件，应该是先付款后交货；而按买方的答复，则成为先交货后付款。买方只是将 5 000 美元汇到了卖方的开户银行，并未按卖方要求汇入卖方账户，并且声称"交货后立即付款"。付款属于实质性条件，它的更改使买方的答复没有构成承诺，而成了一个新的要约。所以，双方之间没有形成合同关系，卖方可以将飞机卖给他人。

------- **案例 3** -------

特制螺丝买卖纠纷案

【案例正文】 ▰━━━━━━━━━━━━━━━━━━━━━━━━━━━━━━━

经过对德国卖方（被告）产品的初步了解，瑞典买方（原告）以信函方式请德国卖方就某种质量的特制螺丝提出报价。德国卖方（在买方信函中）填写上价格和发货日期，将信函寄回。

3 月 5 日，瑞典买方以传真订购 3 400 个特定质量的螺丝，另外还订购了 290 件此前未提到的其他商品。3 月 10 日，德国卖方感谢瑞典买方的订单，表示收到订单并愿意成交，但要求预先付款或提供一张信用证。

瑞典买方又要求提供估价单。德国卖方按要求寄去估价单，但其中列出的是质量等级较低的相关商品及相应的价格。瑞典买方立即表示反对，要求按当初"订货"的质量提供这些商品。德国卖方回复说，按照卖方的产品目录，那些等级较高的产品交货期比较长、价格也更高。瑞典买方坚持要求德国卖方按报价单列出的价格提供质量较高的商品。双方发生争议。

【涉及的问题】

请问：双方之间是否已经订立了有效的合同？

【参考答案】

双方之间并没有订立有效的合同。由于当事人双方的营业地分别位于《联合国国际货物销售合同公约》（以下简称"《合同公约》"）的缔约国境内，根据《合同公约》第 1 条第（1）款（a）项，本案适用于《合同公约》。

对于合同是否订立，法院认为，瑞典买方以信函方式请德国卖方提出报价属于要约邀请（an invitation to make an offer），德国卖方的回复构成要约，但瑞典买方 3 月 5 日的传真偏离了卖方的要约，不仅质量标准与卖方要约存在不一致，而且增加了要约中没有提到的产品。法院提到，根据《合同公约》第 19 条第（1）款，对一项要约的答复，如果载有更改要约的条件，即为拒绝要约，并构成还价。因此，瑞典买方的最后订单（即 3 月 5 日的传真）构成了新的要约。对于这一新的要约，法院认为，一方面，德国卖方答复说要求预先付款构成了一项反要约，瑞典买方拒绝德国卖方的估价单时拒绝了这项反要约；另一方面，从《合同公约》第 14 条第（1）款的意义上来说，这一新的要约还不够明确，因为其中某些订货的价格既无人知晓，也无法确定。因此，法院认为，这个新的要约并未导致合同的有效订立。直至德国卖方按瑞典买方要求发出估价单时，要约应具备的条件才完全具备，可以被有效承诺，订立合同，但瑞典买方拒绝了这个估价单。因此，双方的合同并未订立。

------------------ 案例 4 ------------------

"按当季价格"的定价能不能阻碍有效合同的成立？

【案例正文】

德国买方与比利时卖方均为水果和蔬菜行业的经营者。某年 6 月，经过口头商谈后，卖方寄给买方一封信，在信中卖方确认买方"按当季价格"（to be fixed during the season）购买 40 万罐去核樱桃的交易。在第一批货物（5 万罐）按每罐 0.95 欧元价格交付买方后，卖方于当年 10 月再次致信买方，确认买方此前商定的 40 万罐去核樱桃的交易，但提出按每罐 0.90 欧元定价的提议，并要求买方将合同寄回以便正式签署。次年 1 月和 7 月，买方又分别以每罐 0.87 欧元和每罐 0.90 欧元的价格接受了 13 万罐货物。次年 8 月，卖方要求买方履行前一年 6 月达成的购买 40 万罐去核樱桃协议，以每罐 0.90 欧元的价格提走剩余货物。买方向德国法院起诉，要求法院宣告当事人之间并不存在有效的合同。

【涉及的问题】■—————————————————————————————————————

谈谈此案例给你的启示。

【参考答案】■—————————————————————————————————————

法院认定，当事人之间达成了一项口头的 40 万罐去核樱桃的交易，卖方的信件可以证实这点。法院特别指出，依据《联合国国际货物销售合同公约》（以下简称"《合同公约》"）的规定，对一封信件的沉默并不导致合同的成立，除非存在一个这样的国际惯例或者当事人之间的习惯做法。而本案中，信件可以作为合同已经成立的证明（法院的意思是，当事人之间的合同并非因为买方对卖方的信件保持沉默而成立，而是因为卖方以信件确认他们之间达成的口头协议，买方对信件的沉默意味着他承认他们已经达成协议的事实）。

当事人同意"按当季价格"定价的事实也不足以阻碍有效合同的成立，因为价格虽然没有明确，但它是可以确定的（《合同公约》第 14 条）。"按当季价格"定价应当解释为卖方同意买方以当季的价格为基础，参照《合同公约》第 55 条的原则确定价格。法院进一步认定，即使将"按当季价格"定价解释为价格在合同订立后由当事人商定，结果也不会有什么不同，如果合同已经有效成立，《合同公约》第 55 条可以用来填补价格条款的空缺。最后，法院指出，没有任何理由否定合同成立后当事人实际上已经就合同价格达成了一致，因为买方接受了多批货物并按照卖方对每批货物的标价进行了付款。

这里需要注意的是，法院认为"当事人实际上已经就合同价格达成了一致"，但不能推定为买方接受了每罐 0.90 欧元的价格。对本案的逻辑关系应当这样理解：卖方的信件证明双方当事人达成了 40 万罐去核樱桃的交易，价格"按当季价格"定价；但由于每罐 0.90 欧元的价格是卖方在后来的信件中提出的，买方对信件的沉默不能理解为接受了这个价格提议。因而法院的结论是，当事人之间 40 万罐去核樱桃的合同成立，价格为"按当季价格"定价，如果对以后交货的价格不能达成一致，应当根据《合同公约》第 55 条的原则来确定。

```
------ 案例 5 ------
时装销售争议案
```

【案例正文】■—————————————————————————————————————

德国卖方与瑞士买方因时装销售发生争议。卖方提起诉讼，要求买方支付某年 1 月至 3 月共 4 张发票的货款。买方否认其中 2 张发票，认为与卖方并未达成过那些交易，而对于其余 2 张发票，买方虽然承认与卖方的交易，但提出反诉：这些时装价格过高且不符合市场需求，而这完全是卖方交货迟延引起的，因为卖方坚持要求预付货款，否则拒绝发货——这既不符合行业惯例，也没有事先达成一致，因而买方要求从货款中抵销其遭受的损失。

【涉及的问题】 ■────────────

请问：此案例该如何处理？

【参考答案】 ■────────────

法院认定，德国与瑞士均为《联合国国际货物销售合同公约》（以下简称"《合同公约》"）缔约国，因而《合同公约》适用于本案（《合同公约》第 1 条）。

对于买方否认的 2 张发票，法院指出，卖方未能证明与买方之间达成过这些交易，也未能证明与买方之间就货物的价格达成过一致（《合同公约》第 14 条）。法院认为，仅仅是开出发票和发送货物不能证明当事人之间订立了合同，尤其是在本案中，谁订的货、什么时间以及价格如何都不能确定。

法院特别指出，关于确定价格，法院认为《合同公约》第 55 条在本案中并不适用，因为这项条款的适用是以合同已经订立为前提的，即在不能确定合同已经订立的情况下，不存在援引《合同公约》第 55 条的规定来确定价格的问题。因此，卖方无权就这 2 张发票要求付款。

对于买方承认的 2 张发票，因不属于《合同公约》范围内的问题，法院依据德国法作出判决，否定了买方的抵销权主张，判令买方向卖方支付这 2 张发票的货款及利息。

3.2.3 当事人合意的真实性

┌─────────────── 案例 1 ───────────────┐

Great Peace 船运有限公司诉 Tsavliris 施救有限公司案

【案例正文】 ■────────────

被告 Tsavliris 施救有限公司的 Cape Providence 号轮船在南印度洋发生了严重的结构损害而面临着沉船危险。被告便委托其经纪人寻找最近的施救船舶，后者获知原告 Great Peace 船运有限公司所拥有的 Great Peace 号轮距离危船最近。根据该信息，被告与原告达成了雇用 Great Peace 号轮至少 5 天的合同。据估计，Great Peace 号轮会在 12 小时的航程内赶到危船所在之处，事后却发现，关于 Great Peace 号轮位置的信息是错误的，该轮实际上在数百英里之外。鉴于此种情况，被告取消了合同，并拒绝支付任何租金。英国法院判决支持原告的索取 5 天租金的诉讼请求，理由是：本案中的原告并不知道任何关于两船之间距离是合同的先决条件，原告仅仅知道有义务向被告提供租船和有权利获得 5 天的租金。

【涉及的问题】

谈谈此案例给你的启示。

【参考答案】

英美法系国家一般将误解区分为单方误解和共同误解两类。单方的误解通常不能导致合同无效或得以撤销。如 A 打算以 9 500 英镑的价格将车子卖给 B，A 在其要约信中却写成了 5 900 英镑，B 如果接受了 A 的要约，则 A 的这种错误不能使之免除按 5 900 英镑的价格向 B 交付车子的义务。不过，这一规则也有例外，即如果对方当事人知道或应当知道误解者发生了错误，则合同可以撤销。如果各方当事人都发生了误解，并且从事实角度来看都情有可原，则任何一方当事人可以解除合同。

---- 案例 2 ----
奥茨加有限公司诉威廉姆案

【案例正文】

被告威廉姆将其车子卖给原告奥茨加有限公司时，称该车为前一年车型。该车实际上是 10 年前车型，当原告了解真相后，便以被告作出欺诈性陈述为由要求赔偿。英国法官认为，原告是一家专门的汽车交易商，在了解真相方面和被告处于同样良好的位置甚至处于比被告更好的位置，原告相信被告的陈述是违背合理常情的，因此，原告的赔偿请求予以驳回。

【涉及的问题】

谈谈此案例给你的启示。

【参考答案】

英美法系国家的司法实践一般承认，导致合同无效或得以撤销及承担赔偿责任的欺诈性陈述应具备以下条件：

（1）欺诈性陈述与签订合同具有因果关系，即欺诈性陈述是订立合同的关键性因素，如果没有这种欺诈性陈述，当事人就不会与欺诈者签订合同。

（2）陈述者存在过错并导致了无辜的当事人损失。其中的"过错"包括故意和过失两个方面。欺诈性陈述通常为陈述者故意所为，即陈述者明知与事实情况不符，但为了达成合同而作出欺诈性的虚假陈述。如 A 为了获得售房定金，将明知是 X 的房子说成是自己的而与 B 签订了售房合同，A 的陈述便具有故意欺诈性质。在商事交往中，当事人有时也会作出过失性的虚假陈述，如某超市计重器很长时间未加检修，结果所秤的重量与事实严重不符，对这种过失性的虚假陈述，英美法系国家一般将之等同于故意性欺诈陈述，受害方不仅可以宣告合同无效或撤销合同，而且在遭受损害时可以要求过失方赔偿。如果虚假陈述非出于故意或过失，受害方只能宣告合同无效或撤销合同，而不能要求赔偿。

（3）受欺诈的当事人信赖该欺诈性陈述属于情理之中。在这方面，英美法院一般根据受欺诈当事人的识别能力作出判决。欺诈方如果是行家，受欺诈方是外行，则会作出对受欺诈方有利的判决，反之则会作出对受欺诈方不利的判决。

-------- 案例 3 --------

9178-6103 Quibec Inc. 诉 Unitrans 案

【案例正文】

被告 Unitrans 是设立于美国新泽西州的公司，从事安排海洋运输承运人的中介无船公共承运人（Non Vessel Operating Common Carrier，简称 "NVOCC"）的工作；另一被告 FT&T 是提供包括收取海运提单和运费等某些支持服务的 Unitrans 的分包商。原告 9178-6103 Quibec Inc.（以下简称 "Quibec"）是一家经营车辆出口的加拿大公司。

原告最初雇用 Alexandre Morozov and STS Group，Inc.（以下简称 "STS"）作为经纪人购买了 Bentley 和另外 4 辆豪华小汽车。另一被告 FT&T 为这些车辆的购买提供了贷款，STS 则同意前者为这些贷款对车辆拥有留置权，该担保协议要求交货时支付全款。STS 随后作为托运人与作为运输代理人（Forwarding Agent）的被告 Unitrans 签约安排这些车辆运往芬兰 Kotka 港。Unitrans 拥有该车所有权的原件，并持续地用这些原件凭证作为运费和其他费用的担保。货物运到芬兰目的地后，FT&T 称 STS 有 135 172 美元的货款与费用欠账，Unitrans 便在无付款的情况下拒绝向原告交车。经数次沟通，原告最后同意支付 104 000 美元获得车辆的交付，用其中的 52 000 美元收取了其中的 4 辆车，用余款收取 Bentley 车。收到 52 000 美元后，被告向原告交了 4 辆车，但那辆 Bentley 车仍遭扣留。

基于为获取 4 辆车而支付 52 000 美元是受到了胁迫之理由，以及为了收取以上的 Bentley 车，原告提起了诉讼。经受理法官听审后，原告同意提交 52 000 美元的担保以换取 Bentley 车的放货。随后，美国纽约东区联邦法院作出的简易判决指出：本案中当事人的权利与义务源于海商交易；根据海商法考察胁迫问题的联邦法院常根据合同法的一般原则分析细节元素，纽约州法律也采取类似的标准；承运人对未付费用的货物有留置权已被美国法院多起判决所承认，要求支付合法债务不能构成不当威胁。

【涉及的问题】

谈谈此案例给你的启示。

【参考答案】■————————————————————————————

在商事交往中，有些威胁不仅是必要的而且是合法的。例如，鉴于承租人拖欠租金的行为，出租人威胁说，如果承租人 3 天内不付清拖欠的租金，将向法院申请冻结其资产，并请求警察署驱逐承租人。受此威逼，承租人只得作出 3 天内付清租金的书面承诺，事后，承租人不得以存在胁迫为由主张其承诺无效，因为出租人的威逼是合法的。但是，很多其他威胁则是非法的，如求租者威胁说，房主若不以某一低价出租其房屋，即绑架其本人、孩子或捣毁其房屋。

————————————— 案例 4 —————————————

北大西洋船舶公司诉海威汀造船厂案

【案例正文】■————————————————————————————

被告（海威汀造船厂）同意按固定价为原告（北大西洋船舶公司）建造一艘船舶。在交付前被告要求加付 10% 的款项。鉴于自己急需船舶，原告被迫同意加价。船舶交付后，原告继续付款直至原合同价款与被迫同意增加的款项全部付清。后来，原告以胁迫为由，向法院提出撤销加价承诺，要求被告退还多收的价款。英国法官认为，交付船舶后，被告不再拥有胁迫手段，原告仍然将加价部分付清这一事实表明，原告以默示方式放弃了行使对加价合同的撤销权。

【涉及的问题】■————————————————————————————

谈谈此案例给你的启示。

【参考答案】■————————————————————————————

根据《民法典》和英美的一些判例，胁迫发生后，受胁迫者以明示或默示方式放弃行使合同撤销权的，则无权撤销合同。

————————————— 案例 5 —————————————

K公司与A快邮公司货物运价争议纠纷案

【案例正文】■————————————————————————————

K 公司是一家经营进口及批发篮筐制品的小公司，与供货商签订了一份供货合同。为了交货，K 公司又与承运人 A 快邮公司订立了运输合同，将货物运交购货商。运输合同开始履行后，A 快邮公司发现自己计费有误，致使对于这次运输所订的运价极不合算。于是 A 快邮公司对 K 公司声称，除非改变合同运价，否则终止运输。K 公司的生意在很大程度上要依赖于那个供货商的合同，不能及时交货会导致损失惨重，而且当时已经很难迅速找到其他承运人替代。K 公司只好答应了 A 快邮公司调整运费的要求，但合同履行后，K 公司以受到胁迫为由拒绝支付增加的运费，双方发生争议。

【涉及的问题】 ■━━━━━━━━━━━━━━━━━━━━━

（1）K 公司是否可以以受到胁迫为由拒绝支付增加的运费？

（2）A 快邮公司可否以运费计费有误属于重大错误为由主张运输合同无效？

（3）如果 A 快邮公司以政府法令发生变化为由要求调整运费，而未主张计费错误，K 公司同意增加运费，但事后 K 公司发现并不存在政府法令发生变化导致调整运费的事实，K 公司是否可以主张 A 快邮公司采取欺诈手段订立合同而要求其承担责任？

【参考答案】 ■━━━━━━━━━━━━━━━━━━━━━

（1）可以。因为 K 公司的生意在很大程度上要依赖于那个供货商的合同，如果不答应 A 快邮公司的要求，可能会导致不能及时交货而损失惨重，并且当时已经很难迅速找到其他承运人替代，所以 K 公司所处的情形可视为受到胁迫。

因此 K 公司可以以受到胁迫为由拒绝支付增加的运费。

（2）一般情况下，A 快邮公司不能主张运费计费有误属于重大错误。在英美法系中，这属于单方错误，当事人原则上不能因单方错误主张合同无效，除非：①这种单方错误为对方所知悉，并且对方利用了这种错误来达成合同；②这种单方错误导致双方之间实质上没有达成协议。在大陆法系中，这种计费错误也很难被认定为重大错误。

（3）如果 A 快邮公司以政府法令发生变化为由要求调整运费，K 公司同意。那么，事后 K 公司发现并不存在政府法令发生变化的事实，一般也不能主张 A 快邮公司的行为属于欺诈。法律是公开的政府文件，任何人均可以查阅，K 公司没有理由轻信对方的陈述，K 公司只能对自己的疏忽负责。

但以下两种情况下可以主张对法律的虚构或曲解构成欺诈：①法律专业人士对非专业人士解释的法律；②对外国法律的虚构或曲解，因为外国法律通常被视为一种事实存在。

━━━━━ **案例 6** ━━━━━

韦佛诉美国石油公司案

【案例正文】 ■━━━━━━━━━━━━━━━━━━━━━

美国石油公司将一个加油站出租给韦佛经营。双方签订的租赁合同中有一个免责条款规定，承租人将承担出租人所有发生在该出租财产上的过失行为责任。日后，石油公司的雇员把汽油喷到了韦佛和他的助手身上，使他们被烧伤。经印第安纳州最高法院查明，这是一个提供给交易弱方的已经事先印制好的格式合同。韦佛只读过一年半中学，在承租加油站之前一直从事体力劳动。该合同是石油公司的律师起草的，且在签订合同的过程中没有给韦佛任何去理解合同的内容或是找人咨询的机会。如果该条款有效，韦佛为了得到这份合同，就可能花几千美元用来赔偿不是由他的过失造成的损失，而韦佛经营加油站一年所得的总收入也不过 5 000～6 000 美元。

【涉及的问题】 ■━━━━━━━━━━━━━━━━━━━━━━━━

这项免责条款是否有效？为什么？

【参考答案】 ■━━━━━━━━━━━━━━━━━━━━━━━━━

此项免责条款应被认定为无效。本案是美国合同法上一个典型的有关显失公平的案子。

显失公平原则是为交易中的弱方提供特别的法律保护的原则，美国《统一商法典》第 2302 条规定："如果法院发现，作为一个法律问题，合同或合同的某一条款在制定时是显失公平的，法院可以拒绝强制执行该合同，或仅执行显失公平的条款之外的合同其余部分，或限制显失公平条款的适用以避免显失公平的后果。"这意味着法院可以以显失公平理论为依据对当事人订立合同的活动进行公开的干预。美国法上的显失公平由两种基本因素构成，即：实质性显失公平和程序性显失公平。实质性显失公平是指合同的条件不合理地有利于一方而不利于另一方。程序性显失公平是指合同当事人一方在订立合同时没有作出"有意义的选择"，造成这种结果的原因包括以下两个方面：一方面由于不能归咎于他自己的原因未能理解合同的内容；另一方面由于其所处的地位完全没有同对方讨价还价的余地。

从本案的判决可以看出，美国法官在运用显失公平原则时，通常既要考虑实质性显失公平，又要考虑程序性显失公平，只有二者同时存在时，才认定为显失公平。也就是说，如果仅仅是合同本身有利于一方而不利于另一方，但该合同是经过双方充分磋商、双方充分理解合同内容并在心甘情愿的情况下签订的话，一般就不能认为是显失公平的。由此我们也可以看出，显失公平原则是很难在双方均为交易地位平等的商人之间适用的，否则将给正常的商业活动带来极大的不确定性。具体就本案而言，其关键在于显失公平，尤其是程序上的显失公平的认定。毫无疑问的是，美国关于显失公平的认定要求既符合实质性的显失公平又要求程序上的显失公平。而在本案中，韦佛在签订该格式合同时，被诉人既未对格式合同中的免责条款予以解释，也未建议韦佛咨询律师，而格式合同中关于免责条款的规定又无明显而合理的标示，符合上文所说的程序上显失公平的第一点；而从交易地位上看，韦佛的不利地位是显而易见的，符合"一方由于其所处的地位完全没有同对方讨价还价的余地"的情形，所以可以判断出已构成程序上的显失公平。

3.2.4 对价和约因

---案例1---

肯尼迪诉Joy制造公司案

【案例正文】

原告肯尼迪作为马尔克公司的股东兼副总裁与 Joy 制造公司签订协议，对马尔克公司欠 Joy 制造公司的货款进行担保，Joy 制造公司则继续赊销货物给马尔克公司。不久，马尔克公司申请破产，拒绝偿还拖欠 Joy 制造公司的债务。Joy 制造公司根据双方的担保协议，要求肯尼迪承担担保责任。肯尼迪主张他所担保的是协议前的债务，不能作为其承诺的对价，其承诺因无对价而没有拘束力。法院认为肯尼迪的主张是错误的，Joy 制造公司继续向马尔克公司赊销货物的允诺就是肯尼迪允诺的对价。

【涉及的问题】

谈谈此案例给你的启示。

【参考答案】

在英美法系国家，对价通常是指为换取某一允诺（Promise）而付出的具有法律价值的代价。根据美国《合同法重述》（第二次）第 71 段，具有法律价值的代价既可以是一项回报的允诺（Return Promise），也可以是允诺以外的行为或不行为，还可以是一种法律关系的成立、变更或消灭。

---案例2---

"1港元租金"条款的意义

【案例正文】

中国香港特区政府为协助中国香港国际仲裁中心的发展，同意免费为其提供办公场所 3 年。但中国香港国际仲裁中心要求在租用办公场所的合同中订明"每年支付 1 港元租金"的条款。

【涉及的问题】

这一条款有何意义？

【参考答案】

如果没有这一条款，这只是一种施与，中国香港特区政府可以随时要求中国香港国际仲裁中心搬出去；有了这一条款，就成为一个有约束力的协议，因为 1 港元的约因已经足以约束当事人双方了。

约因只要存在即可，而无须相当。约因是当事人愿意受许诺约束的证据，是法院强制执行许诺的一个理由，因此在审理合同案件时，只考虑许诺是否有约因的支持，而不考虑约因在价值上是否相当，但如果有欺诈或错误等情形，受害一方则有权请求衡平救济，要求解除合同。

------ 案例 3 ------

Stilk 诉 Myrick 案

【案例正文】 ■————————————————

一条船从伦敦开往巴尔的摩时，船长 Myrick 发现两名水手中途逃跑了，一时又无法找到合适的船员来代替他们的工作。于是船长许诺将这两名水手的工资分给留在船上的船员，以鼓励他们在人手紧缺的情况下多分担工作，把船开回伦敦。但是，当船到达伦敦后，船长拒绝履行他的许诺。船员 Stilk 牵头将船长告上法庭。

【涉及的问题】 ■————————————————

法院应如何判决？

【参考答案】 ■————————————————

法院应驳回船员们的诉讼请求。法院认为，船长的许诺是没有约因的，也就是说，船员们没有为船长的许诺付出额外的对价。船员们分担了两名水手的工作不能构成约束船长的许诺的约因，因为这是他们在签订雇佣合同时已经承担的一项合同义务，即在有船员逃跑、死亡时，剩余的船员有义务继续履行合同，将船开回目的地。

------ 案例 4 ------

Williams 诉 Roffey 兄弟公司案

【案例正文】 ■————————————————

原告 Williams 同意按照 20 000 英镑的固定价为被告（Roffey）承包的一幢公寓做些木工活，双方约定了完工日期。原告完工 80% 时收到了 16 000 英镑的报酬，此时却发现初始的 20 000 英镑的定价太低，以至于陷入了财务困难，由此也怠于监督其工人。鉴于这种情况，Roffey 担心 Williams 不能按时完工。为了避免业主引用与其所签承包合同中延迟完工的违约金条款，Roffey 向 Williams 许诺多付 10 000 英镑以确保后者按时完工。事后，Roffey 拒绝向 Williams 多支付 10 000 英镑的工钱。

英国上诉法院认为，虽然原告按时完工的行为丝毫没有超过原合同，但是在本案条件下却存在多付 10 000 英镑工钱的新合同，双方都受益于这一新合同，因为原告所提供的对价使被告避免了公寓业主对其执行延迟完工的违约金条款，原告所提供的这种对价是一种新对价。被告作出多付 10 000 英镑的许诺时没有受到任何欺诈或胁迫，在这种情况下允许其反言是不公平的。

【涉及的问题】

谈谈此案例给你的启示。

【参考答案】

对价必须具有法律上的充分性（Legal Sufficiency），所谓"法律上的充分性"，既可以是受允诺人法律上的受损（Legal Detriment），也可以是允诺人法律上的利益。不过法律上的受损并不一定是实际经济利益的减少，在英美法系国家的司法实践中，出现下列情形之一的，即认为发生了法律上的受损：做或允诺做先前并无法律义务去做的事情；不做或允诺不做先前并无法律义务戒除的事情。法律上受损的规则表明先前存在的合同义务或其他法律的义务不构成对价。但近期的一些英、美法院判决并没有完全固守这一原则。

案例 5

E 公司诉缅因野越橘公司案

【案例正文】

原、被告签订一项买卖当年生长的野越橘协议，却未规定价格，原告 E 公司交完野越橘后，双方对应付的价格发生争议，被告（缅因野越橘公司）向原告寄了一张支票及信函，称：此支票为最终的付款。原告兑现了支票后即诉至法院。美国缅因州最高法院最后判定：法律赋予原告按被告条件接受支票或退还支票的选择权；既然原告通过兑现方式接受了支票，则应禁止得到任何补偿。

【涉及的问题】

谈谈此案例给你的启示。

【参考答案】

如果债款数额是确定的，因缺乏对价而使减轻债款的允诺归于无效的，债权人仍有权要求偿足原债务总额。但是，当事人有时对债款数额存在争议，这种情况常出现于协议对价格未加规定的场合。对无市价的协议，任意方当事人可以欠缺明确性而主张无约束力的合同存在，然而，根据意思自治原则，当事人各方当然也可以一致承认合同的存在，其中一方当事人已履行了自己在协议中的允诺，对方当事人也接受了这种履行，只是将债款数额争议交给法官处理。英美法官的司法实践表明，如果债权人接受债务人声称为全额的款项，则不可再要求债务人偿付争议的余额。

3.3　合同的担保

3.3.1　人的担保

```
------ 案例 ------
保证人
```

【案例正文】■————————————————————

　　Delm 公司是一个小公司，经常需要借钱来发工资。银行担心 Delm 公司没有偿还贷款的能力，要求其主要股东 Joseph（一个富有的生意人，拥有该公司 65% 的股份）签署一个协议来为 Delm 公司的借款提供担保，确保 Delm 公司一旦无法还款时，他将替 Delm 公司偿还。同时，Joseph 的儿子 Robert 也向该银行申请贷款买一辆二手车，因为 Robert 还是一个大学生，银行不能贷款给他，除非 Joseph 同意在贷款书上与他的儿子一起签字成为保证人，对还款负连带责任。

【涉及的问题】■————————————————————

　　如果 Joseph 签署了这两份担保性质的协议，那么他的责任是否一样？

【参考答案】■————————————————————

　　当然不一样。当 Joseph 签署了这两份担保性质的协议后，他就成为保证人。其中，对于 Delm 公司的贷款，他承担的是补充责任或称次要责任，在大陆法系国家，他的保证属于补充责任保证（在中国为"一般保证"）；在英美法系国家，他属于担保人，即只有在 Delm 公司不能还款时他才承担责任。而对于他儿子 Robert 的贷款，他承担的是连带责任或称主要责任，在大陆法系国家，他的保证属于连带责任保证；在英美法系国家，他属于保证人，这意味着如果 Robert 到期没有及时还款，银行有权选择 Joseph 或者 Robert 任何一个人主张权利，追讨欠款。

3.3.2　物的担保

```
---- 案例 1 ----
动产担保
```

【案例正文】■————————————————————

　　Jamie 想从 A 公司购买一个新浴缸，购买价格是 5 500 美元。因不能用现金支付所有款项，Jamie 签署了一份协议，先付 3 000 美元，此后每月付 200 美元，直至付清全部余款及利息为止。

【涉及的问题】

A 公司应该怎样保护自己的权利?

【参考答案】

A 公司在签署这份销售协议时,可以规定一个担保条款,在 Jamie 付清全部余款及利息之前,A 公司对其所销售的物品(浴缸)保留担保物权。如果 Jamie 不能按照协议履行付款义务,A 公司有权依法以该抵押物折价,或从变卖抵押物的价款中优先受偿,以保障自己的权利。

案例2

信用证项下的其他担保人是否承担连带保证责任?

【案例正文】

某年 9 月 1 日,根据上海宝利国际贸易有限责任公司(以下简称"宝利公司")的申请,上海虹×银行(以下简称"虹×银行")开立了号码分别为 No.581084 和 No.581085 的两份信用证,金额分别为 45 万美元和 47 万美元,付款日期均为当年 12 月 17 日。宝利公司按开证金额的 20% 分别向虹×银行支付了 9 万美元和 9.4 万美元的开证保证金。

9 月 28 日,经宝利公司申请,虹×银行又开出了号码为 No.581234 的信用证,金额为 45 万美元,见票后 85 天付款。宝利公司按开证金额的 20% 向虹×银行支付了 9 万美元的开证保证金,并由上海华×储运(集团)有限公司(以下简称"华储公司")担保宝利公司偿付信用证项下的款项。

10 月 7 日,虹×银行通知宝利公司 No.581234 信用证项下的单据已经到单,要求宝利公司审核单据。宝利公司经审核,认为单据无误,向虹×银行出具了"同意承兑付款"的通知。虹×银行作出承兑,付款日期确定为次年 1 月 7 日。

12 月 17 日,No.581084 和 No.581085 两份信用证付款到期,虹×银行对外支付了 92 万美元,并于第二天从宝利公司账上划走上述三份信用证的开证保证金,共计 27.4 万美元。12 月 21 日,宝利公司根据虹×银行的催收通知,偿还了剩余的 64.6 万美元。

次年 1 月 7 日,虹×银行支付了 No.581234 信用证项下的对外款项 45 万美元,并向宝利公司发出催收垫款通知书。此时,宝利公司已经无力偿还信用证项下的款项,于是虹×银行要求华储公司承担连带保证责任,偿还信用证项下的 45 万美元对外付款。华储公司对自己是否承担连带保证责任提出异议,双方发生争议。

【涉及的问题】

(1)开证保证金在法律上属于什么性质?

（2）虹×银行是否有权要求华储公司承担连带保证责任？

【参考答案】

（1）开证保证金是开证申请人向开证银行提供的为开立信用证而备付的具有担保性质的资金，在法律性质上应属于动产质押，因此它具有法定性与特定性的特点。

所谓法定性，是指根据物权法定原则，开证申请人将金钱以保证金形式特定化后，移交银行占有，构成了一种对银行的质押担保，符合中国法律对动产质押的规定。同时，债务人或者第三人将其金钱以特户、封金、保证金等形式特定化后，移交债权人占有作为债权的担保，债务人不履行债务时，债权人可以以该金钱优先受偿。

所谓特定性，是指开证保证金与所担保的信用证是一一对应的，每一项保证金应当用以偿还对应信用证项下的债务，而不能用来清偿其他信用证项下的欠款。本案中，虹×银行支付了 No.581234 信用证项下的开证保证金 9 万美元，用来偿还其他信用证项下的欠款，不符合法律的规定。

（2）根据《中华人民共和国民法典》的规定，同一债权既有保证又有物的担保时，保证人对物的担保以外的债权承担保证责任。在本案中，号码为 No.581234 的信用证金额为 45 万美元，宝利公司支付了 9 万美元的开证保证金，该开证保证金在性质上属于动产质押，是物的担保的一种形式。因此，虹×银行应当先执行物的担保，以 9 万美元开证保证金偿付所垫付的款项，对 9 万美元开证保证金之外的债权才有权要求保证人华储公司承担保证责任。因此，华储公司的连带保证责任应为 36 万美元。

3.4　合同的履行、违约与违约救济

3.4.1　合同的履行

----案例 1----
先合同义务

【案例正文】

甲为一果商，乙为一果农，甲乙协商，以每千克 1 元的价格购买整个果园的苹果，准备第二天正式签订书面合同，第三天交货。乙为了能在第三天顺利交货，在第二天就抢收了 1 000 千克苹果。结果甲在第三天告知乙，他又找到另一家果农，以每千克 0.8 元的价格购买了苹果，并已经签订了书面合同，因此他不再购买乙的苹果了。乙因苹果已经采摘完毕，不及时处理很难保存，无奈之下只能以每千克0.7元的价格卖给了他人。

【涉及的问题】■————————————————————

甲乙的合同是否成立？甲的行为合法吗？乙遭受的损失可以要求甲赔偿吗？

【参考答案】■————————————————————

甲乙的合同没有成立。合同成立要经过要约和承诺的程序。一般而言，承诺生效，合同成立。但是当事人或者法律对合同成立有特别要求的，需要满足特别要求，合同才能成立。本案当事人之间约定第二天签订书面合同，则可认为当事人之间有特别要求，即需要签订书面合同才能使合同成立。因此，甲、乙之间在没有签订书面合同的情况下，合同未成立。

甲的行为不合法。根据合同法的一般原理，进入磋商过程的当事人需要承担先合同义务，先合同义务的产生主要是基于双方当事人在磋商过程中形成的信赖关系。甲与乙的磋商已基本完成，只差最后签订书面合同，说明双方之间具有较为明确的信赖关系，在此基础上，乙还完成了主要的交货准备工作。甲在这种情况下，拒绝和乙签订书面合同，侵犯了乙的合法权利，因此是不合法的。

乙遭受的损失可以请求甲赔偿，因为甲的行为违反了先合同义务。根据合同法，当事人一方因过错违反先合同义务给对方造成了损失而应承担缔约过失责任。甲在找到新的供货商后，拒绝和乙签订合同的行为完全是故意的，且其确实给乙造成了实际的损失。因此，甲应承担缔约过失责任，赔偿乙所遭受的损失。

----------------------------- 案例2 -----------------------------

互相协助、互相照顾、互相保护、互相通知、诚实信用等先合同义务

【案例正文】■————————————————————

苏老太是某单位的退休职工，某天上午，她带外孙到北湖路某超市购物时，在该超市一楼电梯拐弯处踩到地板上的脏物，脚下一滑摔倒在地。经医生诊断，苏老太这一摔，导致右小腿骨折。苏老太住院治疗22天后出院。对于苏老太的伤，某超市承认，是因为没有及时清理地面脏物而导致的。但是对苏老太的赔偿要求，超市却表示要等保险公司来赔。无奈之下，苏老太将某超市告上西乡塘区法院，索赔医疗费、精神损失费等共计3.6万余元。

某超市对苏老太索赔的金额有异议，申辩误工费、陪护费等都不该赔。法院认为，根据《民法典》的规定，宾馆、商场、银行、车站、娱乐场所等公共场所的管理人或者群众性活动的组织者，未尽到安全保障义务，造成他人损害的，应当承担侵权责任。对于苏老太在超市摔倒受伤的事实，某超市也予以认可。因此，苏老太因摔倒所遭受的损失，应由某超市予以赔偿。经法院厘定，苏老太的各项损失为

2.3 万多元，由某超市赔偿给苏老太。

【涉及的问题】

谈谈此案例给你的启示。

【参考答案】

案例中某超市违反先合同义务而产生了损害赔偿责任。缔约过失责任是指当事人一方因过错违反先合同义务给对方造成了损失而应承担的赔偿责任。所谓先合同义务是指自缔约双方为签订合同而互相接触磋商开始逐渐产生的注意义务，包括互相协助、互相照顾、互相保护、互相通知、诚实信用等义务。合同有效成立以后，当事人的利益可以受到法律的保护，如一方违反合同，受害方可以获得比较充分的救济。但是在合同成立之前的磋商阶段，双方当事人基于相互之间的信赖关系都要为订立合同进行一定的准备工作，此时任何一方的不注意都容易给对方造成伤害，甚至有的当事人还会利用对方对自己的信赖而故意作出损害对方利益的事。为了使当事人都能谨慎地订立合同，法律对缔约过程中的当事人提出了比普通关系中的当事人更高的要求，以保护合同当事人的信赖利益不受侵犯。

------ 案例 3 ------

禁止恶意谈判

【案例正文】

乙公司得知甲公司正在就某合同项目与丙公司谈判，乙公司本来并不需要这个合同项目，但为排挤甲公司，就向丙公司提出了更好的条件。甲公司退出后，乙公司也借故中止谈判，导致丙公司只能以比甲公司出价更低的价格同丁公司合作。对此，乙公司应向丙公司偿付这两个价格的差价。

【涉及的问题】

谈谈此案例对你的启示。

【参考答案】

此案例中的乙公司属于故意违反诚信义务进行恶意谈判，属于恶意磋商。根据《中华人民共和国民法典》，恶意磋商当事人应当承担损害赔偿责任。

------ 案例 4 ------

卡丝沃尔诉祖亚国际公司案

【案例正文】

被告（祖亚国际公司）租了一家商店，出租人在租约中规定：被告应保护和补偿出租人和承租人因财产使用所遭受损失的一切主张。被告却一直未投保。原告

（卡丝沃尔）作为顾客在通过商店内部通道上的一活板门时摔倒。在得知被告未投保后，原告立即向法院起诉。美国法官认为，被告与出租人合同中的保险条款只打算让签约双方受益，根本没有让原告直接受益的意图，因此原告无权直接向法院主张其在该合同下的利益。

【涉及的问题】

谈谈此案例对你的启示。

【参考答案】

为了便于国内和国际商事交往，包括中国在内的很多国家允许当事人在保险、票据、财产信托及信用证结算等合同中为第三人设定权利，并赋予第三人直接请求义务人履行合同义务的权利。但第三人只有在符合下列条件时才拥有此项直接的履行请求权：

（1）当事人确有为第三人设立直接的履行请求权的意图。如果合同只是附带地使第三人有潜在的好处，而当事人并没有赋予第三人得到该好处的意图，则第三人不能向义务人直接行使请求权。

（2）当事人未在合同中对第三人直接的履行请求权作出任何保留。如果当事人在合同中对第三人直接的履行请求权有明示或默示的保留，则该保留可以对抗第三人。如票据的承兑人只作了限制承兑，则后手的履行付款的请求权即受到该限制承兑约束。

（3）此种直接的履行请求权的设定不为法律所禁止。除美国外，很多其他的英美法系国家只承认代理、保险、信托等少数几种为第三人设定权利的合同，其他的合同即使明确设定了第三人的直接的履行请求权，这些国家也宣布其无效。按国际惯例，中国也承认代理保险票据和信用证等合同为第三人设定的直接履行请求权。根据《中华人民共和国民法典》的规定，其他合同也可以为第三人设定权利，但当事人未按合同向第三人履行义务时，第三人不得直接控告义务人，因为义务人只对作为合同债权人的当事人承担违约责任。

------------------------ 案例 5 ------------------------

APL有限公司诉UK Aerosols有限公司案

【案例正文】

因所承运危险货物破损遭受了损失，承运人（APL有限公司）试图就该损失向提单上指定的收货人（UK Aerosols有限公司）索赔。美国法院驳回了这一要求，指出：当事人不能单边地采用一些定义约束另一方当事人没有同意受之约束的规则；只是请求运输、检查和抢救货物并询问了清理的成本，但是，在没有签署和接受提单的情况下，本案中的收货人对提单上货物发生的成本并没有支付的义务。

【涉及的问题】■━━━━━━━━━━━━━━━━━━━━━━━━━━━━━

谈谈此案例对你的启示。

【参考答案】■━━━━━━━━━━━━━━━━━━━━━━━━━━━━━━

买卖、票据等国际商事合同常常为第三人规定义务，如进出口合同规定有买卖双方以外的第三人（银行）向卖方开出信用证。各国的通例是，当事人对合同以外的第三人没有要求履行义务的直接请求权，如果第三人不履行合同中规定的义务，合同中的义务人应向权利人承担违约责任，如在汇票关系中，付款人若拒绝向受款人付款，出票人应向受款人承担违反汇票合同的责任。

3.4.2 违约

━━━━━━━━━━━━━━━━━ 案例 1 ━━━━━━━━━━━━━━━━

杰克波斯公司诉肯特案

【案例正文】■━━━━━━━━━━━━━━━━━━━━━━━━━━━

原、被告达成了一项为被告（肯特）建一乡间居所的合同，规定所有的钢管必须是电镀完好、复合焊接的"瑞定"标准管。原告（杰克波斯公司）装的却是实质上相似的替代管。被告知道真相后要求原告全部更换为原定的钢管，原告则认为更换工程不仅困难而且费用高昂，原告所用的钢管质量、外表、价值与成本是一样的，因此要求被告付款。美国法院认为，当事人只有全面履行其义务，才能解除合同，但是原告已实质性履行了其义务，只是存在轻微的违反合同的行为，因此被告不能解除合同，而只能获得少量的赔偿。

【涉及的问题】■━━━━━━━━━━━━━━━━━━━━━━━━━━━

谈谈你对此案例的认识。

【参考答案】■━━━━━━━━━━━━━━━━━━━━━━━━━━━━━

英美法系国家常将违约区分为违反条件的违约和违反担保的违约。违反条件的违约是指违反合同中重要条款的违约，美国的一些学者因此称之为重大违约；违反担保的违约则是指违反合同中次要条款的违约，美国的一些学者因此称之为轻微违约。只有一方当事人发生了违反条件的违约或重大违约，另一方当事人才可以解除合同。

━━━━━━━━━━━━━━━━━ 案例 2 ━━━━━━━━━━━━━━━━

英美法系国家法律教学中的两个相似案例的比较

【案例正文】■━━━━━━━━━━━━━━━━━━━━━━━━━━━

假设 A 公司向 B 公司出售一批火鸡，合同约定的装船日期不迟于 12 月 10 日。

然而，由于卖方延误，该批火鸡直到 12 月 30 日才装船。买方认为卖方违反合同的行为属于违反要件，宣布解除合同。法院会同意买方的观点，认为卖方违反合同的行为已经构成违反要件，买方有权宣布解除合同。

与此相类似，如果 A 公司向 B 公司出售的不是一批火鸡，而是一批冷冻鸡肉，合同同样约定装船日期不迟于 12 月 10 日，由于卖方延误，该批冷冻鸡肉也是直到 12 月 30 日才装船。此时，如果买方认为卖方违反合同的行为属于违反要件，宣布解除合同，法院不会同意买方的观点。法院会认为：卖方违反合同的行为属于违反担保，买方可以根据损失要求卖方赔偿损失，但无权宣布解除合同。

【涉及的问题】■───────────────────

为什么同样延误了 20 天，合同项下的货物又是类似商品，第一个例子中卖方违反合同的行为已经构成违反要件，而第二个例子中卖方违反合同的行为却仅仅属于违反担保？

【参考答案】■───────────────────

在第一个例子中，卖方违反合同的行为构成违反要件的原因在于：火鸡是一种节日食品，过了节日期间，买方依据合同所期望的利益就已经不存在了，合同继续履行下去的意义也丧失了。因此，法院会同意买方的观点，买方有权宣布解除合同。而第二个例子中，卖方违反合同的行为属于违反担保，这是因为鸡肉是一种常年供应和消费的食品，不会因为延误几天而产生根本性影响，买方依据合同所期望的利益仍然存在。因此，法院不会同意买方宣布解除合同，但买方因卖方延误而遭受的损失，如价格下降等，有权向卖方索赔。

------- 案例 3 -------

硫酸钴买卖纠纷案

【案例正文】■───────────────────

荷兰卖方向德国买方出售 4 批不同量的硫酸钴（Cobalt Sulphate）。在收到货物以及相关单据后，德国买方基于以下理由宣告合同无效：①荷兰卖方所交付的货物的质量等级低于合同规定的等级标准；②合同规定货物的产地应当是英国，但经证实，这批货物产自南非（并非指产自南非的货物质量低，而是当时国际社会正在实施对产自南非的货物的禁运措施）；③卖方提供的原产地证明和质量证明与合同规定不符。德国买方认为：这些与合同不符的情形足以构成根本违反合同，因而德国买方有权宣告合同无效。荷兰卖方在德国法院对德国买方提起诉讼，要求德国买方支付货款。

【涉及的问题】■───────────────────

如果德国买方主张宣告合同无效的三项理由均为真实的，荷兰卖方的行为是否足以构成根本违反合同？

【参考答案】

德国买方能否主张宣告合同无效，关键在于其主张的三项理由是否构成了根本违反合同。由于德国与荷兰均为《联合国国际货物销售合同公约》缔约国，审理该案的德国法院适用《联合国国际货物销售合同公约》解决本案的争议（《联合国国际货物销售合同公约》第1条第（1）款（a）项）。德国法院认为，德国买方没有理由宣告合同无效，因此判决其支付全部价款。

法院认为，判定当事人的违约行为是否构成《联合国国际货物销售合同公约》第25条所规定的根本性违约，如是否剥夺了买方依据合同有权期待得到的东西，取决于买方是否仍然可以在通常的商业条件下使用或转售这些货物而不至于遭遇不合理的困难。然而，买方可能被迫以较低的价格转售这些货物这一事实本身并不属于这种不合理的困难。

案例4

Wiscousin 电力公司诉 Union 太平洋铁路公司案

【案例正文】

原告 Wisousin 电力公司与被告 Union 太平洋铁路公司签订了一份跨度为6年的运煤合同，规定在回程不空载的情况下运费率为每吨13.20美元，否则为15.63美元，被告运煤火车的回程本来要为一家钢铁公司运钢。该合同签订时适逢该钢铁公司破产，尽管仍在运营，但是很明显将停业。运煤合同期间内的某年，该钢铁公司倒闭后未再开业，3年后的2月则彻底关闭。数月后被告寄信给原告称发生了"不可抗力"事件，并要对回程空载的运煤费按约定的较高运费率收取。原告诉至法院指控被告违反合同中的"不可抗力"条款。

美国第7巡回法院确认了一审法院判决原告败诉的结果，理由是：合同判例法中的不可能规则使得一方当事人在履行义务代价不合理昂贵（且有时简直不可能）时免除履行；当事人可以约定背离这项不可能规则；当今的缔约方确实常常通过明确不履行免责的情形而不是不履行担责的方式约定背离该规则，这种条款称为"不可抗力"条款。但是，如同其他书面合同条款一样，"不可抗力"条款必须总是根据其语言和上下文而不是名称进行解释；本案中当事人的合同没有规定任何意义上的履约不可能或不可行，也没有不履约的免责条款，该合同的第11条只是规定被告在"不可抗力"的情况下不能装载回程货物时向原告收取更高费率的运费；该第11条要求被告及时通知不可抗力事件，但原告并没有主张钢厂不可能真正关闭，同时，该合同其他条款规定未主张权利不应被视为弃权，这种"非弃权"条款对长期合同而言是非常适当的，且不再是不可执行的；原告关于被告应当寻找其他货源赚取运费的主张，会令被告承担寻找其他顾客及购买或租用车厢最佳地运送这些托运人货物之类繁杂的非限定义务，被告这种努力的合适性争议将使诉讼争议不可控，因此不能如此解释减轻损失的规则。

【涉及的问题】

谈谈你对此案例的看法。

【参考答案】

合同订立以后，有时因发生不可抗力或其他事变导致了合同履行不可能，如服务合同中的服务提供者死亡或破产、合同中特定的标的物毁灭、新法通过使履行非法等。总的来说，各国的基本规定是：只要履约不可能的原因不能归责于一方当事人，该当事人不仅可以解除合同，而且免于承担不履约的责任。《2016 年商事通则》在其第 7.1.7 条第 1 款中也确认了这一点。但是，根据《2016 年商事通则》同条第 2 款的规定，如果履约不可能的原因只是暂时的，则在考虑这种原因对合同影响的情况下，免责只在一个合理的时间内具有效力。如某进出口合同规定的交货期为 11—12 月，出口方政府的出口禁运令到 12 月 20 日即终止效力，此合同的出口方仍然应在 12 月 31 日前交付货物。此外，根据英美法系国家的一些判例，如果履约不可能是由第三方造成的，当事人虽然可以解除合同，但不能免除违约责任。

案例 5

Nuova Fucinati 公司诉 Fondmetall 国际公司案

【案例正文】

原告（Nuova Fucinati 公司）同意向被告（Fondmetall 国际公司）出售 1 000 公吨的亚铬酸盐（Chromite），后来却因该货物的市场价格上涨 43.71% 而以商业上的不可能为由要求法院撤销合同。意大利法院判决原告败诉，理由是：即使经证明存在上述幅度的涨价情况，原告也不能根据意大利法律中商业上的不可能规则要求免于履行，除非原告能证明履行会在经济上导致自己没有资源予以履行。

【涉及的问题】

谈谈你对此案例的看法。

【参考答案】

市场经济中存在着各种风险，而这些风险是当事人在订立合同时应该考虑到的，不少国家的法律不允许当事人简单地以市场风险为由拒绝履行合同。

3.4.3 违约的救济方法

------ 案例1 ------

小麦销售合同纠纷案

【案例正文】 ■━━━━━━━━━━━━━━━━━━━━━━━━━

一个德国商人与一个英国商人签订了一份小麦销售合同，德国商人向英国商人出售一批小麦。德国商人违约，拒绝出售这批小麦，而英国商人又非常想得到这批小麦，英国商人向德国法院起诉德国商人，要求法院判决德国商人实际履行合同。

【涉及的问题】 ■━━━━━━━━━━━━━━━━━━━━━━━

这个英国商人能否得到实际履行的判决？如果反过来，英国商人向德国商人出售小麦，英国商人违约，拒绝出售小麦，德国商人向英国法院起诉英国商人，要求法院判决英国商人实际履行合同。这个德国商人能否得到实际履行的判决？

【参考答案】 ■━━━━━━━━━━━━━━━━━━━━━━━━━

依据《联合国国际货物销售合同公约》（以下简称"《合同公约》"）第28条对实际履行的规定，在前述情形下，英国商人能够得到实际履行的判决而德国商人不能得到。

因为按照《合同公约》的规定，当事人一方有权要求他方履行某项义务，但法院没有义务作出裁决要求实际履行此项义务，除非法院依照其自身的法律对不受本公约支配的类似买卖合同可以这样做。这条规定的含义是：当事人有权提出实际履行的要求，但法院没有义务必须作出实际履行的判决，法院是否作出实际履行的判决，取决于法院所在地国家的法律。如果依法院所在地国家的法律对国内类似的买卖合同可以作出实际履行的判决，则对适用《合同公约》的合同也可以判决实际履行；反之，如果依法院所在地国家的法律对国内类似的买卖合同不作出实际履行的判决，则对适用《合同公约》的合同也不应当作出实际履行的判决。

因此，英国商人向德国法院起诉德国商人，要求法院判决德国商人实际履行合同，英国商人可能会得到实际履行的判决；而德国商人向英国法院起诉英国商人，要求法院判决英国商人实际履行合同，德国商人却很难得到实际履行的判决。

------ 案例2 ------

石墨电极废弃物购置合同纠纷案

【案例正文】 ■━━━━━━━━━━━━━━━━━━━━━━━━━

一家德国公司（买方）与一家中国进出口公司（卖方）订立了购置石墨电极废

弃物的合同。卖方交付货物后，买方按照有关规定对货物进行检验，两份检验证书均确认卖方交付的货物存在缺陷。买方及时对货物质量提出了异议，但卖方置之不理。买方只得削价出售，并提出仲裁申请，向卖方提出损害赔偿要求：包括买方削价出售这些货物的差价损失；买方为进口这些货物所支付的保险费、进口关税、检查费；买方为这些货物在意大利支付的增值税；按 12% 年利率计算的利息。

【涉及的问题】

根据《联合国国际货物销售合同公约》（以下简称"《合同公约》"）的规定，买方的主张是否可以得到仲裁机构的支持？

【参考答案】

由于当事人双方的营业地分别位于《合同公约》的缔约国境内，根据《合同公约》第 1 条第（1）款（a）项规定，《合同公约》适用于本案。

依照《合同公约》第 74 条的规定，仲裁庭认为：第一，买方要求赔偿差价合乎情理。《合同公约》第 74 条规定，一方当事人违反合同应负的损害赔偿，应与另一方当事人因他违反合同而遭受包括利润在内的损失相等。买方遭受的差价损失是由于卖方交付的货物存在缺陷造成的。仲裁庭还指出，根据《合同公约》第 77 条的规定，买方有义务减轻损失，而本案中的买方已经履行了这一义务，对于买方主张赔偿为进口这些货物所支付的保险费、进口关税、检查费和在意大利支付的增值税，仲裁庭不予支持。其所持的理由是，如果合同得到完全履行，买方应支付这些费用。仲裁庭认为，这些费用属于商业交易的常规费用，而与卖方无关。因此，买方关于这些费用的索赔要求无法成立。第二，买方有权就赔偿金下的利息问题主张损害赔偿。但是，仲裁庭并不同意买方要求的利率，因为买方未提出支持其请求的证据。仲裁庭认为，根据商业惯例，应当采用 8% 的年利率。

------------------------------ 案例3 ------------------------------
大地财产保险公司与福海船务公司纠纷案

【案例正文】

某年 6 月 5 日，案外人椰树集团海南椰汁饮料有限公司（以下简称"椰树集团"）委托被告海南福海船务有限公司（以下简称被告或"福海船务公司"）运输一批"椰树"牌椰汁，装载于编号为 CLHU3767913 的集装箱内，由海南海口运往福建泉州。涉案货物到达福建泉州后，收货人于 6 月 19 日开箱卸货时，发现集装箱底部木地板整体有水湿现象，集装箱内共 450 箱椰汁被海水浸泡后发生不同程度毁损，其中 360 箱椰汁全损，90 箱椰汁需要更换包装，椰树集团随即向原告中国大地财产保险股份有限公司海南分公司（以下简称原告或"大地财产保险公司"）报损。原告根据广州海江保险公估有限公司现场勘查的货损原因为集

装箱在运输途中被海水浸泡、属于保险范围的结论，向椰树集团支付保险赔偿金
33 633.2 元。

厦门海事法院最终判决被告应向原告支付以上保险赔款，理由是：原告取得的
代位求偿权合法；被告违反了运输合同规定的将货物安全运到目的地的义务。

【涉及的问题】■

谈谈你对此案例的看法。

【参考答案】■

当事人因违约而遭受损害有权获得违约当事人的赔偿是各国合同法的一致规
定，但是各国关于损害赔偿（Damage）的形式和范围的规定仍然存在一定的
差异。

以法国所代表的一些大陆法系国家及英美法系国家以金钱赔偿为原则，以恢复
原状为例外。损害赔偿的范围一般包括所遭受的损失和本来可获得的利益，但非欺
诈性违约应以订约时可预见的损失为赔偿之限，欺诈性违约也只以实际损失为赔偿
之限，具有惩罚性质的违约金约定不受承认。在无任何损害的情况下，英美法院有
时判违约方名义上的赔偿（Nominal Damage）。但在既涉及违约又涉及侵权的场合，
美国法院有时还会考虑当事人的惩罚性赔偿（Punitive Damage）主张。中国对不符
合《中华人民共和国消费者权益保护法》和《中华人民共和国食品安全法》的违约
行为也分别规定了 3 倍和 10 倍的惩罚性赔偿。

---------- 案例 4 ----------
某公司与某买主违约纠纷案

【案例正文】■

被告（某买主）与原告（某公司）订约时保证：其所出售的胶黏剂适合于粘贴
装饰天花板用的花砖。但在原告按被告的说明书用胶黏剂为原告的顾客装修房屋后
不久，天花板上的花砖全部脱落，原告只得进行费用高昂的修复工作，共多花去
5 000 马克。德国法院法官不仅允许原告解除合同并索回全部价款，而且判令被告
向原告支付另外 5 000 马克的赔偿金。此赔偿金的数额超过了合同价款的几倍，包
括了卖方的间接损失。

【涉及的问题】■

谈谈你对此案例的看法。

【参考答案】■

以德国为代表的一些大陆法系国家在损害赔偿的形式方面采用恢复原状为原
则，金钱赔偿为例外。不过，德国法院在实践中也经常作金钱赔偿的判决，并且在
有的判决中还包括受害的当事人所受的间接损失。

```
------- 案例 5 -------
```
艾福利克公司诉威廉姆斯案

【案例正文】

被告（威廉姆斯）是一名律师，与原告（艾福利克公司）签订了按需提供 7 年法律服务的合同，规定若原告终止合同，应按剩余时间报酬额的 50% 向被告赔偿。4 年后原告终止了合同并就合同中的赔偿条款的可执行性向法院起诉，美国法官认为，原、被告合同中赔偿额的约定没有考虑到被告采取合理的措施防止损害的扩大的义务和能力，大大超过了原告应赔偿的份额，具有惩罚性质，因而是不能执行的。

【涉及的问题】

谈谈你对此案例的看法。

【参考答案】

除法国等国家外，包括中国在内的多数国家的合同法及《2016 年商事通则》（第 7.4.8 条）规定，在发生违约时，受损害的当事人有义务采取合理的措施防止损害的扩大，否则损害扩大的部分将在损害赔偿额中扣除；受损害的当事人采取合理的措施防止损害的扩大而发生的合理费用可要求违约方赔偿。

```
------- 案例 6 -------
```
确定损害赔偿的范围

【案例正文】

A 公司与 B 公司订立货物买卖合同，约定于 11 月 5 日交付货物给 B。为了完成这个合同，A 公司又与 C 公司签订原材料买卖合同，约定于 9 月 10 日，C 公司应将原材料交付给 A 公司。但是 9 月 10 日时 C 公司并未交货。A 公司虽经过多方努力，还是没有按时完成与 B 公司的合同，致使 B 公司撤销了合同，并要求 A 公司承担违约责任。A 公司承担赔偿责任后，又要求 C 公司承担责任。

【涉及的问题】

（1）A 公司可以获得哪些赔偿？

（2）如果 A 公司与 C 公司的合同中约定，如 C 公司违约，需支付给 A 公司合同标的额 15% 的违约金。C 公司未交货，造成了 A 公司的损失，应如何赔偿？如果违约金的数额不足以弥补实际损失，A 公司还可以继续索赔吗？

（3）假设 C 公司于 9 月 5 日发生火灾，其应当发运给 A 公司的原材料全部被烧毁，导致 9 月 10 日无法交货，C 公司能否以遭遇不可抗力为由，免于承担违约责任？A 公司能否以不可抗力为由免于为 B 公司承担违约责任？

【参考答案】

（1）根据《中华人民共和国民法典》，违约方应承担因违约造成的全部损失，包括实际损失和可得利益损失。因 C 公司未交货，导致 A 公司没有完成与 B 公司的合同，为此 A 公司要对 B 公司负赔偿责任，属于 A 公司的支出的增加，A 公司可以要求 C 公司赔偿；B 公司撤销了合同，导致 A 公司应得的利润无法得到，A 公司可以向 C 公司索赔；另外，因 C 公司未交货，A 公司为了寻找货源，也支出了一些费用，这些费用也可以向 C 公司索赔。

（2）如果 A 公司与 C 公司的合同中定有违约金条款，则在 C 公司违约后，C 公司应按合同规定支付违约金。如果违约金数额不足以弥补实际损失，A 公司能否继续索赔要看违约金的性质而定。根据不同国家的法律制度，如果违约金是惩罚性的（如德国法），则 A 公司还有权继续索赔，如果违约金是补偿性的（如我国法、法国法），则 A 公司不能再要求损害赔偿。如果违约金数额过分低于实际损失，A 公司可以要求法院或仲裁机构适当提高违约金的比例。

（3）不可抗力是指合同订立后履行前，不是由于当事人的过错，发生了当事人不能预见、不能避免且不能克服的意外事件，致使当事人在订约时所谋求的商业目的无法实现的情形。火灾是否构成不可抗力应看造成火灾的原因。如果确实属于当事人无过错，是当事人不能预见、不能避免且不能克服的意外事件，C 公司可以免予承担违约责任，但应及时通知 A 公司，并提供相应的证据。如果是人为的因素引起的火灾，如 C 公司管理不善，导致仓库起火，则不能构成不可抗力，不能免予承担违约责任。至于 A 公司是否能因此免予承担对 B 公司的责任，更要视具体情况而定。一般情况下，A 公司很难证明如果 C 公司不供货它就无法完成合同，因为它与 B 公司的合同中没有约定只能用 C 公司的原材料，它完全有可能从其他渠道获得原材料，因此，A 公司一般不能因 C 公司遭遇不可抗力就免予对 B 公司承担责任。

案例 7

Aranbel 公司诉 Darcy&Crampton 案

【案例正文】

原告 Aranbel 公司与被告 Darcy & Crampton 签订了一份投资购买位于爱尔兰都柏林西城公寓的合同，后来被告由于公寓价格大跌和财力有限而未能履行该合同。原告诉至法院要求实际履行。爱尔兰高等法院判决驳回了原告的这项请求，理由是：被告的购买价 36 万镑加利息共 40 万镑，即使出售了其家庭居住的房屋，被告仍需借得 26 万镑才能履行合同，在此情况下，实际履行的判决令不会得到执行且也不应当作出，为此，原告只能请求赔偿损失。

【涉及的问题】

谈谈你对此案例的看法。

【参考答案】

实际履行（Specific Performance）即要求违约的当事人全面、适当履行其合同义务。实际履行有两种类型：（1）要求不履行的当事人履行；（2）要求履行不合格的违约方通过修补、替代或其他补救等措施使履行合格。包括中国在内的很多国家及《2016 年商事通则》允许当事人提出实际履行的主张，但受下列条件的限制：（1）实际履行必须是法律上或事实上可能的实际履行；（2）实际履行或相关的强制执行不会带来不合理的负担或费用；（3）要求实际履行的当事人无法合理地从其他渠道获得履行；（4）所履行的事项不具有强迫劳动的性质。《2016 年商事通则》在其第 7.2.2 条中还进一步规定，当事人应在已经知道或理应知道对方当事人不履行后的一段合理的时间之内提出实际履行要求。

总的来说，各国法院只在不判实际履行很不公平的情况下，在对独一无二的艺术品、不动产等交易的违约诉讼中支持受害方的实际履行主张。

案例 8
金属产品买卖纠纷案

【案例正文】

某年年初，一家乌克兰公司（卖方）与一家俄罗斯企业（买方）订立了销售金属产品的合同。货物分别于 5 月 15 日和 20 日分两批交付买方。买方收取了货物，但是没有支付货款。经过一番谈判，双方达成一份清偿协议，重新安排了还款时间。买方根据商定的债务清偿时间表进行了部分支付，但大部分价款仍然未付。最后，卖方于次年 2 月 1 日要求买方偿还债务，买方仍然未能清偿欠付的款项。卖方于次年 3 月提起仲裁程序，要求买方支付合同项下应付价款、价款利息以及损害赔偿（乌克兰预算局因卖方未向国家支付货币收益费用而收取的一笔罚金）。

【涉及的问题】

卖方的请求能不能完全得到实现？

【参考答案】

由于乌克兰与俄罗斯均为《联合国国际货物销售合同公约》（以下简称“《合同公约》”）缔约国，根据《合同公约》第 1 条第（1）款（a）项的规定，在当事人双方的营业地分别位于本公约的不同缔约国境内时，《合同公约》应予适用。

仲裁庭认为卖方有权要求买方支付价款及利息。对于损害赔偿，仲裁庭根据《合同公约》第 77 条的规定，认为如果卖方没有把仲裁程序延误至货物报关日后

90 天期满时，那么这笔罚金将不会出现，即由于卖方未能在更早的时候启动仲裁程序，相当于未能根据《合同公约》第 77 条的规定减轻损害，因此仲裁庭驳回卖方针对这项损害赔偿提出的主张。

------------ 案例 9 ------------
特殊印刷设备买卖纠纷案

【案例正文】■

大连东大设计公司向中国香港 CAL 设备进出口公司订购 3 台特殊的印刷设备，合同单价 8 000 美元/台，交货期为 6 月 5 日。大连东大设计公司要求中国香港 CAL 设备进出口公司务必保证及时供货，否则会影响一笔 7 万美元的订单。然而，中国香港 CAL 设备进出口公司没有按约定及时供货，大连东大设计公司只好按当时的市场价格 8 150 美元/台向其他公司购买了 3 台同样的设备。

【涉及的问题】■

（1）大连东大设计公司是否有权就印刷设备的差价向中国香港 CAL 设备进出口公司索赔？尽管大连东大设计公司采取了措施，但仍然损失了 7 万美元的订单业务，大连东大设计公司能否就该笔业务的损失向中国香港 CAL 设备进出口公司索赔？

（2）如果这一时期，有一家美国公司向大连东大设计公司预订一笔 10 万美元的业务，也由于中国香港 CAL 设备进出口公司没有按约定及时供货而损失掉了，大连东大设计公司能否就该笔业务的损失向中国香港 CAL 设备进出口公司索赔？

（3）如果依据《中华人民共和国民法典》，上述问题的结论会怎样？

【参考答案】■

（1）两个问题均是肯定的。根据《联合国国际货物销售合同公约》（以下简称"《合同公约》"）第 74 条的规定，一方当事人违反合同应负的损害赔偿，应与另一方当事人因他违反合同而遭受包括利润在内的损失相等。这里的差价与利润的损失，显然包括在这个范围内。

（2）根据《合同公约》第 74 条规定的后半段："这种损害不得超过违反合同一方在订立合同时，依照他当时已知道或理应知道的事实和情况，对违反合同预料到或理应预料到的可能损失。"因为对于市场的差价，违约方中国香港 CAL 设备进出口公司应当知道，对于 7 万美元的订单业务的损失，违约方也应当能够预料得到，但对于美国公司这一时期会向大连东大设计公司预订一笔 10 万美元的业务，显然不是违约方"依照他当时已知道或理应知道的事实和情况，对违反合同预料到或理应预料到的可能损失"，因此不应成为损害赔偿的内容。

（3）如果依据《中华人民共和国民法典》的规定，上述问题的结论与以《合同公约》为依据得出的结论相同。《中华人民共和国民法典》规定，损害赔偿额应相当于因违约所造成的损失，包括合同履行后可以获得的利益，但不得超过违反合同一方订立合同时预见到或者应当预见到的因违反合同可能造成的损失。这一规定与《合同公约》的规定是一致的。

案例 10
提前违约及其救济

【案例正文】

根据买卖双方签订的合同，卖方应以 5 万元的价格出售一批货物给买方，履行期限为 12 月 1 日。在 9 月 1 日时，卖方要求加价至 6 万元，否则，将拒绝供货。买方不同意。买方曾于 9 月 2 日向另一供货商 A 询价，该供货商表示可以在 12 月 1 日时以 58 000 元的价格出售同样的货物。但买方没有立即补进，而是等到 12 月 1 日。此时卖方没有供货，买方又从市场上以 61 000 元的时价购进了货物。由于时间的拖延，买方还额外支出了 2 000 元。

【涉及的问题】

（1）卖方 9 月 1 日的行为是否违约？

（2）买方的做法是否妥当？为什么？

（3）买方可以向卖方提出的损害赔偿的金额为多少？

【参考答案】

（1）卖方 9 月 1 日的行为是违约，属于提前违约。所谓提前违约是指在履行期限到来以前，一方表示他将不履行合同的行为。本案合同履行期限是 12 月 1 日，因此，在 9 月 1 日时卖方提出将拒绝履行合同的行为即属于提前违约。

（2）买方的做法欠妥当。买方在卖方提出加价时表示拒绝，因此原合同依然有效，双方应按原合同履行合同义务。此时卖方表示将拒绝履行合同，构成预期违约。买方有权在解除合同与继续等待卖方履行合同之间进行合理的选择。买方于 9 月 2 日就找到另一供货商 A，说明此种货物并非很难找到替代物，所以，买方比较合理的选择应是解除与卖方的合同，与 A 签约，然后向卖方索赔。如果选择等待，卖方如果届时不履行，他会以买方没有减损为由，拒绝赔偿买方多支出的费用；另外，如果在等待的期间，发生不可抗力等意外因素，卖方的供货义务可能会被免除，买方则得不到任何赔偿。

（3）买方可以得到的赔偿应为 8 000 元。买方应解除与卖方的合同并与 A 签订合同。由于与 A 签订的合同价格是 58 000 元，比与卖方的合同价格高出 8 000 元，因此，买方有权请求卖方赔偿差价损失。买方因等待而多支出的费用，卖方可以以买方没有及时减损为由，拒绝赔偿。但如果买方能证明他选择等待是有理由的，卖方应赔偿全部损失即 13 000 元。

------ 案例 11 ------
租赁契约中的违约金条款

【案例正文】 ▰━━━━

原告想承租一块土地，租赁契约中规定，如果出租人中途解除契约，出租人除须支付承租人在土地上的实际支出费用外，还须支付其每年毛收入的 25% 给承租人作为违约金。1989 年，出租人解约并将土地售出，并拒绝支付契约中规定的违约金。依据该案的事实，如果依照租赁契约的规定计算，每年毛收入的 25% 是 29 万美元，而以净收入计算，原告 1985 年的所得为 3 649 美元，1986 年的所得为 414 美元，1987 年的所得则为 -323 美元。

【涉及的问题】 ▰━━━━

依据英美法系的原则和依据中国法律的规定，对这一条款的效力会怎样认定？

【参考答案】 ▰━━━━

依据英美法系的原则，该条款的效力会受到法院的质疑。因为英美法系认为，倘若约定的违约金是一惩罚性条款，则不应具有法律上的约束力，其理由旨在避免处于不平等地位的当事人，以惩罚性条款压迫弱势的当事人。而本案中的违约金条款显然具有惩罚性的色彩，它不是立足于如何计算违约的受害方所可能遭受的损失，而是要求违约方依据自己的毛收入向对方支付一笔金钱，实际可能遭受的损失与契约规定相差过大，法院会否定该违约金条款的效力。

而依据中国法律的规定，该违约金条款是有效的，但当事人如果能够证明约定的违约金远高于违反合同所造成的实际损失，可以请求法院或仲裁机构予以减少。

------ 案例 12 ------
M/V ARCTIC 轮案

【案例正文】 ▰━━━━

原告 Silverburn Shipping（IoM）Ltd. 是涉案 M/V ARCTIC 轮的船东。某年 10 月 17 日，原告签订光船租约将该轮租给了被告 Ark Shipping Company LLC，为期 15 年，次日该轮立即交付给了被告。5 年后的 10 月 31 日，该轮到达某港进行维修，次月 6 日其船级证书到期，12 月 17 日，原告以等级证书到期造成违约为由宣告终止租约，随后原被告参加了在英国的仲裁，并在次年 3 月 12 日获得了一项部分裁决：租约规定的被告应保持船级证书有效性不是一项绝对义务或条件性义务而仅是一项中间性的义务。

不满于上述裁决，原告便根据英国 1996 年《仲裁法》第 69 条向法院对该裁决的这种认定提起了上诉，考虑到仲裁庭的这种认定"至少受到严重质疑（at least open to serious doubt）"及符合通用公开的意义，英国法院准许了这种上诉，并于 2019 年 2 月 22 日判决本案中保持船级证书有效性是一项条件性义务和其遭违反可令原告有权解除合同。其理由是：当事人争议的这项问题是一个纯粹的法律问题；船舶维护义务与保持船级证书有效性在本案中是不同的，后者是船舶维护义务之外的一项额外义务，租约中明确规定要一直（at all times）维护船级；被告方代理人实际上已接受后者是一项绝对义务；仲裁庭法律上的错误在于认定保持船级证书有效性仅为一项在合理时间内恢复已失效船级证书的义务；英国法院数起判决类似案件中的义务为条件性义务，船级的状况会影响保险、船舶抵押和悬挂旗帜；违反船级义务的损害可能会非常难以评估。

【涉及的问题】 ■

谈谈你对以上案例的看法。

【参考答案】 ■

解除合同的原因有数种，违约是其中常见的一种。不过，为防止当事人假借对方各种不严重的违约逃避自己应履行的合同义务，包括中国在内的很多国家规定，只有对特定的几类违约或者违约情况非常严重时，当事人才可以寻求解除合同的救济措施。

------------------------------ 案例 13 ------------------------------

Simpson Marine （SEA）Pte Ltd 与 Jiacipto Jiaravanon 纠纷案

【案例正文】 ■

上诉方 Simpson Marine（SEA）Pte Ltd 是一家在新加坡注册的从事豪华游艇交易的公司。被上诉方 Jiaravanon 则是一位印度尼西亚的男性公民，某年病逝时 40 岁，生前为印度尼西亚一家公司的副总裁。其在 2 年前年初即决定以好的价格、早交货、可买得的条件至少买一艘意大利 Azimut 的游艇，型号为 100L 或 100G，其后双方当事人的代表建议：为现有的两艘游艇交一笔定金，去意大利看后决定买哪一艘。决定购买游艇当年的 4 月 23 日，被上诉方与上诉方的经纪人签订的一份协议规定：被上诉方同意以 1 916 675 欧元购买一艘 Azimut 游艇；为 100G #12 与 100L #15 两艘游艇支付 1 000 000 欧元定金，直至 5 月 15 日成为任一艘游艇的预付款。4 月 29 日，被上诉方支付了定金。由于 100G #12 卖给了美国的一个买家，后来双方及其代表就 100L #15 的购买与其他类型游艇交易进行了 3 个多月的沟通，双方于签协议当年 7 月 31 日达成了一项妥协性安排：以上的一半定金用作上述协议中游艇的购买款，另一半用于被上诉方拟新买的两类游艇中的一艘的购买款。不久，被上诉方即表示不再购买另一艘游艇而索讨所付的一半定金。

新加坡上诉法院推翻了原审判决，认定上诉方有权保留该定金，其理由是：被上诉方签协议当年的 8 月 5 日支付一艘游艇的余额而未记入另一半的定金，这表明其同意在决定不购买拟购的另两艘中任一游艇的情况下该定金不具有返还性。

【涉及的问题】■————————————————————————

谈谈你对以上案例的看法。

【参考答案】■————————————————————————

各国一般都允许当事人在对方违约时行使法定或约定的担保权。如在买方不付款或不足额付款时，卖方可以对所有权已经转移给买方但买方尚未提走的货物实行留置；贷款人在借款人不还款时可对抵押物进行拍卖等。

3.4.4　免除合同责任的条件

------ 案例 1 ------

拖带合同纠纷案

【案例正文】■————————————————————————

A 公司与 B 公司签订了一个拖带合同，由 A 公司将 B 公司的一个海上石油钻井平台从日本拖到荷兰。合同约定使用"Super Servant 2 号"拖轮（A 公司有 2 条拖轮："Super Servant 1 号"和"Super Servant 2 号"）。然而在合同履行前，"Super Servant 2 号"拖轮意外沉没。A 公司主张因不可抗力而解除合同，B 公司不同意，认为：虽然"Super Servant 2 号"拖轮因意外而沉没，但 A 公司尚有"Super Servant 1 号"拖轮可以履行合同，仍有履约能力。双方发生争议。

【涉及的问题】■————————————————————————

A 公司能否以不可抗力为由解除合同并免除自己不履行合同的责任？

【参考答案】■————————————————————————

可以。因为合同指定的履行拖轮是"Super Servant 2 号"，既然该拖轮因意外而沉没，A 公司可以解除自己的合同义务，因为 A 公司没有义务使用"Super Servant 1 号"拖轮来替代。大陆法系中的不可抗力与英美法系中的合同落空均可以用来解释。

但是，如果 A 公司与 B 公司在签订拖带合同时并未指明使用哪条拖轮，则 A 公司不能以不可抗力为由解除合同，因为 A 公司可以用另一条拖轮来履行合同义务。

------ 案例 2 ------

Taylor 诉 Caldwell 案

【案例正文】 ▰▬▬▬▬▬▬▬▬▬▬▬▬▬▬▬▬▬▬▬▬▬▬▬▬▬▬▬▬▬▬

某年 5 月 27 日，原告（Taylor）与被告（Caldwell）协商签订了租用被告的音乐厅的合同，原告拟自同年 6 月 17 日至 7 月 15 日以及 8 月 5 日至 19 日举办几场音乐会。但在第一场音乐会举办之前，音乐厅因意外发生火灾被焚毁，音乐会无法举办。双方当事人对此均无过错。但原告认为被告未能提供举办音乐会的场地属于违约行为，因而起诉被告，要求被告赔偿原告已经发生的音乐会支出。

【涉及的问题】 ▰▬▬▬▬▬▬▬▬▬▬▬▬▬▬▬▬▬▬▬▬▬▬▬▬▬▬▬▬▬▬

谈谈你对以上案例的看法。

【参考答案】 ▰▬▬▬▬▬▬▬▬▬▬▬▬▬▬▬▬▬▬▬▬▬▬▬▬▬▬▬▬▬▬

英国法院判决，既然合同不能履行的原因是突然发生的火灾而非被告的过错，那么合同应因履行受挫而被解除，双方当事人都被免除了合同义务，被告因而无须承担损害赔偿责任。

主审该案的法官 Blackbum 解释判决理由时提出，既然双方当事人一开始就知道该合同的履行依赖于一种特定物（音乐厅）而继续存在，那么合同就应当被解释为"服从一项隐含的条款"，即如因特定物的灭失使合同履行变得不可能，而当事人对此又无过错，则应当解除当事人的合同义务。

这个判决被认为是英美法系在合同免责问题上的一个转折点，它提出了隐含条款理论，确立了合同履行受控原则，为以后英美法系中合同落空理论打下了基础。

------ 案例 3 ------

氧化铝采购合同纠纷案

【案例正文】 ▰▬▬▬▬▬▬▬▬▬▬▬▬▬▬▬▬▬▬▬▬▬▬▬▬▬▬▬▬▬▬

一家瑞士公司（买方）和一家中国公司（卖方）订立了采购氧化铝的合同。按照合同约定，货物将分三批交付，对于每批货物，买方将通过签发不可撤销的信用证支付货款。由于向银行申请开立信用证方面出现的问题，买方未能按约定签发第一份信用证，卖方只好将已经备好的第一批氧化铝以低于合同的价格转售给另一家公司。然后，卖方接着采购了第二批氧化铝，但买方又未能签发信用证。卖方将第二批氧化铝转售给另一家公司，并提出仲裁申请，要求赔偿损失。卖方认为，依照《联合国国际货物销售合同公约》（以下简称"《合同公约》"）第 25 条的规定，买方未签发信用证即构成严重违约。应当赔偿由此给卖方造成的损失。而买方则认为，依据《合同公约》第 79 条的规定，银行拒绝签发信用证超出其控制范围，卖方不应追究买方责任。

仲裁庭经过调查发现，银行拒绝向买方提供信用证是基于买方以往的商业交易屡次失败的事实。因此，仲裁庭认为，银行拒绝提供信用证可以预料，并不构成不可抗力，也不构成《合同公约》第 79 条所规定的不可克服的障碍。买方未签发信用证属于《合同公约》第 25 条规定的根本性违约，卖方有权得到损害赔偿。

但是，仲裁庭又认为，卖方仅有权针对第一批货物的损失主张损害赔偿，卖方有权获得合同价格与替代交易之间的价差。而对于第二批货物，在买方未能按期开出第一份信用证，并已经写信告诉卖方其有可能无法履行合同后，卖方在应当意识到买方很可能不会履行后续几批货物的合同的情况下，仍然购置了更多的材料以便向买方出售，这违反了《合同公约》第 77 条所规定的减轻损害的义务。

【涉及的问题】 ■────────────────────────────────
谈谈你对以上案例的看法。

【参考答案】 ■────────────────────────────────
银行拒绝向买方提供信用证是基于买方以往的商业交易屡次失败的事实，因此，银行拒绝提供信用证是可以预料的，并不构成不可抗力，也不构成《合同公约》第 79 条所规定的不可克服的障碍，买方未签发信用证属于《合同公约》第 25 条规定的根本性违约，卖方有权得到损害赔偿。

但是，卖方仅有权针对第一批货物的损失主张损害赔偿，卖方有权获得合同价格与替代交易之间的差价。而对于第二批货物，在买方未能按期开出第一份信用证，并已经写信告诉卖方其有可能无法履行合同后，卖方在应当意识到买方很可能不会履行后续几批货物的合同的情况下，仍然购置了更多的材料以便向买方出售，这违反了《合同公约》第 77 条所规定的减轻损害的义务。

3.5 合同的转让与终止

3.5.1 合同的转让

```
------ 案例 1 ------
```
西尔诉贝茨案

【案例正文】 ■────────────────────────────────
原告西尔等人曾经与被告贝茨舞蹈学校签订培训合同，由被告为原告教授舞蹈课程，原告也支付了相应学费。在履行过程中，被告将合同转让给了戴尔舞蹈学校，当时原告并没有对此提出反对意见，而是实际接受了这一转让。此后原告对戴尔舞蹈学校的教学条件和课程等不满，没有继续参加培训课程，转而向法院起诉，要求被告贝茨舞蹈学校履行原来的合同，并退还他们支付的培训费。法院最终判决，双方争议的合同具有专属服务性质，被告转让不当。但由于原告事后没有追究，实际接受了这样的转让，原告就不能再否定转让效力。于是，法院驳回了原告的诉讼请求。

【涉及的问题】 ▆

谈谈你对以上案例的看法。

【参考答案】 ▆

本案确定的规则是，具有专属服务性质的合同被转让后，如果权利人没有及时提出反对，则视为其放弃了解除合同的权利，接受了合同的转让。

---- 案例 2 ----
债权让与

【案例正文】 ▆

A 于 3 月 18 日向本市 B 银行贷款 5 000 美元，约定还款期为当年的 9 月 18 日。当年 6 月，B 银行通知 A，因业务调整，请 A 在贷款到期日向本市 C 银行偿还。

【涉及的问题】 ▆

（1）A 能否拒绝向 C 银行偿还贷款而坚持只向 B 银行偿还？

（2）如果 C 银行要求 A 提前到 8 月 18 日还款，A 可否拒绝？

【参考答案】 ▆

（1）A 不能拒绝向 C 银行偿还贷款，也无权坚持只向 B 银行偿还贷款。B 银行的行为属于债权让与，让与人或受让人只要将主体变更的事实通知债务人即可，无须债务人同意。

（2）A 有权拒绝 C 银行要求其提前到 8 月 18 日还款的要求，因为原债权人 B 银行无权要求 A 提前还款，A 享有的该抗辩权对新债权人 C 银行也有效，这就是抗辩权转移问题。另外，如果 B 银行的权利有瑕疵，C 银行也必须承受这种权利瑕疵。

---- 案例 3 ----
债权承担

【案例正文】 ▆

A 于 4 月 5 日向本市 B 银行贷款 3 000 美元，约定还款期为当年的 11 月 5 日。

当年 6 月，A 通知 B 银行，因业务调整，将由 D 在贷款到期日向 B 银行偿还贷款。

【涉及的问题】 ▰━━━━━━━━━━━━━━━━━━━━━━━━━━━━━━

B 银行能否拒绝由 D 来偿还贷款而坚持要求 A 偿还贷款？

【参考答案】 ▰━━━━━━━━━━━━━━━━━━━━━━━━━━━━━━━

可以拒绝。A 的行为属于债务承担或债务转移，由于不同债务人的资信情况和履约能力不同，对债权人权利的影响比较大，因此债务承担或债务转移必须经债权人同意。

3.5.2 合同的终止

```
----- 案例 -----
抵销、混同
```

【案例正文】 ▰━━━━━━━━━━━━━━━━━━━━━━━━━━━━━━

甲企业拖欠乙企业 35 万元货款未予清偿，乙企业拖欠丙企业 35 万元货款未予清偿，均为到期债务。丙企业吞并了乙企业后，对甲企业主张抵销相互欠款，甲企业不同意。

【涉及的问题】 ▰━━━━━━━━━━━━━━━━━━━━━━━━━━━━

（1）甲、丙企业之间的债权债务能否抵销？

（2）乙、丙企业之间的债权债务是否还存在？

【参考答案】 ▰━━━━━━━━━━━━━━━━━━━━━━━━━━━━━

（1）甲、丙企业之间的债权债务可以抵销。因为丙企业吞并了乙企业后，也继承了乙企业对甲企业的债权，成为甲企业的债权人，而丙企业自己又是甲企业的债务人，双方互有种类相同的到期债务，并且符合法定抵销的条件，经丙企业主张，甲、丙企业之间的债权债务消灭。

（2）乙、丙企业之间的债权债务在丙企业吞并了乙企业后也不再存在，这属于债的混同。

综合案例：A 加密货币交易平台诉 B 公司计算机合同纠纷案

【案例正文】 ▰━━━━━━━━━━━━━━━━━━━━━━━━━━━━

一、案例背景

本案系新加坡最高法院上诉法庭对数字货币量化交易纠纷作出的全球首例判决。A 加密货币交易平台（下称"A 平台"）是在新加坡注册并运营的数字货币交易平台，其同时在平台内使用自身开发的做市程序，以保证平台的交易深度和流动性。A 平台通过"Q 程序"进行做市交易。

B 公司是一家在英国注册的数字货币做市商，使用自身开发的 M 算法交易软件（下称"M 软件"），接入 A 平台开放的应用程序接口，参与平台做市交易。

某年 3 月 3 日至 6 日期间，由于 A 平台在运维方面存在技术疏忽，其做市程序实时抓取外部其他数字货币交易平台交易价格的功能失灵，未能补充提供场外市场的实时报价，导致平台上的实际交易深度越来越浅，发生流动性紧缺。巧合的是，针对平台交易深度变浅和流动性紧缺的可能性，B 公司的量化交易程序作了如下的预先设定：当该程序无法接收到交易平台报价或者有效报价量过低时，将自动触发执行一系列深度价格机制，其中以太坊（ETH）对比特币（BTC）的卖盘价格为 1：10。

二、基本案情

3 月 6 日深夜，B 公司作为卖方在 A 平台上有合计 309 个 ETH 以上述深度价格卖出，成交入账 3 092 个 BTC。而买方为 A 平台上进行杠杆交易的其他用户，根据 A 平台的杠杆交易规则，买方因被交易系统强制平仓，以市价自动买入 309 个 ETH 用以归还杠杆账户下 ETH 的借贷额度。发生强制平仓时，A 平台上因缺乏交易深度和流动性而无其他更低于 B 公司的深度价格的卖盘报价，该笔交易的成交价大约是当时市价的 250 倍。

A 平台得知该交易后，单方面取消了这笔交易，并逆转了早前结算的交易。随后，A 在平台系统内撤销回滚了上述交易。事后发现，被强制平仓的 ETH 买方实际发生了穿仓，在因强制平仓自动触发该笔交易时，其账户下 BTC 数量远不及 3 092 个。另在该笔交易被 A 平台撤销回滚前，B 公司已实际卖出了成交入账的 3 092 个 BTC 中的 1/3。

4 月，B 公司以 A 平台违反合同和信托为由向新加坡高等法庭提起诉讼，要求 A 平台返还回滚部分的约 2 000 个 BTC。5 月，本案被移送至新加坡国际商事法庭。新加坡国际商事法庭判决认定 A 平台存在违反合同及信托的行为。

A 平台不服，提出上诉。

三、法院审理

法院归纳，原被告之间存在五个争议焦点：

（1）A 平台可否依据平台用户协议的明示条款或默示条款撤销回滚诉争交易？

（2）B 公司是否构成普通法或衡平法下的认识错误？

（3）A 平台是否能够以 B 公司构成不当得利而撤销案涉交易？

（4）诉争交易的 BTC 是否在 B 公司和 A 平台之间构成信托财产？

（5）B 公司可否要求 A 平台返还回滚部分的 BTC？还是只能主张损害赔偿？

四、判决结果

新加坡上诉法庭作出部分改判，认为双方之间不存在信托关系，A 平台仅构成合同违约。

资料来源：中华人民共和国最高人民法院，新加坡最高法院. 中国-新加坡"一带一路"国际商事审判案例选（第一卷）［M］. 北京：法律出版社，2020.编者有修改。

【案例使用说明】■━━━━━━━━━━━━━━━━━━━━━━━━━

一、讨论问题

1.本案是否属于重大错误？A 平台是否有权撤销案涉交易？

2.谈谈你对争议焦点之三，即 A 平台是否能够以 B 公司构成不当得利而撤销案涉交易的看法。

3.谈谈 A 平台对 B 公司的违约责任以及救济方式。

4.谈谈你对国际商事合同的基本原则的理解。

二、分析思路

分析本案例应当根据讨论思考题，到案例中找出与每一讨论思考题相对应的案例素材，然后认真阅读案例相关材料，挖掘提炼出本部分案例材料的基本事实，然后再运用所学专业知识对相关问题进行分析、讨论。

三、理论依据

本案涉及合同法的多个知识要点。存在两个重要的合同：一是 B 公司与交易方的买卖合同；二是 A 平台与 B 公司之间存在平台协议。想要厘清本案的法律关系，正确归纳和解决争议焦点，至少需要从如下方面进行把握：合同的相对性原理；格式合同；合同的基本原则；合同的效力；可撤销的合同；违约的认定以及违约责任的救济方式。

四、参考答案

1.不属于重大错误。A 平台无权撤销案涉交易。

（1）不构成普通法下的认识错误。普通法下的认识错误是指一方对合同根本性条款发生认识错误，另一方实际意识到并利用对方的认识错误而订立、履行合同。这样的合同归于无效而不可执行。本案中，诉争交易的根本性条款为交易价格。新加坡上诉法庭认为，ETH 买方在杠杆交易下被强制平仓的条件并非诉争交易的根本性条款，ETH 买方即便对此存在错误认识，也不构成对诉争交易的认识错误。故 A 平台无权基于认识错误撤销案涉交易。

（2）也不构成衡平法下的单方错误。相对于普通法，衡平法下的单方错误有所延展。错误认知的对象不仅限于合同根本性条款，还可包括与合同订立、履行相关的其他根本性错误。在不能证明一方实际意识到对方认知错误的情况下，但客观上存在有悖公平正义的行为或有悖商业道德的交易，此时法律推定其明知或应当知悉。发生认识错误的一方可主张合同撤销。对于这样的合同，是否给予撤销合同的救济，衡平法往往还会考虑是否涉及无过错第三人的利益。本案中，大部分法官的意见都是：B 公司在诉争交易深度价格的设定上表现出一定程度的机会主义，但其并未达到有悖公平正义或商业道德的程度。与此同时，A 平台作为诉争交易双方以外的第三方，是因其做市程序报价故障导致了平台交易深度缺乏，进而触发了诉争交易，不应被视作无过错第三人。故不应通过衡平法下的单方错误给予 A 平台撤销回滚诉争交易的救济。

（开放性答案，无固定结论。）

2. A 平台无权以 B 公司不当得利为由撤回案涉交易。不当得利以一方已实际获利为前提，由受损一方提出，且通常以合同不存在、无效可撤销为前提。本案中，A 平台并非案涉交易当事人，在诉争交易合同效力未被司法裁判否定前，A 平台作为非合同当事人主张 B 公司构成不当得利不可能成立。

3. 基于 A 平台与 B 公司之间的平台协议，A 平台单方撤销 B 公司与相对方之间交易的行为显然构成违约。

国际上常用的合同违约责任的承担方式，主要有实际履行、损害赔偿、解除合同、禁令、违约金五种。就 A 平台对 B 公司的违约责任承担方式而言，与损害赔偿相比，实际履行存在很大的适用难度。BTC 价格的高波动性会导致难以评估计算损害赔偿金额。如今的 BTC 的价格与案发时相比，已相差数倍，B 公司作为高频交易者的做市商，而非投资者，难以在时隔数年后的巨大价差下主张特定履行，要求 A 平台返还回滚部分的 BTC，而只能主张损害赔偿。

4. 平等交易原则、诚信和公平原则、保障交易安全角度，言之有理即可。

第四章　国际货物买卖法

开篇案例　适当履行国际货物买卖合同

【案例正文】

新加坡 A 公司与中国 B 公司签订购买混级安哥拉兔毛的合同。A 公司为买方，B 公司为卖方。B 公司与某贸易货栈联系，购买其兔毛以履行合同。B 公司提出，质量标准达到特、甲、乙三个等级的兔毛各占 30%，丙级和次级的各占 5%；不得掺假使杂。贸易货栈表示保证质量合乎要求。B 公司要求签订合同，贸易货栈不同意，言明他们是现货交易，如果当时不成交，第二天就将货卖给别人。B 公司轻信贸易货栈的保证与许诺，与之达成口头协议，每斤 91 元。但在装货时，B 公司的经办人员发现一包缝口破裂的兔毛包中混有石块、石粉、砖头等杂物，检查了几包，发现都存在这种情况。经办人员当即质问贸易货栈，贸易货栈在搪塞之下，提出可采取其他办法。在开发票时，贸易货栈开出的发票中写为每斤兔毛 103.50 元，而将每斤多交的 12.5 元作为回扣给了 B 公司的经办人员，回扣总计达 25 万元。

B 公司购入兔毛后，即电传通知 A 公司，兔毛已备齐，数量、质量合乎要求。于是，A 公司开出了以 B 公司为受益人的不可撤销的信用证，B 公司接证后发货。A 公司收货后，发现了严重的质量问题，于是拒收货物，并立即对 B 公司的行为提出抗议，要求对方赔偿自己的一切损失。

同年 9 月，A 公司从越南 C 公司进口了一批注册商标为日本野马公司的显示器，该批显示器为 C 公司生产的假冒产品。这批显示器在日本销售时，野马注册商标权人发现了这一问题，遂起诉 A 公司构成侵权。

【涉及的问题】

（1）B 公司的行为违反了《合同公约》的哪些规定？面对 B 公司的违约，A 公司可以采取何种补救措施？

（2）在 A 公司被起诉侵权时，C 公司对 A 公司是否应承担责任？假设 A 公司在缔约时已经知道 C 公司假冒注册商标的行为，则 C 公司对 B 公司是否应承担责任？

（3）从 A 公司的两笔贸易出发，分析国际货物买卖应遵循哪些基本原则。

4.1 国际货物买卖概述

4.1.1 国际货物买卖合同

------------ 案例1 ------------

哪一个合同属于国际货物买卖合同？

【案例正文】■

韩国 A 公司广州分公司因业务需要向广州 B 纺织公司订购价值 20 万元人民币的布料，并在中国境内完成了交货付款等手续。随后，韩国 A 公司广州分公司在广州将该批布料加工制成某规格的滑雪服，并将这批滑雪服销售给了韩国本土的 C 公司。这里涉及两个合同：韩国 A 公司广州分公司与广州 B 公司的合同以及韩国 A 公司广州分公司与 C 公司的合同。

【涉及的问题】■

根据《合同公约》的规定，哪一个合同属于国际货物买卖合同？

【参考答案】■

如果以《合同公约》的规定为标准，则后一个合同属于国际货物买卖合同。前者虽然是一家中国公司与一家韩国公司的合同，但这个合同在中国境内已经完成了交易，是中国国内合同，而后者虽然交易双方都是韩国公司，但它涉及进出口问题，是跨越国界进行的贸易活动，可以理解为买卖双方的营业地，不在同一个国家的货物买卖合同，因此我们应注意国际货物买卖合同的特点，它不仅考虑交易双方的国籍，而且要考虑双方营业地是否在同一个国家。

另外，A 公司本身是韩国公司，营业地在韩国，其设在广州的分公司属于韩国国籍，但该分公司的营业地在中国广州，而与本合同的履行关系最密切的也是广州营业地，因此，第一个合同不属于国际货物买卖合同。

------------ 案例2 ------------

柴油潜水艇买卖合同纠纷

【案例正文】■

原告卖方是俄罗斯的一家企业，与加拿大的一家公司（被告）订立了一份销售合同。根据该销售合同，原告向被告出售退役的柴油潜水艇，买方加拿大公司购买柴油潜水艇的意图是将它们拆卸作为废金属回收利用。合同中有一项仲裁条款，约定有关该合同的争议应提交一家俄罗斯仲裁机构仲裁解决，并明确选择俄罗斯法律作为适用于该合同的法律。

【涉及的问题】

双方在履行该合同过程中发生争议，从而提交仲裁机构解决。仲裁机构首先需要解决的问题是：确定适用于该合同的法律是什么？

【参考答案】

首先，当事人意思自治是各国法律的普遍原则，包括允许当事人选择适用于他们之间的合同的法律。该纠纷中，当事人在合同中明确选择俄罗斯法律作为适用法律，仲裁庭应首先尊重当事人的选择，确定该合同以俄罗斯法律为适用法律。

其次，俄罗斯与加拿大都是《合同公约》的缔约国。《合同公约》第1条第1款规定，本公约适用于营业地在不同国家的当事人之间所订立的货物销售合同：（a）如果这些国家是缔约国；（b）如果国际私法规则导致适用某一缔约国的法律。俄罗斯加入《合同公约》后，《合同公约》已被纳入俄罗斯法律体系中，当事人选择俄罗斯法律并不能排除《合同公约》的适用。因而，仲裁机构还需要研究已被纳入俄罗斯法律的《合同公约》是否适用于所涉合同的问题。

仲裁机构认定，应将该潜水艇视为海洋船只：尽管它已经从俄罗斯海军退役，但与合同主体相关的关于"退役"的说明，只能表明该潜水艇失去了作为海军舰艇的地位，但该潜水艇仍能保持漂浮状态，即使它需要外部设备的协助才能行驶，但仍应将其视为海洋船只。根据《合同公约》第2条e项的规定，公约不适用于"船舶、船只、气垫船或飞机的销售"。因而，《合同公约》不适用于该合同。

基于上述分析，仲裁机构应认定以俄罗斯法律作为合同的适用法律。

案例3

国际联合技术公司诉匈牙利 Malev 航空公司案

【案例正文】

原告国际联合技术公司的 Pratt & Whitney 分部频繁地与被告匈牙利 Malev 航空公司洽谈交易。某年12月14日原告向被告发出的协议文本中载明了如下内容：在被告同意购买两个 PW4056 飞机发动机以驱动其所购的 767-200ER 飞机（被告有多买另一架 767-200ER 飞机的选择权）和一个备用的 PW4056 发动机（被告也有多买另一个备用发动机的选择权）的条件下，原告将向被告提供融资、产品担保和 PW4056 飞机发动机有关的所有支持服务。同日发出的另一份单独文本注明：原告同意向被告出售两个 PW4152 或者 PW4156 发动机（被告有多买一个这样发动机的选择权）以驱动其所购 A310-320 飞机（被告有多买另一架这样飞机的选择权）；一个新的 PW4152 发动机的底价为 5 552 675 美元、一个新的 PW4156 发动机的底价为 5 847 675 美元。以上两个协议文本都规定：适用《合同公约》，被告于 12 月 21 日之前接受有效，且被告的承诺要以通过匈牙利政府和美国政府的批准为条件。被告于当日作出了接收以上协议文本的表示。次年 3 月 25 日被告向原告表示不再受以上协议约束，理由是原告的协议文本没有具体确定货物的数量、价格等，匈牙利政府和美国政府也没有批准该协议。

匈牙利布达佩斯城市法院判决认为：本案是关于飞机发动机而不是飞机的买卖纠纷，因此不能排除《合同公约》的适用；争议的协议文本中的货物是确定的，数量是由被告单边确定的，这种单边权利在商业实践中是常见的，因此被告关于货物和数量不确定的主张是没有依据的；争议的协议文本对货物的价格有明确的规定；争议的协议文本关于匈牙利政府和美国政府批准的规定是一项后决条件，协议只有在受到匈牙利政府和美国政府干预的情况下才能解除。最后匈牙利法院以协议完全符合《合同公约》第 14 条的规定为由判决原告与被告之间存在有效的合同关系。

【涉及的问题】 ■━━━━━━━━━━━━━━━━━━━━━━━━

谈谈此案例给你的启示。

【参考答案】 ■━━━━━━━━━━━━━━━━━━━━━━━━━

首先，发盘的内容应十分明确。所谓"明确"即是指发盘的内容应能达到可以确定买卖双方权利和义务的最低程度。各国的买卖法及《合同公约》对发盘应明确的最低内容有不同的规定，《合同公约》中的"十分确定"是指发盘中写明货物并且明示或暗示地规定数量和价格或规定如何确定数量和价格。

美国的《统一商法典》降低了对发盘内容明确性的要求，认为一项货物买卖合同即便未载明基本条款仍然是有效的，只要双方当事人表明了订立合同的意图且有一个给予适当救济的合同基础。该法典更进一步规定缺乏合同的价款并不当然使合同无效，在这种情况下价格为合理价格。该法典第 2 条第 3 款第 8 项和第 9 项还详细规定了如合同未明确规定交货时间、地点时的填补方法。可见，按《统一商法典》的精神，只要包括了标的和数量两项内容，发盘即具备了明确性。而大陆法系各国一般对此作了严格解释，规定发盘应明确标的、数量和价格等基本条款。英国的《货物买卖法》有类似的规定。

《合同公约》折中了美国和其他国家的有关规则，即最少应明确以下三项内容：买卖货物的名称，买卖货物的数量或确定数量的方法，买卖价格或确定价格的方法。同时，《合同公约》第 55 条规定，合同对价格未做规定的，买方应支付有关交易在可比较的情况下所售的价格。可见，若发盘中未包含价格或确定价格的方法，但发盘人和受发盘人都将之视为发盘而据此成立了合同，则《合同公约》的缔约方法院不应否定合同的存在，除非当事人之间协议的其他内容违法。发盘对其他事项，如交货时间、地点及方式和付款方式等未作规定的，不影响合同的效力，在买卖合同成立后，可按《合同公约》的有关规定执行。

其次，在实务操作中，应理解《合同公约》适用的买卖范围。国际货物买卖合同是狭义的买卖，合同的客体是货物，即有体动产，不包括各种票据和权利财产也不包括不动产和劳务等。同时，《合同公约》还以排除的方法来划定货物销售的范围，其中船舶、船只、气垫船以及飞机的销售不适用《合同公约》。而本案例为飞机发动机的买卖纠纷，因此，不能排除《合同公约》的适用。

4.1.2　国际货物买卖合同的法律适用

------------ 案例 1 ------------
国际货物买卖合同的法律适用

【案例正文】■

法国卖方和斯洛伐克买方订立了一份口头协议，依照这份协议，卖方有义务将协议货物交付买方，而买方则有义务凭卖方出具的发票向卖方支付约定的货款。但买方在卖方交货后却未能履行其在协议项下的付款义务。

法院参照《斯洛伐克国际私法与程序法法案》这一国内法适用《联合国国际货物销售合同公约》（简称《合同公约》）。斯洛伐克该国内法第 10 条规定，在协议双方未选定适用法律的情况下，相关协议应受旨在确保合同纠纷得到妥善解决的相关法律的管辖。通常情况下，销售合同应受合同订立时卖方所在国法律的管辖。为此，法院认定协议双方之间的法律关系应受法国（《合同公约》缔约国）法律的管辖。此外，法院还援引《合同公约》第 1（1）（a）条认定，《合同公约》适用于注册地分别位于两个不同缔约国的协议双方。

鉴于斯洛伐克买方未能及时支付货款的事实，依照《合同公约》第 78 条的规定，卖方有权对所欠货款收取利息。由于《合同公约》没有明确规定具体利率，因此，法院认为应参照《合同公约》的第 7（2）条。根据第 7（2）条的规定，《合同公约》中未明确规定的未尽事宜应适用国际私法的基本原则，依照适用法律予以解决。在本案中，利率问题应根据法国法律予以解决。

【涉及的问题】■

就销售合同的订立问题，你认为应适用哪一法律来解决？

【参考答案】■

为了缓和冲突，一些国际组织制定了统一冲突法公约，如 1955 年的《销售冲突公约》的 Hague Sales Conflicts Convention、1986 年的 Hague Convention on the Law Applicable to Contracts for the International Sale of Goods、《国际货物销售合同法律适用公约》等。

鉴于国内冲突法模式的不足，20 世纪 20 年代起，国际统一私法协会（UNIDROIT）就致力于制定国际统一实体法。

国内冲突法模式和国际统一实体法模式代表了两种截然不同的理论思路和实践做法。前者在实践中存在缺陷，却通行于世界各国；后者是一种理想的理论模式，却难以实行。

1980 年于维也纳签订的《联合国国际货物销售合同公约》（即《合同公约》）采用了前一种方法，而 1994 年发布的《国际统一私法协会国际商事合同通则》（即《合同通则》）则采用了后一种方法。

《合同公约》和《合同通则》所表征的折中模式在一定程度上代表了国际货物买卖法国际化的方向，尽管有学者质疑折中模式的实际效果，但不可否认的是，缓和国内法冲突法模式和国际统一实体法模式的替代性方案取得了一定成果。

在国际货物买卖法领域，《合同公约》是最为重要的法律之一，《合同公约》第 1 条规定，本公约适用于营业地在不同国家的当事人之间所订立的货物销售合同：（a）如果这些国家是缔约国；（b）如果国际私法规则导致适用某一缔约国法律。由于法国卖方和斯洛伐克买方都是缔约国，则此案例应适用《合同公约》来解决。

------ 案例 2 ------
涡轮发动机买卖

【案例正文】 ▮▶

中国广州甲公司于 2022 年 5 月 9 日收到德国乙公司来电称："涡轮发动机 4 000 台。每台 270 美元 CIF 广州，7 月德国汉堡港装船，不可撤销即期信用证支付，2022 年 5 月 17 日前复到有效。"中国广州甲公司于 2022 年 5 月 12 日复电："若单价为 230 美元 CIF 广州，可接受 4 000 台涡轮发动机设备；如有争议，在中国国际经济贸易仲裁委员会仲裁。"乙公司于 2022 年 5 月 13 日回电称仲裁条款可以接受，但价格不能降低。此时，该机器价格上涨，中国广州甲公司又于 2022 年 5 月 16 日复电："接受你 9 日发盘，信用证已经由中国银行广州分行开出。"但乙公司未予答复。

【涉及的问题】 ▮▶

关于该案，依《联合国国际货物销售合同公约》的规定，甲、乙公司之间的合同是否成立？

【参考答案】 ▮▶

依据《合同公约》，甲、乙公司之间的合同没有成立。5 月 9 日德国乙公司来电为要约，中国广州甲公司 2022 年 5 月 12 日的复电对要约有了实质性修改，构成反要约，不为承诺。中国广州甲公司 2022 年 5 月 16 日的复电表示接受 9 日发盘，又构成对 5 月 13 日德国乙公司回电的反要约，德国乙公司最终没有答复，双方合同没有成立。

---- 案例 3 ----

钢铁销售合同纠纷案

【案例正文】▮————————————————————

一家营业地位于俄罗斯的卖方公司与一家营业地位于意大利的买方公司签订了一项有关钢铁销售的协议。双方商定了合同的细节条款，以详细规定产品种类、价格、交货方式和付款方式，但是在开始履行合同后，双方在某些已交付货物的品质标准上产生了争议。在同意降低已交付货物的价款使争议得到解决后，双方决定继续进行后续货物的交付。

然而，双方在履行相互义务的过程中再次产生了分歧，这些分歧主要出现在按商定条款支付降低后的价款和交付后续货物方面。该合同载有一项依据《米兰国内国际仲裁院规则》进行仲裁的仲裁条款。因此，卖方提起了仲裁。

但在仲裁过程中，双方在适用于合同的法律问题上产生争议：由于合同未指明适用于案件的实体法，卖方认为应适用俄罗斯法律，而买方则认为应适用意大利法律。

【涉及的问题】▮————————————————————

请分析本案适用的实体法。

【参考答案】▮————————————————————

仲裁庭依据最密切联系原则，支持了卖方立场。仲裁庭认为，俄罗斯法律应作为适用于本案的国内法——俄罗斯确实与合同联系更为紧密，因为货物在俄罗斯生产，采用俄罗斯标准，利用俄罗斯船只交货，这一切均为合同双方所熟知。而俄罗斯是《合同公约》的缔约国，因此《合同公约》则作为国内一般销售法框架内的特别法适用于本案。

《合同公约》第 1 条第 1 款 a 项规定："本公约适用于营业地在不同国家的当事人之间所订立的货物销售合同。"《合同公约》第 10 条 a 项则规定，如果当事人有一个以上的营业地，则以与合同及合同的履行关系最密切的营业地为其营业地，但要考虑双方当事人在订立合同前任何时候或订立合同时所知道或所设想的情况。

仲裁庭认为，根据《合同公约》第 1 条第 1 款 a 项的规定，《合同公约》应自动适用于来自不同缔约国的双方之间所签订的销售合同。因此，《合同公约》为适用于本案仲裁的实体法。

4.1.3 《联合国国际货物销售合同公约》

--------------------------- 案例1 ---------------------------

《联合国国际货物销售合同公约》第2条的理解

【案例正文】

中国某航空公司向欧洲 Airbus 公司订购 15 架 A330 型客机。合同中有一项条款规定，关于双方的权利义务，合同未明确约定的，适用《合同公约》的规定。而根据《合同公约》对国际货物买卖合同范围的规定，该公约不适用于飞机的买卖。

【涉及的问题】

你认为中国某航空公司与欧洲 Airbus 公司在合同中规定的这一条款是否有效？

【参考答案】

有效。关于《合同公约》适用问题中的当事人意思自治原则体现在两个方面：一是可以排除公约的适用；二是可以改变公约条款的效果。《合同公约》第 6 条规定，双方当事人可以不适用本公约，或在第 12 条的条件下，减损本公约的任何规定或改变其效力。当事人既可以在整体上排除《合同公约》的适用，也可以排除《合同公约》的个别条款，取消个别条款的效力，本例就属于这种情况。但更完善的条款建议是，本合同的权利义务由《合同公约》调整，但《合同公约》第 2 条（即以排除的方法来划定货物销售的范围条款）不包括在内。

--------------------------- 案例2 ---------------------------

MCC Marble Ceramic 公司诉 Ceramica Nuova D'Agostino 公司案

【案例正文】

原告 MCC Marble Ceramic 公司与被告 Ceramica Nuova D'Agostino 公司的代表在一次交易会上结识，双方商定由原告按照交易会上的样品向被告出售一批瓷砖。由于被告的代表不懂意大利文，双方的代表先通过翻译商定了价格、质量、数量、交货期限及支付方式等关键性条款，然后这些内容被记录于原告的标准供货合同并经被告的代表签署。后来，原告根据该标准供货合同中未经议定的条款指控被告违约，并对被告关于货物不合格的反诉进行抗辩。美国第 11 巡回法院判决双方当事人的合同内容不能根据上述标准供货合同确定，理由是，在没有明确选择的情况下，本案当事人之间的合同不能适用含有"口头证据规则"的美国法，而只能适用美国和意大利共同参加的《合同公约》。其中，《合同公约》第 11 条规定买卖合同可以用包括人证方式在内的任何方法证明，本案中代表双方当事人证人及译员的宣誓证词都证明双方订约时没有意图受未议定条款的约束。

【涉及的问题】

请谈谈你对此案例的理解。

【参考答案】

《合同公约》在总结世界上大多数国家的有关规定之后，在第 11 条中作出了如下规定："销售合同无须以书面订立或书面证明，在形式方面也不受任何其他条件的限制，销售合同可以用包括人证方式在内的任何方法证明。"可见，《合同公约》对合同的形式并没有严格的要求。

-------------------------- 案例 3 --------------------------

泉州坤达礼品有限公司诉哈特切利美术与设计有限公司案

【案例正文】

被告哈特切利美术与设计有限公司系一家在中国香港注册的公司，某年 4 月 7 日，被告以电子邮件方式向原告泉州坤达礼品有限公司发出订单号为 654081 和 877238 的购买手拉坯之类产品的要约，载明总金额为 122 694.8 美元，付款方式为预付 30% 定金，装运后见提单付清余款。4 月 8 日，被告支付了 654081 号订单项下的合同 30% 定金 33 660.02 美元。5 月 21 日，原告依约将这两单货物通过船运发给了被告。5 月 29 日，被告通过电子邮件告知原告已经收到货物的发票、装箱单及货运代理单据电子附件，同时承诺余款 89 034.78 美元将于 6 月 10 日支付。6 月 11 日，被告向原告支付了这两单货款 39 418.52 美元。

4 月 7 日，被告又以订单号为 TPCH12308 的电子邮件方式向原告发出订购老公饼干罐的要约，货款金额为 33 911.30 美元，付款方式同上，两天后确认将此订单号改为 883611。6 月 26 日，被告支付了该订单的 30% 定金即 10 173.39 美元。原告依约通过开航日期为 7 月 26 日的船运发给被告该单货物。

对于上述三单货款，被告尚欠 73 354.17 美元未付。厦门市中级人民法院一审判决被告偿付该余款 73 354.17 美元及利息。被告不服，提起上诉称：原审法院予以认定核心事实的证据是无法核对真实性的电子邮件，虽有"公证书"却很清楚地显示，公证员只是针对被上诉人职员陈金波的电脑中的内容（实际上是存在于可移动磁盘上的内容）所进行的公证；这些所谓经公证的电子邮件明显可以看出经过多次的转存、自相矛盾和不能自圆其说的疑点；电子邮件存在着易编辑、易删改又不留痕迹等特点，能否作为证据目前在学术界仍是值得讨论的课题；被上诉人在原审中提供的电子邮件打印稿，不仅无法确认真实性，而且这些证据是任何熟知 Word

的人都可以轻易制作的；被上诉人不能证明已经交付货物的事实，其在一审时除了上述经过人为复制、漏洞百出的电子邮件外，并没有提供任何证据；原审法院对本案准据法未作审理，却直接适用中国内地法律是错误的，但上诉人同意适用《联合国国际货物销售合同公约》。该公约规定合同的签订有多种形式，但不论以何种形式，法院都应对该形式是否存在的证据进行审查，包括对这些证据的真实性及证明效力进行审查。

福建省高级人民法院作出了维持原判的终审判决，理由是：本案系国际货物买卖合同，双方当事人未选择合同适用的法律，原审法院根据《最高人民法院关于审理涉外民事或商事合同纠纷案件法律适用若干问题的规定》第 5 条最密切联系原则适用卖方所在地法即中国内地法律是正确的；本案被上诉人在原审中所提交的电子邮件，有中国银行入账证明、国际货物运输代理业务专用发票及当事人的陈述相佐证；上诉人在原审中辩解双方之间从未有过货物买卖合同关系，二审中经被上诉人提交了中国银行入账证明后辩解支付的款项不知道是否和上诉人主张的合同相对应，接着转而承认了涉案的三份订单等表明了上诉人在极力隐瞒案件的事实真相；对于上诉人辩称被上诉人未交付货物问题，从上诉人支付的款项来看，在双方签订了前两份订单后，上诉人支付了订单项下的定金，若上诉人未收到订单项下的货物，不应继续支付部分货款，之后又支付第三份订单的定金，这不符合正常的交易习惯；二审庭审中，被上诉人提交两份"国际货物运输代理业务专用发票"，拟证明被上诉人履行交货义务时交付给船代公司的港杂费用，提单号分别为 XIM281054、XIM0287405，与邮件内容能够相互印证，进一步证明被上诉人已经履行交货义务的事实；被上诉人所提交的上述证据是客观存在的，且是对一审已提交的证据进行补强，并能证明本案相关事实，在本案中可以作为证据使用。

【涉及的问题】

请谈谈你对此案例的理解。

【参考答案】

中国是《合同公约》最早的缔约国之一，早在 1986 年就参加了该公约。在参加《合同公约》的同时，我国提出了以下两项保留：①不同意扩大《合同公约》的适用范围，只同意《合同公约》适用于缔约国的当事人之间签订的合同。②不同意用书面以外的其他形式订立、修改和终止合同。2013 年 2 月我国政府正式通知联合国秘书长，撤回对《合同公约》所作"不受公约第 11 条及与第 11 条内容有关的规定的约束"的声明，即撤回关于合同形式的保留。而《合同公约》对合同的形式并没有严格的要求，既可以是案例中往来的邮件，也可以是代表履约的单据。

资料来源：根据找法网——裁判文书资料（https://www.findlaw.cn/wenshu/a_2649530.html）改编。

4.2 卖方义务与买方义务

4.2.1 卖方义务

```
案例1
交货地点
```

【案例正文】■

广州 A 进出口公司向日本 B 公司出口一批罐装山野菜，合同约定卖方应不迟于 3 月底发运货物。双方均知道这批货物将在广州以北的清远加工完毕并包装出口。如果双方未对交货地进行具体约定。

【涉及的问题】■

根据《合同公约》的规定，卖方应当在哪个地点履行交货义务？

【参考答案】■

根据《合同公约》第 31 条的规定，如合同未规定交货地点，应按下述情况分别处理：a.买卖合同如涉及货物运输，卖方应将货物交给第一承运人，以便运交给买方；b.如不涉及运输，而又属于以下三类货物，即特定物、特定化货物（从某批存货中划拨于合同项下，待提取）、尚待制造或加工生产的货物，如双方在订约时已知这些货物存放在某地点或将在某地制造或加工，卖方应在该地点把货物交给买方处置。这里应适用 a 项规定，而不是 b 项规定。卖方的义务是选择适合履行合同的方式将货物交给第一承运人。卖方可以在清远将货物装车发运给日本公司，则交货地为清远；卖方也可以在广州装车或装船将货物交给第一承运人，则交货地应为广州。

```
案例2
Youlchon Chemical Co诉天津市高盛科技发展有限公司案
```

【案例正文】■

中国买方与韩国卖方订立了一份货物销售合同。卖方以装运港釜山港船上交货的方式装运货物至中国香港，并要求付款。买方则称其未收到货物而拒绝付款，理由是订单中的目的港为中国新港。

初审法院以双方商定选择中国法为由认为应适用《中华人民共和国民法典》，同时认定没有证据证明卖方关于买方后来在电话中改变了目的港的主张，并判决称将货物交付至中国香港（而非订单中指定的目的港）的行为属于未履行合同而不应获得货款。

天津市高级人民法院终审确认了初审法院认定的事实和将货物交付至中国香港等同于未履行合同的结论，但该院认为适用法律应为《合同公约》，理由是中国和韩国均为《合同公约》缔约国，且买卖双方并未排除这项《合同公约》的适用。

【涉及的问题】

请谈谈你对此案例的看法。

【参考答案】

《合同公约》与各国立法和司法的一般原则是：除非合同有相反规定，卖方必须将货物一次交付给买方。如果卖方不恰当地将货物分批交付，买方在一定情况下有权拒绝接收。但是，在有些情况下，一次性交货实际上是不可能的，如买方可能无充足的仓储设施或者卖方无法获得充分的运输工具进行一次性交货，那么在此种情况下，交货也可分批进行。同时，《合同公约》还规定了以下内容：（1）如果卖方应将货物交给承运人，但没有在货物上加标记，或没有以装运单据或其他方式清楚地注明有关合同，卖方必须向买方发送列明货物的发货通知。（2）如果卖方有义务安排货物的运输，卖方必须订立必要的合同，以按照通常运输条件、用适合情况的运输工具，把货物运到指定地点。（3）如果卖方没有义务对货物运输办理保险，卖方必须在买方提出请求时，向买方提供一切现有的必要资料，使他能办理这种保险。

从此案例中，我们可以发现，在履行国际货物买卖合同过程中，除了考虑意思自治原则之外，还要尽到注意的义务，即相互协助、相互照顾、互相保护、互相通知、诚实信用等。

--- 案例3 ---

交货方式

【案例正文】

原告为奥地利一买方，就购买烈酒并运往俄罗斯与一家总部设在列支敦士登的公司的瑞士分公司（即被告）订立了合同。买方预付部分货款后货物却未能如期交付，因为当事人双方对运输方式以及其他问题发生争议。买方状告卖方，要求归还预付款，而卖方则要求买方赔偿违约的损失。

对于运输方式的争议，买方声称双方曾商定用卡车运货，但卖方否认有这种协议，认为运输方式的选择权应由卖方决定。

【涉及的问题】

请问该案件该如何判决？

【参考答案】

法院认为，虽然《合同公约》中涉及有关举证责任的规则，但是没有明确的规定，因而须援用法院地的国际私法规则指向的国内法予以确定，本案适用瑞士的国内法。依据瑞士的国内法，举证责任由买方承担。由于买方无法履行举证责任，不能证明双方曾达成用卡车运货的协议，因此法院认为这种情况下应适用《合同公约》第32条第2款的规定，运货方式的选择应由卖方决定。卖方有义务根据交易的情形，按照通常运输条件，用适合情况的运输工具，把货物运到指定地点。最终法院认定，卖方将部分货物以卡车运输、部分货物采用铁路运输的方式并不违反合同，同时，法院判决卖方有权就可以证明的损失获得损害赔偿。

案例 4
交货时间

【案例正文】

德国一家时装零售商作为买方，与一家意大利服装制造商签订了一份时装销售合同，其中对交货期限的规定是"秋季货品将于7月、8月、9月左右发货"。当第一批货于9月26日发运时，买方拒绝接收货物，声称交货期已过，并于10月2日退回了发票。

当事人双方根据已知的各种不同的附加因素而对上述合同规定的含义进行争辩。买方声称，"秋季货品将于7月、8月、9月左右发货"的交货期限条款，意味着卖方应在7月、8月、9月分别交付合同规定货物量的三分之一。卖方否认买方的主张，认为买方从未向卖方表达过类似的意思。

【涉及的问题】

此案例应如何处理？

【参考答案】

法院以《合同公约》作为本案适用的法律，但对于履约问题，也参考德国的国内法，以填补缺漏。

法院认为卖方的要求是正当的，因为货物是在商定的交货期内发运的。法院指出，合同的交货条款为"秋季货品将于7月、8月、9月左右发货"，其含义可能是要求在每个具体月份交付合同规定货物量的三分之一。但是，在卖方没有这样做的情况下，买方却从未有效地终止合同，尤其是买方并未对卖方前两次的不交货另外规定一个期限，从而实现促使或者催告卖方交付货物。因而法院认定卖方是在合同规定的"可以交付货物的一段期限"内交付的货物（《合同公约》第33条b项）。

因此，法院判决卖方应获得全额货款，包括按意大利法定利率计算的利息，另加损失补偿费。

-------- 案例 5 --------

RJ & AM Smallmon 诉 Transport 销售有限公司与 Grant Alan Miller 案

【案例正文】■

在澳大利亚昆士兰州从事陆地运输和装卸业务已有 20 年的原告 RJ & AM Smallmon 通过非书面合同的方式，从第二被告 Grant Alan Miller 作为卖方所拥有且成为一董事的第一被告 Transport 销售有限公司处购买了沃尔沃品牌的 4 辆卡车，这些卡车实际上是在澳大利亚组装，全装出口到新西兰后再返回澳大利亚。原、被告之间为履行合同而将这些卡车从新西兰运至澳大利亚昆士兰后遇到的数项严重问题为：（1）澳大利亚海关当局以太脏为由要求检疫清洗而花费 3 993 澳元；（2）尽管一个月前另一商人从被告处购买的同样未装合格标签的车辆，通过从沃尔沃处获取一封证实"建造规格"（Build Spec）的评定信（Ratings Letter）和一封来自合格工程师的符合澳大利亚设计规则（ADRs）的证明信的方式，视为 ADRs 中的"Roadworthies"和制造时装入的合格标签（The Compliance Plate）要求获得了登记而能在澳大利亚全境公路上正常行驶，对于本案中的这些卡车可能因执行新政策之故，昆士兰当局以未装入的合格标签及与以上另一商人持同样的文件不充足为由拒绝了原告的登记请求，后经一位律师及地方上国会议员的介入，该当局只允许原告按有限的条件使用这些卡车，即仅提供为期 5 年的许可、期满后再更新为另 5 年的许可、不得用它们承揽以前出昆士兰进入南威尔士的业务、不得转让该许可。（3）原告被澳大利亚海关当局以前一年的纷争为由抽中审计，为这些卡车支付进口税 12 979.83 澳元。为此，原告诉求退货和赔偿损失。新西兰高等法院最终判决被告赔偿检疫清洗费用 3 993 澳元的同时，驳回了原告的其他请求。

【涉及的问题】■

谈谈此案例给你的启示。

【参考答案】■

本案应适用澳大利亚和新西兰都参加的《合同公约》，当事人没有意图排除该公约第 35 条的适用。《合同公约》关于卖方对货物品质担保义务的规定主要体现于其第 35 条。根据该条的规定，如果合同对货物的质量规格与包装方式有规定的，卖方所交付货物必须符合合同的规定，此外，卖方交付的货物还必须符合下列要求：（1）货物适合于同一规格货物通常使用的目的；（2）货物适合于订立合同时买方曾明示或默示地通知卖方的任何特定目的，除非情况表明买方并未依赖或没有理由依赖卖方的技能和判断力；（3）货物的质量与卖方向买方提供的样品或模型相同；（4）货物以此类货物的通常方式装箱或包装，或者无此种通常方式，以一种足以保护货物的方式包装。

同时，《合同公约》还规定，如果买方在订立合同时知道或没有理由不知道货物与合同不符，则卖方无须按上述第（1）和第（4）项规定承担货物与合同不符的责任。

------------ **案例6** ------------
二手拖拉机买卖纠纷案

【案例正文】 ▰━━━━━━━━━━━━━━━━━━

一个农场主向一个二手农机经销商购买了一台（使用过的）拖拉机。在使用了一个星期后，该农场主发现，这台拖拉机经常在耕作途中熄火，无法正常使用，延误农时，修理多次也不见好转。当该农场主向二手农机经销商提出退货要求时，二手农机经销商认为：买方应当知道这是一台二手农机，其性能不可能非常理想，并且自己在销售时也未对该机器作出任何明确的担保。

【涉及的问题】 ▰━━━━━━━━

该二手农机经销商是否违反了自己的品质担保义务？

【参考答案】 ▰━━━━━━━━

该二手农机经销商违反了自己的品质担保义务。尽管买方在购买该拖拉机时知道这是一台二手机器，其性能不可能非常理想，而且二手农机经销商在销售时也未对该机器作出任何明确的担保，但是作为默示担保的一部分，货物至少应适合一般性用途。没有哪个农场主会同意购买一台无法使用的拖拉机，即使是二手农机，它也应当至少能够在耕作中使用，这是任何一个农场主合理的期望。因此，除非双方已经明确地排除了这种默示担保义务，否则，这台二手拖拉机至少应适合它的一般用途。

------------ **案例7** ------------
凝析油买卖纠纷案

【案例正文】 ▰━━━━━━━━━━━━━━━━━━

数家荷兰公司（以下简称"各卖方"）在荷兰大陆架内勘探离岸气田并出售生产的产品。各卖方与一家英国公司（买方）近几年签订了12项有关凝析油（一种被称为"Rijn混合物"的原油混合物）的合同。该英国公司在原油勘探、生产和精炼以及成品油和气体销售领域处于国际领先地位。

合同签订后的最初几年买卖各方均履行了合同，未出现质量问题。但在2020年9月11日，买方通知各卖方：暂不接受下一批凝析油，因为其水银含量太高，无法进行进一步加工和销售。同年9月16日，买方通知各卖方将暂停履行剩余的合同，直到找到解决水银问题的方法。然而，由于始终未找到解决方法，一些合同过期了，买方终止了其他未过期的合同。为减少损失，各卖方将买方未收取的凝析油卖给了第三方，与原合同价格相比，各卖方均遭受了一定损失。

次年 5 月，各卖方向荷兰仲裁庭提起了针对买方的仲裁程序，请求损害赔偿。各卖方主张：由于未商定关于质量的具体要求，其出售的凝析油即使水银含量升高，但仍符合合同规定。因此，买方拒收货物和终止合同，违反了合同规定的买方义务，买方应承担损害赔偿责任。然而，买方拒绝承担损害赔偿责任，买方认为：货物并不符合合同规定，因为各卖方了解或者应当了解，凝析油系用于精炼业务，如此高的水银含量会对下游产品造成损害。由于出现这一不符合规定的情况，买方坚持认为其有权拒收货物并终止合同。

【涉及的问题】

根据《合同公约》关于货物的品质担保的规定，买方是否有权主张各卖方违反了所承担的义务？

【参考答案】

由于合同未载明质量规格，根据《合同公约》第 35 条第 2 款 a 项的规定，货物应适用于同一规格货物通常使用的目的。而对于"货物通常使用的目的"这一点，存在三种可能的解释：①要求货物具有适销品质。这种观点为英国普通法的法律体系所支持，即如果一个理性的买主了解货物质量后，会以类似的价格签订货物购买合同，那么货物就是符合合同规定的。②由大陆法系衍生而来的观点，它要求货物具有平均品质。③不是简单地依赖英美法系的"适销品质"或者大陆法系的"平均品质"的标准，而通过适用于《合同公约》的体系提出了一个合理品质的标准。

在本案中，分别按照"适销品质"和"平均品质"的标准进行解释会得出不同的结论。因此，仲裁庭认定，《合同公约》第 35 条第 2 款 a 项应按照合理品质的标准进行解释。仲裁庭认为，合理品质的标准更符合《合同公约》的规定，因为它并不直接依赖于国内法的观念。合理品质的标准还与《合同公约》的前期案文相吻合。另外，如果本案适用荷兰法律，合理品质的解释仍然可行。

仲裁庭裁定，凝析油未达到合理品质标准，因为：①无人会为水银含量升高了的凝析油支付这批合同商定的价格；②合同签订后的头几年未出现质量问题，因此买方便期望凝析油的质量水平保持恒定。仲裁庭认为，各卖方交付的凝析油未达到合理品质标准，违反了依照《合同公约》所应承担的品质担保义务。由于合同分批履行，因此买方有权拒收货物和终止合同。

------ 案例 8 ------
海蚌买卖纠纷案

【案例正文】

德国进口方向瑞典出口方购买了 1 750 千克新西兰的海蚌。买方收到货物后即委托一官方机构检验，结果发现海蚌的镉含量很高。买方据此要求解除合同。德国最高法院判决认为：本案应适用《合同公约》；货物与合同不符即是《合同公约》中的根本违反合同；货物平均品质是否适合通常用途或是否具有商销性则是一个依情况而定的问题；据目前所知，含量超过德国标准并不意味着它是劣等货，因为与肉类标准不同，德国关于鱼的镉含量标准只是一项行政指南；当事人在没有明确约定时，如果货物不适合通常用途或不具有明示或默示告知卖方的特定目的，则货物视为不符合合同；根据绝对盛行的法律观点，除非在出口国存在同样规则，不能期望与买方国家或使用国家特定公法规则相符；本案中的货物是易腐品，显然，交货后一个月内提出异议与《合同公约》中"合理时间"通知的规则一致，本案中的买方却几乎等了两个月才就货物与合同不符通知卖方。以上各项理由促成法院作出对卖方有利的判决。

【涉及的问题】 ■━━━━━━━━━━━━━━━━━━━━━━━━

请谈谈你对此案例的看法。

【参考答案】 ■━━━━━━━━━━━━━━━━━━━━━━━━━━

商消性的默示担保是指出售的产品应符合该产品制造和销售的一般目的，商消性也可称为可销售性，据美国法院的司法解释，它是指"良好、平均、中等"品质的商品，如制造者、销售者出售汽车时，汽车必须有合适的刹车装置，如刹车不灵则属于制造者、销售者违背了商消性的默示担保，由此产生的赔偿责任应由制造者或销售者来承担。

另外，根据《合同公约》第 39 条和第 44 条的规定，买方如不在其发现或应当发现货物有缺陷之后的一个合理期限内，就货物不符合合同规定的情况，及时通知卖方，除非具备合理理由，买方就丧失了声称货物与合同不符的权利。

┌─────────── 案例 9 ───────────┐

La San Giuseppe 诉 Forti 模具有限公司案

└─────────────────────────────┘

【案例正文】 ■━━━━━━━━━━━━━━━━━━━━━━━━━

原告（La San Giuseppe）是一家位于意大利威尼斯的画架模具制造公司，被告（Forti 模具有限公司）则是一家位于加拿大多伦多的模具与画架分销公司。双方一直保持着友好合作的关系，但双方从没有签订书面合同，通常由买方 Forti 公司发传真订购货物，注明是否空运或海运。起初卖方按照"货到付款"（COD）的条件与买方交易，要求交货后 30 天内付款。尽管在以后的几年内买方并没有总是在 30 天内付款，双方的关系运转还是较顺利的。但是自 2020 年 1 月开始，双方发生了较大的分歧。卖方发现买方已经延迟付款长达 6 个月的时间，所以致信要求其 60 天内将余额付清。卖方还于 2020 年 3 月 5 日发出了最后一批货物。3 月 6 日卖方收到买方回函，称他们欠款的原因为其下游一些客户欠款。该信中没有提及货物存在瑕疵问题。随后买方支付了部分货款，但以货物存在瑕疵、交货超过数量等理由请求拒绝支付全部货款。

加拿大多伦多高等法院在判决中除了驳回被告的其他抗辩主张外，还以买方没有满足《合同公约》第39条第1款中在合理的时间内给予卖方通知为由驳回了被告关于货物存在瑕疵的反诉赔偿请求。

【涉及的问题】■————————————————————

谈谈此案例给你的启示。

【参考答案】■————————————————————

《合同公约》第39条和第44条规定，买方如未在其发现或应当发现货物有缺陷之后的一个合理期限内，就货物不符合合同规定的情况及时通知卖方，除非具备合理理由，买方就丧失了声称货物与合同不符的权利。因合理原因导致买方未能发出上述通知的，买方仍可向卖方索取赔偿金或请求降低货价，但不能要求赔偿利润损失。不过，无论如何，如果买方未能在从货物实际交付之日起两年之内及时就任何货物与合同规定不符的情况通知卖方，除非这一期限与合同的规定不符，买方不能获得任何赔偿。

┌------------ 案例 10 ------------┐
空白CD光盘买卖纠纷案
└----------------------------------┘

【案例正文】■————————————————————

德国 A 公司（卖方）向奥地利 B 公司（买方）出售了一批空白 CD 光盘。卖方是从其中国台湾的母公司（以下简称 C 公司）购买的这批光盘，C 公司有经权利人（也称"许可权人"）授权的生产和销售这类光盘的许可证。虽然许可证允许 C 公司在德国销售这种空白 CD 光盘，但是没有提及 C 公司是否也有权在奥地利销售这些光盘。

后来，因就许可证费与这种空白 CD 光盘的许可销售范围发生了争议，许可权人宣布解除许可合同。C 公司与许可权人之间的诉讼被中国台湾法院受理。

当买方得知该诉讼后，要求卖方就此作出澄清，但未收到任何进一步信息。买方就所购产品提出索赔要求后，也未收到卖方任何关于赔偿的信息。因此，买方决定宣告合同无效，扣留与许可合同解除之后卖方交付的货物有关的应付款项。买方认为：①这些货物并不能免于在奥地利被第三方索赔，一旦发生第三方索赔，买方很可能要为许可证费承担责任；②由于买方的业务原因，部分货物还要向其他欧洲国家销售，这些货物也不能免于在其他国家被第三方索赔。卖方提出异议认为，不存在买方为许可证费承担责任的风险，因为 C 公司并没有违反合同。此外，卖方向买方交付的 CD 光盘是在许可合同解除之前生产的，所交付的货物完全可以免于任何第三方索赔。

【涉及的问题】 ■——

卖方起诉买方，要求支付拖欠的货款。根据《合同公约》的规定，你认为买方是否有权宣告合同无效，要求损害赔偿并扣除应支付的货款？

【参考答案】 ■——

根据《合同公约》第 41 条和第 42 条的规定，卖方必须在免于第三方的任何权利或索赔的情况下交付货物，除非买方在订立合同时已知道或不可能不知道这些权利。因而，卖方销售货物的行为就应推定为卖方已默许同意买方不应为任何许可证费承担责任。买方没有义务就许可合同是否仍然有效或者许可合同被解除是否合法进行调查。由于销售这批货物的主要权利依据是 C 公司与许可权人之间的许可合同发生诉讼，买方面临着被第三方起诉或者索赔的风险，因此买方有权宣告合同无效和要求损害赔偿，并且在卖方违反合同的情况下，在卖方履行其合同规定的义务之前，买方为保证自己得到有效的赔偿而扣留应付款项也为大部分国家的法律所支持。

但是，对于买方因其业务原因而有可能将部分货物销售到其他欧洲国家，卖方是否应承担权利担保义务取决于卖方是否了解或者知道买方的这一意图。根据《合同公约》第 42 条的规定，如果双方当事人在订立合同时预期货物将在某一国境内转售或做其他使用，卖方应保证其提供的许可货物在该国可以合法销售；或在任何其他情况下，卖方应保证其提供的许可货物在买方营业地所在国家可以合法销售。

———— 案例 11 ————

Louis Dreyfus 贸易公司诉 Reliance 贸易公司案

【案例正文】 ■——

原告 Louis Dreyfus 贸易公司向被告 Reliance 贸易公司购买了一批蔗糖，订约时被告知道原告将予转售。原告支付了货款，但是，货物正在目的国卸货时，第三人以违反排他销售协议为由在冈比亚法院获得了禁止继续卸货的禁令。该禁令 1 个月后被取消，英国法院仍然判决被告应向原告作出赔偿，理由是：被告作为卖方违反了让原告安静地拥有货物的义务。

【涉及的问题】 ■——

请谈谈你对此案例的看法。

【参考答案】 ■——

卖方对货物的权利担保义务是指卖方必须保证其对所售货物拥有完全所有权或合法出售权，货物不存在任何买方所不知道的对买方不利的担保物权，货物不存在对第三人任何权利如所有权和知识产权等合法权利的侵犯。

案例 12

法国某买方与西班牙某卖方纠纷案

【案例正文】 ▰

当事人之间买卖的家具侵犯了第三人的版权，从而导致法国的买方支付了赔偿费。该买方便向西班牙卖方提起了索赔之诉。法国的凡尔赛某法院判决指出，买方不能寻求《合同公约》第 42 条下的知识产权规则的保护。法国法院的判决理由是：依照"专业能力"，买方不可能不知道这项侵权行为的存在。

【涉及的问题】 ▰

请谈谈你对此案例的看法。

【参考答案】 ▰

在订立合同时，如果买方已知第三方对货物会提出有关侵犯工业产权的请求仍愿意签订的，则买方对此应承担责任。

案例 13

德国某卖方与荷兰某买方纠纷案

【案例正文】 ▰

当事人之间买卖的汽车因被怀疑是从法国盗得的而遭到了荷兰警方的扣押，遭受损失的荷兰买方便向德国卖方提起了索赔之诉。德国法院判决荷兰买方败诉，理由是该买方在知悉货物存在权利瑕疵之后的合理时间内，没有就权利瑕疵问题向买方发出通知。

【涉及的问题】 ▰

请谈谈你对此案例的看法。

【参考答案】 ▰

《合同公约》第 41—44 条规定：

（1）就货物本身的物权或债权而言，非经买方同意，卖方所交付的货物必须是第三方不能提出任何权利或要求的货物。

（2）卖方所交付的货物，必须是第三方不能根据工业产权或其他知识产权主张任何权利或要求的货物，但以卖方在订立合同时已知道或不可能不知道的权利或要求为限，而且这种权利或要求根据以下国家的法律规定是以工业产权或其他知识产权为基础的：①如果双方当事人订立合同时预期货物将在某一国境内转售或作其他使用，则根据货物将在其境内转售或作其他使用的国家的法律；②在任何其他情况下，根据买方营业地所在国家的法律。

然而，在以下两种情况下，卖方可不承担上述不侵犯第三方知识产权的义务：①买方在订立合同时已知道或不可能不知道此项权利或要求；②此项权利或要求的发生，是由于卖方遵照买方所提供的技术图样、图案、程式或其他规格。

（3）除非卖方知道第三方的权利或要求，以及此一权利或要求的性质，或者买方有合理理由，否则买方如果不在已知道或理应知道第三方权利或要求的合理时间内，将此一权利或要求的性质通知卖方，即丧失了上述（1）项和（2）项下的权利。

4.2.2　买方义务

------- 案例 1 -------

意大利卖方与西班牙买方纠纷案

【案例正文】◼━━━━━━━

意大利卖方向西班牙买方出售了工业用路面清洗机，后来买方以发票未附西班牙官方语言翻译件及无简式交货记录为由拒绝付款，卖方便提起了诉讼。西班牙巴塞罗那省法院作出裁决，维持一审买方败诉的判决，并责令其承担上诉费用，理由是：本案是货物的国际销售，应适用意大利和西班牙都是缔约国的 1980 年《合同公约》，当事人应遵循国际交易中的诚信义务；卖方的意大利文和英文文件证据及各种电子邮件足以证明销售的存在和钱款未付，缺乏非官方语言的翻译件仅构成形式上的不正常；买方在向卖方邮寄的电子邮件中也使用过英语，买方的经理在答复中显示其充分辨识英语和意大利语发票上列明的货物。

【涉及的问题】◼━━━━━━━

谈谈此案例给你的启示。

【参考答案】◼━━━━━━━

买方应按合同规定的时间、地点、方式、币种和金额，支付价款。如合同中无规定，买方应依有关法律和规章规定的步骤和手续履行此项义务。就买方的付款义务而言，大陆法系国家和英美法系国家的规定虽然不尽相同，但都认为，买方的主要义务之一是付款。《合同公约》也规定付款为买方的主要义务之一。

------- 案例 2 -------

德国某卖方与俄罗斯某买方纠纷案

【案例正文】◼━━━━━━━

德国卖方向俄罗斯买方交付了一批机械设备。因买方未支付货款，卖方依据合同中的仲裁条款提出仲裁申请，要求买方支付价款并赔偿损失。

买方承认接收了货物，但提出未能付款的责任不在买方。买方已经指示其银行向卖方转账，但负责买方外汇交易的银行未按照买方指示将货款汇转给卖方。银行这样做的理由是：根据俄罗斯外汇管理法律的相关规定，企业必须在其自由兑换货币账户上有充足的外汇资金，而买方自由兑换货币账户上没有资金可用来支付货款。买方提出，没有可利用的外汇资金的事实是由于俄罗斯外汇管理法律的相关规定造成的，因此应将买方不履行合同义务的责任视为不可抗力。

【涉及的问题】

买方因外汇资金不足而未能如期付款，是否违反合同义务？

【参考答案】

仲裁庭拒绝了买方的要求。仲裁庭认为，在双方订立的合同中列明了免除双方不履行其合同义务的责任的不可抗力清单，买方缺乏外汇并未列入其中。而根据《合同公约》第 54 条的规定，买方支付货物价款的义务包括"根据合同或任何有关法律和规章的规定采取步骤和手续，以便支付价款"。本案中，买方仅仅指示其银行向卖方转账，但是没有确保有充足的外汇资金来支付价款，因此买方没有履行其支付价款的义务。仲裁庭裁决，买方支付价款并承担赔偿责任。

------ 案例 3 ------
木材买卖纠纷案

【案例正文】

具有波兰国籍的原告 J 每月作为卖方根据合同都向被告即德国籍的买方 B 交付一定数量的木材。本案争议中的橡木运抵波兰的一个堆场，装入集装箱封好后即运往一港口，再海运至数千千米以外的目的地，买方既没有检验货物，也没有促成他人检验。终端受让的另一买方在最终目的地才发现包括短量、太短在内的各种缺陷，被告拒绝全额支付货款。原告在波兰原审法院胜诉后，被告提起了上诉，波兰 Bialy-stok 上诉法院作出判决，认定被告败诉，理由是：除非当事人另有约定，应在根据《合同公约》第 31 条决定的交货地检验货物；本案中，该交货地为在波兰的集装箱装木材之地，当时在该处检验货物是合理的，而等到数千千米以外的最后目的地检验是不合理的；买方本应雇一代理人或要求货物的承运人在波兰的交货地检验货物；所声称的太短之类的缺陷在货物装进集装箱之前是可以通过日常检查发现的。

【涉及的问题】

谈谈此案例给你的启示。

【参考答案】

《合同公约》在第 58 条第 3 款规定，买方在未有机会对货物进行检验之前，无义务支付货款，除非此种检验货物的机会与当事人议定的交货或付款程序相抵触。

《合同公约》的这项规定主要是考虑到国际货物买卖的很大一部分属于单据买卖，卖方交付单据时，买方即应付款，而此时货物很可能仍在运输途中，买方根本无机会对货物进行检验。

案例 4

瑞士卖方与意大利买方买卖纠纷案

【案例正文】■━━━

瑞士卖方向意大利买方出售并负责安装调试一套环保装置。双方在合同中约定：合同订立后买方须支付 30% 的价款，装配开始时支付 30% 的价款，在安装完成时再支付 30% 的价款，最后 10% 的价款应在设备成功使用后支付。设备安装后，双方就设备是否符合合同要求发生争议，买方拒付价款。卖方依据 1988 年《卢加诺公约》第 5 条第 1 款向瑞士苏黎世商业法院起诉要求买方支付拖欠的价款，而买方对瑞士苏黎世商业法院的管辖权提出异议。瑞士苏黎世商业法院认定本法院对本案有司法管辖权，买方就管辖权争议向瑞士联邦法院上诉。

【涉及的问题】■━━━

本案该如何处理？

【参考答案】■━━━

瑞士联邦法院依据 1988 年《卢加诺公约》第 5 条第 1 款确认了瑞士苏黎世商业法院有管辖权。

瑞士联邦法院还认定了《合同公约》应适用于本本案（《合同公约》第 1 条第 1 款 a 项）。在当事人没有就支付价款的地点作出约定的情况下，卖方营业地应当被认定为付款地（《合同公约》第 57 条第 1 款 a 项）而不是货物交付地（《合同公约》第 57 条第 1 款 b 项）。瑞士联邦法院指出，只有买方没有义务在任何其他特定时间内支付价款、买卖双方的相关义务应当同时履行时，才有可能援引《合同公约》第 58 条第 1 款规定将交货地作为付款义务地，从而导致《合同公约》第 57 条第 1 款 b 项的适用。而本案并非如此，由于买方应当根据卖方履行义务的进度分期支付价款，这应视为双方当事人减损了同时履约的原则，即不再以交付货物作为付款的前提条件，因此不能再将货物交付地视为付款地点。这种情况下，应将卖方营业地苏黎世作为付款义务地。

案例 5

鞋子买卖纠纷案

【案例正文】■━━━

德国买方向瑞士卖方订购了一批鞋子。合同规定这些鞋子应分 4 批交付，货款按规定在每月的一个固定日期支付。但是，买方在收到最后一批货物的 10 周后才支付了货款。卖方起诉买方，要求支付延迟付款所产生的利息以及其他费用。买方抗辩说，除了发票外，并没有收到卖方提出的任何付款要求。另外，买方还提出因卖方交货迟延，影响了这些鞋子的季节性销售。

【涉及的问题】 ■——————————————————————

本案该如何处理？

【参考答案】 ■——————————————————————

根据《合同公约》第 59 条和第 78 条的规定，卖方有权收取价款的利息，利息自每笔款项应当支付之日起计算。买方应当在约定的日期立即付款，无须卖方对此提出任何要求。利率应依据国际私法规则确定所适用的国内法，本案应适用卖方营业地的法律，即瑞士的法律，因而法院适用瑞士法的利率作出判决。同时，根据《合同公约》第 74 条，卖方有权获得其所支付的代理人费用，作为买方延迟付款所造成的损失的补偿。

对于买方提出的卖方延迟交货问题，《合同公约》第 39 条规定，买方没有在合理时间内发出通知，因而丧失了主张延迟交货的权利。对于季节性商品与合同不符，应当自发现或已经发现这种不符之日起迅速提出。本案中买方最迟也应当在一个月内提出，而买方未能满足这一要求。

-------- 案例 6 --------

绿豆买卖纠纷案

【案例正文】 ■——————————————————————

卖方与买方以 FOB 条件签订了一份绿豆销售合同。合同规定以不可撤销的信用证支付货款；货物将由卖方所在国的检验局进行检验。随后，双方经协商对合同价格作出了修改，并确定了装船日期。

卖方按照约定期限将货物运到装运港，并给买方发传真，告知货物已准备就绪，可以装船。卖方所在国的检验局在港口对货物进行了检验并签发检验证书。然而，直到过了装船日期，买方还是没有指定装运船只，也没有答复卖方将货物装船的要求。一个星期之后，买方致函卖方"发现部分货物变色"，并声称将请 SGS 检验货物。卖方答复买方：合同中并没有这样的规定，这样做令人无法接受，继续要求买方派船将货物运走。此后不久，买方答复卖方：SGS 认定货物不符合合同要求，不会派船装运。

货物一直存放在港口，为了减少损失，在买方签发的信用证过期后，卖方将货物转售，并提出仲裁申请，向买方索取损害赔偿，要求损害赔偿的范围包括：价格差、货物损失、二次熏蒸费、工厂检验费、仓储费和银行贷款利息。

【涉及的问题】

仲裁庭会不会支持卖方的请求？

【参考答案】

仲裁庭会支持卖方的请求。鉴于双方营业地的所在国都是《合同公约》的缔约国，认定《合同公约》适用于本案。

根据《合同公约》第 60 条规定的买方的基本义务，采取一切理应采取的行动，以期卖方能交付货物，仲裁庭认定，含有 FOB 条款的合同中规定买方承担租船义务，保证货物在规定日期内在指定港口装船。本案中，由于买方拒绝派船装货，导致卖方无法履行合同。买方的行为不仅违反了《合同公约》第 60 条 a 项对买方基本义务的规定，而且这种违约构成了《合同公约》第 25 条规定的根本性违约。对于买方的主张，仲裁庭认定，合同并没有规定由 SGS 来检验货物，而且卖方已经履行了义务，提供卖方所在国检验局签发的检验证书，检验证书证明货物符合合同要求。即使在卖方给予买方额外的延长时间之后，买方还是没有履行义务，致使卖方无法交付货物。

因此，仲裁庭裁定买方须向卖方支付合同价格与转售价格之间的差价，并支付二次熏蒸费、仓储费和银行贷款利息。

---------- 案例 7 ----------

中国卖方与瑞士买方买卖纠纷案

【案例正文】

中国卖方与瑞士买方以销售确认书的形式订立了一份钼合金出口合同。后来，由于买方未按约定开具信用证，且拒绝采取补救措施，卖方将货物另行出售，并提出仲裁申请，要求买方赔偿损失。

买方抗辩说，未按时开具信用证是因为可供检验的时间太紧，卖方缺乏按时履行合同的意向，而且在双方发生争议后卖方未在合理时间内采取必要的措施减轻损失；卖方则认为，买方拒绝开具信用证是因为当时钼合金的国际市场价格下降，买方不愿意履行合同。

【涉及的问题】

本案该如何处理？

【参考答案】

仲裁庭认为，双方当事人之间的合同已经有效订立，而承运人提供的证据也足以证明卖方已经申请装运货物，而买方则缺乏证据证明货物未在到期日装运。因此，买方无任何理由拒绝开具信用证或者主张撤销合同。仲裁庭认为，买方未按合同的约定期限开具信用证的行为，显示其缺乏按合同约定付款的意向，这已经违反了《合同公约》第 60 条对买方基本义务的规定，构成了对合同的根本性违约。因此买方应按照《合同公约》第 74 条的规定承担违反合同的全部赔偿责任。

另外，依据《合同公约》第 75 条、第 78 条，仲裁庭支持卖方对于差价的索赔请求，并裁决卖方有权获得差价利息。对于买方声称卖方未在合理时间内采取合理措施减轻损害的主张（《合同公约》第 77 条），因证据不足，仲裁庭予以驳回。

------- 案例 8 -------

女鞋买卖纠纷案

【案例正文】 ■——————————————————————

一家德国贸易公司（被告）向一家意大利制鞋商（原告）订购一批女鞋，但拒绝支付部分购货价款，理由是原告未在合同规定的期限内发货，并且鞋子不符合合同的规定。

【涉及的问题】 ■——————————————————————

此案该如何处理？

【参考答案】 ■——————————————————————

法院认为，根据《合同公约》第 49 条第（1）款和第 81 条第（1）款的规定，被告既未能证明原告不履行合同义务构成根本性违约，又未能证明原告未在被告规定的额外时间交付货物（因为被告并未规定原告必须发货的期限），因此被告无权宣布合同无效并拒绝付款。法院注意到，被告未具体说明鞋子与合同不符是略低于标准（如在此种情况下，不足以构成根本性违约，被告可以采取降低价格或索赔等措施，但不能宣告合同无效），还是完全不适合转售（如在此种情况下，可以构成根本性违约，被告可宣告合同无效）。法院认为，在原告履行义务不符合合同规定但尚未构成根本性违约时，被告仍然有义务按照《合同公约》第 60 条的规定收取货物。

本案中，被告未能向法院提供充分的证据支持其主张。因而，法院判令被告支付价款及利息，并判决原告有权对因拖欠付款造成的损失继续提出索赔。利率按照应适用的国内法确定，按照国际私法规定，意大利法律适用于本案，法院根据意大利法律的规定，判决按 10% 的利率支付利息。由于双方当事人没有约定具体的付款时间，应按《合同公约》第 58 条的规定来确定付款何时到期，并以此作为价款应付时间和利息计算时间。

------- 案例 9 -------

卡尔卡都·马缇尼实业公司诉马克斯鞋业公司案

【案例正文】 ■——————————————————————

被告马克斯鞋业公司是一家巴西的制鞋商，与原告卡尔卡都·马缇尼实业公司达成了出售 12 042 双鞋子的合同。原告先付了一部分款项，到收取鞋子时，原告经检验发现不少鞋子有裂痕和脱皮，于是立即停止付款并通知被告拒收货物。被告对此无反应。两个月后，原告将鞋子送往另一家公司修理，然后予以出售，并留下钱款。卖方诉向美国法院讨取货款，一审法院认为，在未获得卖方指示的情况下，买方通过将货物修理和出售的方式采取了与卖方所有权不相称的行为，构成了对货物的接受，因此应向卖方付款，但买方可以扣除修理费。买方对此判决不服而上诉，马萨诸塞州上诉法院最后确认了一审判决。

【涉及的问题】

谈谈此案例给你的启示。

【参考答案】

英美法系国家关于买方接受货物的规定较为具体。美国《统一商法典》第 2-515A 条和第 2-606 条规定，出现下列三种情况之一的，即视为买方接受了货物：（1）买方拥有合理机会检验货物之后向卖方明确表示接受货物；（2）买方拥有合理机会检验货物之后在合理的时间内未表示拒绝接受货物；（3）卖方交货后，买方对货物采取了与卖方所有权不相称的行为。不过，在货物确实与合同不符而买方以上述三种方式之一接受了货物时，买方因货物与合同不符而产生的降价权或索赔权并不受影响，他只是不能再要求解除合同。

4.2.3 违反买卖合同的补救方法

------ 案例 1 ------

新加坡 A 公司与德国 B 公司采购合同纠纷案

【案例正文】

新加坡 A 公司与德国 B 公司签订采购合同，约定：新加坡 A 公司向德国 B 公司采购燃料级石油焦 25 000 吨，数量可有 10% 浮动，石油焦的 HGI 指数典型值为 36~46；石油焦的装货港为加利福尼亚匹兹堡港，目的港为中国港口，具体港口由中国 A 公司确定；由双方确认的独立检验人在装货港船上采样检验并出具检验证书，该检测结果是终局的并对双方有约束力；新加坡 A 公司有权在卸货港对石油焦的数量和品质进行检验，德国 B 公司有权委托独立检验人见证上述检验过程并自行承担相应费用。如果新加坡 A 公司发现石油焦的品质或数量与在装货港确定的品质或数量不符，其应向德国 B 公司发出索赔通知，并有权在石油焦到达目的港之日起 60 日内向德国 B 公司提出索赔；本合同应当根据美国纽约州当时有效的法律订立、管辖和解释。同年 8 月 8 日，双方认可的检验人 C 公司在装货港出具的检验证书载明，石油焦的 HGI 指数为 32。

新加坡 A 公司认为德国 B 公司构成根本性违约，起诉请求判令解除合同、返还货款并赔偿损失。江苏省高级人民法院一审认为，根据《合同公约》的有关规定，德国 B 公司提供的石油焦 HGI 指数远低于合同约定标准，导致石油焦难以在国内市场销售，签订买卖合同时的预期目的无法实现，故德国 B 公司的行为构成根本违约。判决支持新加坡 A 公司的诉讼请求。

德国 B 公司提出了上诉，最终，中华人民共和国最高人民法院终审撤销原判，改判德国 B 公司承担部分货款及堆存费损失。

【涉及的问题】 ▅━━━━━━━━━━━━━━━━━━━━━

谈谈你对此案例的看法。

【参考答案】 ▅━━━━━━━━━━━━━━━━━━━━━━

该国际货物买卖合同纠纷的双方当事人营业地分别位于新加坡和德国，当事人在合同中约定适用美国法律；新加坡、德国、美国均为《合同公约》的缔约国，当事人未排除公约的适用，因此本案的审理应首先适用《合同公约》。

对于审理案件中涉及的问题，公约没有规定的，例如合同效力问题、所有权转移问题，应当适用当事人选择的美国法律；根据《合同公约》的规定，德国 B 公司交付的货物与合同约定不符，构成违约，但新加坡 A 公司能够以合理价格予以转售货物，不构成公约规定的根本违约情形。

```
------------------------------ 案例 2 ------------------------------
塞浦路斯卖方与白俄罗斯买方贸易纠纷案
```

【案例正文】 ▅━━━━━━━━━━━━━━━━━━━━━━

本案当事人之间订立的合同规定：被告作为卖方应在一特定的时间段内为作为买方的原告生产并移交机械和设备部件等货物；原告应预付货款，在不遵守预付截止日期的情况下，可延长交货截止日期。尽管买方预付过货款，但未能按照合同规定的截止日期预付。另外，尽管原告对每份合同支付了全部预付款，但被告只交付了部分货物并表示要中止履行其在合同下的义务。白俄罗斯工商会国际仲裁院裁定原告胜诉。

【涉及的问题】 ▅━━━━━━━━━━━━━━━━━━━━━

谈谈你对此案例的看法。

【参考答案】 ▅━━━━━━━━━━━━━━━━━━━━━━

《合同公约》第 71 条规定，只有明显看到对方的信用、准备履行或履行方面有严重缺陷以致将不能履行其主要义务的情况下，才能行使中止本方履行义务的权利，且要立即通知对方，并在对方提供适当担保的情况下继续履行本方的义务。本案的被告没有满足该条件，其中止履行合同义务的行为不具有正当性。

案例 3

皮革买卖纠纷案

【案例正文】◼──────────────────────────

波兰卖方与德国买方签订了 4 400 平方米用于生产德国军用鞋的皮革的销售合同。卖方按照合同约定直接将皮革交付给了一家德国第三方制鞋商，但买方没有查验货物。随后，德国联邦国防和供应局检验后发现货物不符合有关规格。德国制鞋商通知了买方并将已制造的所有鞋子退回了买方，买方随后就此不合格情况通知了卖方，另给 3 天时间，要求卖方交付替代货物，卖方拒绝。买方随后宣告合同无效，而卖方则起诉了买方，要求支付价款。

下级法院驳回卖方要求支付价款的诉讼请求，卖方将案件上诉到波兰最高法院。

【涉及的问题】◼──────────────────────────

此案例该如何处理？

【参考答案】◼──────────────────────────

根据《合同公约》第 1 条第 1 款 a 项的规定，由于双方当事人的营业地分别位于不同的缔约国境内，波兰最高法院首先认定本案适用于《合同公约》。

波兰最高法院认为，不履行合同与其他违约行为之间不应有任何区别。根据《合同公约》第 35 条的规定，交付的货物不符合规格（无论是通常用途还是特定用途）就是一种违约行为，但是，货物不符合规格并不意味着可根据《合同公约》第 46 条第 2 款的规定要求卖方交付替代货物，除非存在《合同公约》第 25 条规定的根本性违约。

波兰最高法院认为，下级法院并没有正确解释《合同公约》第 46 条第 2 款，因为该条款所处理的问题是赋予买方要求卖方交付替代货物的权利，并非因此而自动给予买方停止付款的权利，并且本案中卖方交付的货物与合同不符是否构成根本性违约，也需要证据的支持。下级法院认为：一般而言，如果货物不符合合同，在卖方根本性违约的情况下，买方有权根据《合同公约》第 46 条第 2 款的规定要求卖方交付替代货物，同时也有权拒付价款，直至卖方履行其合同义务。但波兰最高法院认为下级法院并未解决这些事实与依据问题。波兰最高法院最终裁决，本案发回下级法院重审。

案例 4

埃及买方与德国卖方口头合同纠纷案

【案例正文】◼──────────────────────────

原告为埃及一买方，被告为德国一卖方，原告以口头方式向被告订购了 9 台旧印刷机。双方议定分两批装运：第一批6台机器，第二批3台机器；原告必须在第一批货物装运之前支付大部分合同价款。原告支付了约定的部分价款后，被告只交付了3台机器，价值远远低于原告已经支付的价款。原告数次要求发运短缺的机器，并在两批货物的交货期均届满后规定了11天的额外时间要求被告交付剩余的全部机器，但被告没有在该期限内交货（在该期限内，被告交付了几台并非合同所约定的机器，但原告拒收。随后不久，被告又提议要在预先付款条件下发运货物，也被原告拒绝）。在确定额外的交货期之后又过了7个星期，原告宣告合同无效，提起诉讼，要求被告赔偿因迟延交货和部分未交货所造成的损失，并要求被告返还原告支付价款中超出实际收到货物部分的价款。

【涉及的问题】

此案例该如何处理？

【参考答案】

依据《合同公约》第1条第1款 a 项的规定，法院认定《合同公约》适用于本案。

根据《合同公约》第47条第1款以及第49条第1款的规定，法院认为，被告未能在原告确定的额外时间内履行合同义务，因此原告有权宣告合同无效。

根据《合同公约》第47条的规定，法院指出，即使11天的额外交货时间或许太短，但在通知与实际宣告合同无效之间的时间（7个星期）是合理的。被告在此期间提出在预付款条件下发运货物是毫无根据的，因为预付整个合同价款违反了合同预定的条款（法院没有解释这是否可以理解为卖方"声称其将不在所规定的时间内履行义务"。但法院发现，这段时间卖方曾经通知买方称其已经将买方订的货物转售他人，法院认为卖方这种最后、明确且无正当理由地拒绝履行其合同义务，已经构成根本性违约）。法院进一步解释：被告交付了部分货物的事实并不影响原告宣告合同的剩余部分无效的权利。

法院判决，原告有权要求被告退还超出实际交付货物部分的价款并有权获得利息，利率依据所适用的国内法《德国民法典》来确定。

案例5
意大利卖方与法国买方合同纠纷案

【案例正文】

意大利卖方与法国买方签订合同，出售2台高科技设备。在卖方厂内进行的先期检验结束后2个星期内，买方向卖方在法国的代理人发出信函，将设备与合同不符的情形通知了卖方，并特别指出在下一次检测前应进行哪些改进。

1个月后，买方在第二次测试结束后立即通知了卖方：除非卖方对设备出现的问题作出必要的修理，否则买方将拒收设备。后来，卖方提议先将设备在买方厂内安装后再行测试、修理，买方对此表示接受，但同时表明：在规定的日期前完成修理工作至关重要。由于卖方修理后的设备仍然未达到要求，买方以设备与合同不符为由宣告解除合同，双方发生诉讼。

初审法院作出有利于买方的判决后，卖方上诉，认为买方没有在《合同公约》规定的合理期间内宣告合同无效，因而已经丧失了宣告合同无效的权利。

【涉及的问题】 ■

此案例该如何处理？

【参考答案】 ■

上诉法院应支持卖方的诉求。卖方提议先将设备在买方厂内安装后再行测试、修理，买方对此表示接受，这应视为买方按照《合同公约》第 47 条第 1 款的规定给予了卖方一段合理的额外时间。在第 1 台设备交付 6 个月后以及第 2 台设备交付 11 个月后，买方都向卖方写信说明存在的缺陷。法院认为，这些通知符合《合同公约》的规定，并且买方在报告这些设备缺陷时要求卖方进行修理，完全符合《合同公约》第 46 条第 3 款的规定。在卖方表示愿意对设备进行修理时，买方给予了卖方一段额外的时间以履行其义务，法院考察了设备修理的难度之后认为，这段额外的时间是合理的，符合《合同公约》第 47 条的规定。

由于卖方未能在买方规定的额外时间内修理好设备，因此买方无法按预期的用途使用。法院认为，买方有权宣告合同无效，因为设备的缺陷已经在实质上剥夺了买方有权期待从合同中得到的东西。买方在按《合同公约》第 47 条规定给予卖方的额外修理期届满后及时通知卖方宣告合同无效，也完全符合《合同公约》第 49 条第 2 款的规定。

案例6
英国买方与德国卖方合同纠纷案

【案例正文】 ■

英国买方和德国卖方订立了一份合同，供应来自中国的铁钼合金。合同主要条件包括：铁钼合金总量为 18 000 千克；钼含量不低于 64%；每千克 9.7 美元；CIF 鹿特丹；因不可抗力原因致使卖方不能交货或者迟延交货，卖方免责等。合同签订后不久，卖方提出根据市场价格的波动涨价的建议，被买方拒绝。随后，卖方提议买方接受钼含量略低（约 60%）的铁钼合金并要求延期交货。买方接受钼含量略低的提议但确定了一个最后交货期。因卖方没有收到中国供货商提交的货物，在附加的交货期限到期之后卖方仍然未向买方交货。于是买方提出诉讼，要求卖方赔偿损失。

【涉及的问题】

此案例该如何处理?

【参考答案】

法院应支持买方的主张。按照《合同公约》第 49 条第 1 款 a 项和 b 项的规定,合同已宣告无效。对于《合同公约》第 49 条第 1 款 a 项,虽然时间的拖延一般不被认为是根本性违约,但如果在特定时间内交货对买方来说有特别的利益关系,而这一点又是在签订合同时可以预见的,根据《合同公约》第 25 条规定,卖方构成根本性违约。同时,国际贸易术语 CIF 的定义决定了该合同是限期交货的交易;对于《合同公约》第 49 条第 1 款 b 项,买方依照《合同公约》第 47 条第 1 款的规定确定了额外的交货限期,而卖方在该期限内仍然未能交货。

无论是根据该合同的不可抗力条款,还是根据《合同公约》的有关规定,卖方均不能因为自己没有收到中国供货商提交的货物而免除赔偿责任,卖方应当自己承担中国供应商延期交付货物的风险。

------------ 案例 7 ------------

意大利卖方与德国买方合同纠纷案

【案例正文】

卖方为一意大利制造商,向德国一买方公司出售一批鞋子。卖方交付了大部分货物,其中一些货物交货迟延,另有一部分货物尚未交付。买方认为自己有权就卖方的迟延交货扣减货款,因而未全额支付货款。卖方提起诉讼,要求买方支付已交货物的全部货款。买方则以卖方未能交付议定的数量,由此造成的损失主张抵销。而且,买方声称有权暂停付款,直至卖方交付完议定的数量。

【涉及的问题】

此案例该如何处理?

【参考答案】

法院应支持卖方的索偿要求。买方只有宣布合同无效,才有权利提出损害赔偿要求。而根据《合同公约》第 49 条第 1 款及第 47 条的规定,宣布合同无效的先决条件是:卖方根本性违约,或者卖方未能在买方确定的额外期限之内交货。而在本案中,第一,部分交货并不构成根本性违约,因为这并未剥夺买方依据合同的合理期待;第二,根据《合同公约》第 25 条的规定,卖方没有在议定的期限内交货,只有在按期交货对买方特别重要,而且卖方能预测买方宁愿卖方不交货也不希望延迟交货(如涉及季节性商品的交易)的情况下,才能构成根本性违约,而本案不属于这种情形。在这种情况下,买方应当按照《合同公约》第 47 条的规定确定一段合理的额外时间让卖方履行其义务。但是在本案中,买方催促卖方立即交货却没有确定具体的履约期限，因此，买方行为并不符合《合同公约》第 47 条第 1 款的规定。由于买方未能证实其确定了交货的附加期限。因此根据《合同公约》第 49 条第 1 款 b 项的规定，买方不能宣布合同无效。

由于卖方已部分履约，卖方有权就已交货部分要求付款。而买方无权停止部分付款而等待交付未付货物，因为在卖方已经部分交货的情况下，双方的争议已经不属于卖方未来"显然将不履行其大部分义务"的问题，而是履行义务是否符合合同的问题。在这种情况下，买方仍然应当根据《合同公约》第 49 条第 1 款的规定，在根本性违约的情况下宣告合同无效，或者根据《合同公约》第 47 条、第 49 条第 1 款 b 项的规定，确定一段合理的额外时间让卖方履行义务。但无论如何买方都无权终止履行合同。

---------- 案例 8 ----------

毛线衫买卖合同纠纷案

【案例正文】 ■

匈牙利卖方向美国买方出售一批毛线衫。货物交付后，买方声称货物有缺陷，拒绝付款并要求损害赔偿。依据美国《统一商法典》第 2-714 条第 2 款的规定，所交付的货物与合同不符时，损害赔偿的计算应当以"所收到的货物的价值（the value of the goods accepted）"与"货物符合要求时应当具有的价值（the value they would have had if they had been as warranted）"之间的差价计算。争议发生在应当如何认定"所收到的货物的价值"，买方主张请专业人士鉴定后确定货物的价值，卖方主张以买方将货物出售给第三方时实际获得的价格为标准。

【涉及的问题】 ■

此案该如何处理？

【参考答案】 ■

法院应支持卖方的主张，要求买方提供转售这些货物的有关文件。虽然匈牙利与美国均为《合同公约》的缔约国，但法院在作出这项判决时并未明确认定这个合同是否适用于《合同公约》。虽然法院援引美国《统一商法典》第 2-714 条的规定，但是也参照了《合同公约》第 50 条的规定。法院认为，这两个条款基本是一致的，对前者的解释同样适合于后者。

---------- 案例 9 ----------

鞋子销售合同纠纷案

【案例正文】 ■

德国买方与意大利卖方订立了一份鞋子销售合同。买方认为自己有权在价款中扣除因卖方迟延交货所造成的损失，因而未向卖方付款。卖方向法院起诉，要求买方支付全部价款并赔偿利息损失；买方提出反诉，认为自己有权在价款中抵销因卖方未交付另一批鞋子而给其造成的损失。

【涉及的问题】 ■————————————————————————

此案该如何处理？

【参考答案】 ■————————————————————————

买方无权要求减价，因为《合同公约》第 50 条规定的减价权这种救济方式并不适用于迟延交货这类行为所造成的损失。买方的另一项主张，即卖方未交付另一批鞋子而给其造成了损失，也不能得到法院的支持，因为买方未能提供证据证明这种损失的存在。若想得到这种损害赔偿，买方必须证明其客户坚持要卖方所未能交付的那种鞋子而拒绝接受其他替代品。根据《合同公约》第 78 条规定，卖方有权获得全部价款及利息。

---------- **案例 10** ----------

印刷设备买卖纠纷案

【案例正文】 ■————————————————————————

法国买方向意大利卖方订购了一套印刷设备，意图将其安装到自己正在建设的新厂中。首期付款后，买方既未补足差额，也未按期提取货物。在交货和付款期满 2 个月后，意大利卖方依据《意大利民法典》的规定，向买方发出通知，要求买方在 15 日内提货，否则将宣告解除终止合同。买方没有在 15 日内提货。此后，卖方随后又通知买方一次，买方仍然没有提货。于是，卖方对买方提起诉讼，宣告解除合同并要求损害赔偿。买方提出抗辩：不能按最初商定的期限提取货物是由于其建设的厂房未能按期完工，情况超出了买方控制范围，并且买方曾请求延长交货期限，而卖方已接受了此请求，因而是卖方违反了合同，应返还买方预付的货款。初审法院依据意大利法律判决买方胜诉。卖方上诉。

【涉及的问题】 ■————————————————————————

此案该如何处理？

【参考答案】 ■————————————————————————

上诉法院首先认定本案适用于《合同公约》而不是意大利法律。

其次，卖方要求买方提货的通知实际上是按照《合同公约》第 63 条第 1 款的规定给予了买方一段额外的时间，让买方履行合同义务。此后，卖方又一次延长宽限期，从交货日期到卖方延长的宽限期的结束，共计约 2 个半月，这符合《合同公约》第 63 条第 1 款所规定的合理期限的要求。由于买方没有在卖方规定的这段额外的合理期限内履行义务，卖方有权依据《合同公约》第 64 条第 1 款 b 项宣告合同无效，合同自宽限期届满之日起无效。

最后，厂房修建的意外推迟不可作为违反合同的理由。该问题应根据有关国内法予以解决，本案按照意大利法律，买方同样不能以这个理由违反合同。

根据《合同公约》第 75 条规定，卖方有权获得合同价款与替代交易价款之间的差价。根据《合同公约》第 63 条规定，给予买方一段合理的额外时间以履行义务的期限到期后 6 个月内转售这套印刷设备，仍然可以认为卖方是在合理时间内采取了行动（其中考虑卖方给予买方的额外时间以及转售这台设备需要的时间）。但法院并不支持卖方其他损害赔偿的要求，因为卖方未能提供相关证据。

--------- 案例 11 ---------
废钢销售合同纠纷案

【案例正文】 ■

澳大利亚卖方与马来西亚买方达成一项 30 000 公吨允许 10% 数量变动的废钢销售合同。根据双方达成的书面协议，卖方需要于 7 月在任意一澳大利亚港口将货物装船，买方应在货物装运之前开立以卖方为受益人的不可撤销信用证，支付货款。

经过进一步的协商，双方同意由卖方在 8 月或 9 月发运合同项下的废钢，买方应在 8 月 1 日开出有效期为 60 天的信用证。但是到了 7 月，买方的管理层和内部管理结构发生变动，这种变动导致买方开出信用证的程序发生变化：只有经过买方的执行委员会同意，才可以发出信用证。卖方于 7 月 31 日向买方递交了租船的详细信息、货物装船信息和可能的到达时间。

由于买方的执行委员会未作出相关决议，买方没有应卖方要求提供信用证。卖方随后以书面方式通知买方：销售合同项下的废钢将于 8 月 8 日开始装运，买方必须在 8 月 7 日之前开出信用证；若买方未能及时开出信用证，卖方将认为买方违反合同，并将采取进一步措施处理该批废钢、撤销租船订舱合同，向买方要求损害赔偿。

8 月 7 日，买方回复卖方称：新的交易安排仍在研究之中。卖方于 8 月 8 日再次要求买方在 8 月 9 日中午之前对是否将信守合同发出信用证进行确认。因买方无法在执行委员会召开之前给出答复，卖方在当天终止了合同，并起诉买方要求损害赔偿。

【涉及的问题】 ■
买方未能如期开出信用证的行为是否属于根本性违约？

【参考答案】 ■
根据合同的性质以及双方当事人之间的交易关系，一旦卖方递交租船的详细信息，买方就应立即开出信用证。根据《合同公约》第 64 条规定，如果买方不履行任何义务，构成根本性违约，卖方就可以宣布合同无效。

根据《合同公约》第 54 条规定，买方的一项基本义务就是"支付价款"。这种义务包括根据合同或任何法律法规采取相应的步骤和办理必要的手续，以便支付价款。在本案中，买方没有及时开出信用证就是没有履行这项义务。从法律的角度来讲，买方管理机构的改变（经执行委员会批准才能开出信用证，而执行委员会拒绝了该请求）不能成为其没有及时开出信用证的理由。

因此，法院判卖方胜诉，买方须赔偿卖方包括利息在内的所有损失。赔偿金以美元计算，因为美元是双方销售合同所使用的货币。

4.3 货物所有权与风险的转移

4.3.1 所有权的转移

案例 1

P 实业公司诉 U 公司案

【案例正文】

原告 P 实业公司同意以 FOB 装运港条件分四次向被告 U 公司出售价值 955 000 美元的机器设备，被告先付了 295 000 美元，余款则于每次装运时支付。原告将大部分机器设备运给了被告委托的工程咨询公司。由于被告产品的海外买方毁约，被告于当年 10 月通知原告终止履行。原告却未采取任何措施停止交付或取回已交给咨询公司的货物。直到当年 12 月 28 日，原告才通知咨询公司停止向被告交货。因违反贷款合同，被告的贷款人行使了担保权，扣押了咨询公司处的机器设备。原告认为，在得到付款前自己并无意图转移所有权，自己与咨询公司也达成了一项让后者作为自己货物保管人的谅解协议，因此，货物所有权仍属于自己。但次年美国宾夕法尼亚州法院判决被告胜诉，理由是：依据美国《统一商法典》规定，在 FOB 合同下，货物在卖方所在地交给独立承运人的时间即为实际交货时间，所有权在货物交给独立承运人时转移给买方。

【涉及的问题】

谈谈你对此案例的看法。

【参考答案】

此案例涉及货物所有权的转移问题，各国一般都承认当事人以约定的方式决定货物所有权的转移时间。在当事人没有约定的情况下，世界上关于货物所有权转移的代表性原则主要有以下三种：（1）以合同成立的时间作为所有权的转移时间；（2）以交货的时间作为所有权的转移时间；（3）货物特定化之后直至卖方放弃对货物处分权时，所有权转移给买方。采用第一个原则的国家主要有法国、意大利、比利时和葡萄牙等国，采用第二个原则的国家主要有美国、德国、荷兰和西班牙及中国等国，英国等国则采用第三个原则。但很多国家的货物买卖法中具体的规则很可能相互交叉。此案例涉及美国《统一商法典》，其第 2-105（2）条也规定，在特定化（Identification）之前，货物的所有权不转移给买方。在英美等国家，所谓"特定化"，是指将特定货物指定划归为合同下货物的行为。尽管如此，美国《统一商法典》第 2 条第 4 款第 1 项第 2 目规定，除非有相反的明示规定，所有权自货物实际交付的时间和地点转移给买方。可见，美国仍属于采用交货时间决定所有权转移时间的国家。此案例就说明了这一点。

案例 2

英美法系中货物的特定化问题

【案例正文】

A 以 CIF 条件从阿根廷进口 3 000 吨小麦，并将其中 1 000 吨小麦转卖给 B，B 已经付清价款。但在货物运达英国港口之前，A 宣告破产，其所有财产（包括这 3 000 吨小麦）被列入破产财产清单进行破产清算。B 得知消息后，向主持破产清算的官员主张：这 3 000 吨小麦中的 1 000 吨小麦已经转卖给 B，并且 B 已经付清价款，应归还给 B。这一要求被官员拒绝。

【涉及的问题】

已经转卖给 B 的 1 000 吨小麦是否应归还给 B？

【参考答案】

不能。尽管 A 已经明确将 1 000 吨小麦转卖给 B，而且 B 也已经付清价款，但是这 1 000 吨小麦仍然属于 3 000 吨小麦的一部分，尚未特定化，因此小麦的所有权没有转移给 B。B 只能作为一般债权人参加破产清算，不能要求官员归还这 1 000 吨小麦。

案例 3

原油的所有权权属问题案

【案例正文】

某年 11 月，A 公司从 B 油田购买了一船原油，欲在上海进行加工销售，双方签有表明购油意向的书面协议和补充协议，其中规定"在油款未到之前，油轮不得离开浅海油区"。A 公司将原油两次装入"长虹 901"轮。同年 11 月 12 日，因债务纠纷，C 公司向某海事法院起诉 A 公司并申请对"长虹 901"轮所载原油进行诉前保全。同年 11 月 13 日，海事法院裁定"扣押装载在'长虹 901'轮属于 A 公司所有的原油 4 000 吨"，并于同年 12 月对该批被保全的原油进行变卖，得款 318.7 万元，由海事法院保存。次年 5 月 30 日，该海事法院判令 A 公司向 B 公司支付拖欠款项共计 318.7 万元人民币。

在海事法院对被保全原油的所有权权属问题正式函告 B 油田后，该油田向法院提出异议，认为根据协议，A 公司尚未付清油款，被扣押的"长虹 901"轮所载原油的所有权属于该油田而不属于 A 公司。

【涉及的问题】

根据中国的国内法，被扣押的"长虹 901"轮所载原油的所有权应当属于谁？

【参考答案】

应属于 A 公司。根据中国国内法的规定，除法律另有规定或当事人另有约定之外，标的物所有权自标的物交付时转移。本案中，尽管在双方签订的表明购油意向的书面协议和补充协议中，规定了"在油款未到之前，油轮不得离开浅海油区"，然而并未表明卖方保留所有权的意思。因此，该批原油的所有权仍按中国国内法的规定，自标的物交付装船时转移给买方所有。法院有权判令 A 公司以该款偿还债务，B 油田只能向 A 公司要求支付油款，不能对该批原油的所有权提出要求。

案例 4

法国卖方与美国买方合同纠纷案

【案例正文】

一家营业地点在法国的卖方向一家营业地点在美国的伊利诺伊州的买方销售一批钢板。双方当事人在合同中规定，在买方支付全部购货价款之前，卖方保留对钢板的所有权。卖方按照合同规定交付了货物，买方接收了钢板后却没有支付价款。卖方对买方提起诉讼，要求收回对这批钢板的所有权。在诉讼程序中，法院根据买方提供的相关证据，发现买方已以这批钢板向一家银行设定了物权担保，该银行已按法律要求的程序，采取适当步骤公告其物权。

【涉及的问题】

卖方是否有权从买方手中收回已卖给买方但买方尚未付款的钢板的所有权？卖方保留所有权条款与银行的物权担保的相对优先顺序应如何确定？

【参考答案】

本案当事人的营业地处于不同的缔约国境内，根据《合同公约》第 1 条第 1 款

a 项的规定，卖方和买方的权利与义务应当受《合同公约》管辖。但《合同公约》第 4 条规定，卖方保留所有权条款的效力不在《合同公约》涵盖范围内，因而必须适用相关的国内法来解决。

本案依据有关的国际私法规则，认定应适用美国国内法来确定保留所有权条款的法律影响，及卖方和银行的物权的相对优先顺序问题。根据美国国内法的原则，卖方在货物已发运或已交付给买方后，所保留的对货物的所有权，效力上只相当于保留担保权益，不能优先于银行已按法律要求的程序进行了公告（相当于大陆法系国家的登记）的担保物权。与所有权问题相关的第三方对货物的权利，无论产生于售前还是售后，都不在《合同公约》涵盖范围，考虑到第三方银行对钢板的权利，依据美国国内法的原则，卖方无权收回其对钢板的所有权。

4.3.2　风险的转移

------------------- 案例 1 -------------------
移动磁共振成像系统买卖纠纷案

【案例正文】■————————————————————————————

被告为一德国卖方公司，其向美国买方公司出售了一个移动磁共振成像系统，交货条款规定为"CIF 纽约港，买方安排并支付结关和运至最终目的地卡尔玛特市的费用"，该合同还订有一项所有权保留条款，该设备到达最终目的地之后进行最后付款，卖方在最后付款前保留对该设备的所有权。双方在合同中约定德国法律为适用法律。

买卖双方一致认为该设备在装运港装运时还处于运转良好状态，但在到达最终目的地时受损。两家美国保险公司（原告）对买方进行了赔偿，并作为买方索赔的代位人对卖方提起诉讼。

【涉及的问题】■————————————————————————————

在卖方保留对该设备的所有权情况下，货物风险何时转移给买方？

【参考答案】■————————————————————————————

根据《合同公约》第 1 条第 1 款 b 项规定，在国际私法规则导致适用某一缔约国法律时（德国当时已经是《合同公约》的缔约国），《合同公约》应予适用，且德国法院也出于类似原因将《合同公约》作为适用的德国法律应用。

法院驳回了原告提出的诉讼请求。根据 CIF 交货条款，在货物于装运港装船时，损失风险就已转移到买方。国际商会的《国际贸易术语解释通则》属于国际惯例，而根据《合同公约》第 9 条的规定，该惯例对当事人产生约束力，双方采用的 CIF 交货条款应根据《国际贸易术语解释通则》解释。德国法院也将《国际贸易术语解释通则》作为一个具有法律效力的商业惯例使用。

对于原告提出的一个重要理由，即由于被告保留对设备的所有权，因此损失风险不可能转移，法院予以驳回。法院援引《合同公约》第4条b项和第67条第1款的规定，认为《合同公约》对货物的损失风险和所有权转移做了区分，且损失风险超出了《合同公约》的范畴。

法院还指出，规定设备到达目的地之后进行最后付款的条款与损失风险的转移并不矛盾。

案例2
运输途中的货物的风险转移

【案例正文】▶

8月30日，大连某公司将一批玉米在大连装船，发往菲律宾马尼拉港，预计9月21日到达。在货物运输过程中，该大连公司开始寻找买主，并于9月14日与菲律宾B公司签订了出售该批玉米的合同。菲律宾B公司知道这批货物正在运输途中。

【涉及的问题】▶

（1）如果事后得知，该批玉米于9月18日在海上焚毁，根据《合同公约》的规定，菲律宾B公司是否有义务继续付款？

（2）如果菲律宾B公司收到这批货物后发现，货物已经在运输途中严重腐烂，但无法确定腐烂的时间，根据《合同公约》的规定，该批货物的风险应由谁承担？

【参考答案】▶

（1）如果事后得知，该批玉米于9月18日在海上焚毁，菲律宾B公司仍有义务继续付款。因为根据《合同公约》第68条的规定，对于在运输途中销售的货物，原则上从订立合同时起，风险转移到买方。

（2）如果菲律宾B公司收到这批货物后发现，货物已经在运输途中严重腐烂，但无法确定腐烂的时间，则该批货物的风险仍由菲律宾B公司承担。因为根据《合同公约》第68条的规定，如果情况需要，从货物交付给签发载有运输合同单据的承运人时起，风险转移到买方，除非"卖方在订立买卖合同时已知道或理应知道货物已经遗失或损坏，而卖方又不将这一事实告知买方"。

案例3
中国A公司与加拿大B公司合同纠纷案

【案例正文】▶

4月10日中国A公司以CIF条件向加拿大B公司订购了2 000吨小麦。5月

10 日，B 公司将 3 000 吨小麦装船，并通知 A 公司：其中 2 000 吨小麦属于 A 公司。5 月 20 日，载货船舶在运输途中遇险，致使该批小麦损失 2 000 吨，只有 1 000 吨小麦运抵目的港。B 公司认为出售给 A 公司的 2 000 吨小麦已经全部灭失，因为根据 CIF 条件，货物风险已经在装运港越过船舷时转移给了 A 公司。

【涉及的问题】

B 公司的主张是否符合《合同公约》的规定？

【参考答案】

不符合。根据《合同公约》的规定，如果货物并未确定在合同项下，风险不能转移给买方。虽然根据 CIF 条件，货物风险在装运港越过船舷时转移给买方，但是其前提是货物能够明确地划分在买方名下。尽管 B 公司在将 3 000 吨小麦装船后通知 A 公司：其中 2 000 吨小麦属于 A 公司，但是没有确定或无法确定哪 2 000 吨小麦属于 A 公司，即货物还没有特定化，因此，风险没有转移给 A 公司。

4.4　国际货物买卖中的产品责任问题

4.4.1　产品责任法概述

案例 1

陈某、林某诉日本三菱汽车工业株式会社损害赔偿案

【案例正文】

林某乘坐日本产三菱吉普车的途中，车前挡风玻璃突然爆破，林某受伤死亡。林某亲属将三菱公司告上法院，要求赔偿。某市中级人民法院认为，产品责任为无过错责任。对于产品是否有缺陷，法院认为举证责任应由生产者承担，"生产者如不能证明前挡风玻璃没有缺陷，而是受某一其他特定原因的作用发生爆破，就要承担产品责任"。由于三菱公司举证不能，最终法院判决被告败诉，赔偿原告交通费、住宿费、误工费、鉴定费、丧葬费、死者生前抚养人所必需的生活费、受教育费及死亡赔偿金共计人民币 496 901.9 元。

【涉及的问题】

（1）什么是产品责任？

（2）请分析产品缺陷责任与产品瑕疵责任的异同。

【参考答案】

（1）产品责任是指因产品存在缺陷而导致消费者、使用者或其他第三人遭受人身伤害或财产损失时，该产品的生产者和销售者依法应该承担的一种损害赔偿责任。

（2）产品缺陷责任是产品缺陷损害赔偿责任的简称，又称产品责任，属特殊侵权责任。而产品瑕疵责任，又称产品瑕疵担保责任，属合同违约责任。

产品缺陷责任是产品责任法上的概念，是指产品对使用者或消费者的人身或财产安全有危害。而产品瑕疵责任是合同法上的概念，是指产品质量不符合法律规定或当事人约定的质量标准。

在产品责任法领域属于有缺陷的产品，可能在合同法上并无瑕疵，属于质量合格产品，而依合同法属于瑕疵产品的不一定存在对人身、财产的危害，因而不一定属于产品责任法领域的缺陷产品。

------------ **案例 2** ------------

是质量不合格还是缺陷产品？

【案例正文】

中国 A 玩具进出口公司向美国 B 玩具公司出口塑料弹弓。出口后不久，美方就反映其质量有问题，称美国儿童使用弹弓时弓柄断裂，并已发生多起伤害案件，有的甚至因此眼睛致残。经法院审理，美方提出证据证明，A 公司出口的弹弓所使用的材料不安全，仅经受 9 磅的拉力弓柄就断裂，一般同类弹弓弓柄能承受 60 磅的拉力。

【涉及的问题】

该产品属于质量不合格还是缺陷产品？

【参考答案】

如果中国 A 公司与美国 B 公司在订立合同时约定弓柄承受拉力应超过 9 磅，则由于该玩具弹弓的弓柄仅经受 9 磅拉力就断裂，属于产品质量不合格，但这不影响它同时构成缺陷产品。

如果该产品给消费者造成人身或其他财产损害，生产者或进口商应承担产品责任，对受损害的消费者承担产品责任；如果涉及产品质量不合格，并没有给消费者造成损害，应由出口公司对进口公司承担违约责任。

------------ **案例 3** ------------

产品是否存在缺陷？

【案例正文】

某化学制品公司出品一种化学制剂，在包装瓶上有"有害蒸汽"字样。结果，一个用户不慎将这种制剂倒入水中，引起爆炸。该用户的员工当场丧命，工厂也遭受重大损失。

【涉及的问题】

化学制剂公司提供的产品属于缺陷产品吗？

【参考答案】

化学制剂公司提供的产品属于缺陷产品，因为该化学制剂未能提供危险性的充分的说明或指示。对于一些具有特殊性质或必须采用特殊使用方法的产品，生产者或销售者不仅应保证其产品没有实际缺陷，而且应对消费者或使用者进行必要的说明或指示，如果生产者、销售者对可能出现的危险没有作出必要的说明或指示，或者说明或指示不够真实和充分，都可视为产品存在缺陷。

案例 4
是否遭受人身伤害或财产损失？

【案例正文】

广州的一名消费者在广州的一家医院接受了心脏起搏器的安装手术，术后发现心脏起搏器的导管存在裂痕，但无证据表明该情况对该名消费者的人身造成了伤害。

【涉及的问题】

如果该消费者以产品存在缺陷为由，要求生产者承担产品责任，可以得到法律的支持吗？

【参考答案】

该消费者不能以产品存在缺陷为由，要求生产者承担产品责任。生产者和销售者承担产品责任必须具备三个要件，其中一个要件为必须是产品的消费者、使用者或其他第三人遭受人身伤害或财产损失。遭受人身伤害或财产损失的可以是狭义上的消费者，即从销售者或生产者那里购买并亲自使用有关产品的人，也可以是广义上的消费者，即包括直接购买人和基于其他任何原因而亲自使用有关产品的其他人，以及直接遭受损害的其他任何第三人。

案例 5
损害必须与产品的缺陷之间存在因果关系

【案例正文】

某人买了一台电磁炉，在使用时发现，电磁炉的电源开关失灵，必须切断电源才能关闭，于是到商场调换。在去商场的路上，不慎摔伤，到医院治疗花去医疗费500多元。

【涉及的问题】■━━━━━━━━━━━━━━━━━━━━━━━━

商场应为他赔偿人身伤害的损失吗？

【参考答案】■━━━━━━━━━━━━━━━━━━━━━━━━━

商场不应为该消费者赔偿人身伤害的损失。生产者和销售者承担产品责任必须具备三个要件，其中一个要件为消费者、使用者或其他第三人所遭受的损害必须与产品的缺陷之间存在因果关系，即他们所遭受的损害完全是有关产品存在缺陷所致。如果是消费者、使用者或其他第三人本身的过错或其他任何人的过错造成了损害事故的发生，就不存在产品责任问题。

案例6

温特伯顿诉赖特案

【案例正文】■━━━━━━━━━━━━━━━━━━━━━━━━

原告温特伯顿是一名受雇的马车夫，雇主与被告赖特订有一份由赖特提供一辆安全的马车供雇主用于运送邮件。被告按照约定将马车交给雇主，后者让原告驾驶马车运送邮件。但是，原告在驾驶时，马车的一个轮子突然塌陷，造成原告受伤。为此，原告向赖特提起损害赔偿之诉，而被告则以原告不是合同的当事人为由拒绝赔偿。法院认为，动产的债务不发生侵权行为的损害赔偿请求权。而合同责任则仅仅存在于合同的当事人之间，对于非合同的当事人则无注意义务。据此法院判原告败诉，由此确立了"无契约无责任"原则。

【涉及的问题】■━━━━━━━━━━━━━━━━━━━━━━━━

谈谈你对此案例的看法。

【参考答案】■━━━━━━━━━━━━━━━━━━━━━━━━━

早期的产品责任法产生于英美等发达国家，其产生的原因绝非历史偶然，而是因为法律制度适应工业化发展的需要，最早的产品责任可追溯到只存在于合同的当事人之间的赔偿责任，温特伯顿诉赖特一案确立了"无契约无责任"原则，是最具代表性的经典案例之一。

案例7

Thomas诉Winchester案

【案例正文】■━━━━━━━━━━━━━━━━━━━━━━━━

被告Winchester将误贴有与标签内容不符的有毒药品颠茄经某药店出售给原告Thomas，原告购买了被告制造并误贴蒲公英标签的药品后，按照该药品标签的指示服用了该药品，结果导致身体受伤。尽管原告与被告之间没有合同关系，但是，纽约州最高法院认为药品的制造商虽然与原告不存在直接的合同关系，但是，被告的行为将人的生命置于现实可知的危险之中，被告有义务防止该损失的发生，但怠于履行注意义务，因此应按过失行为论处。

【涉及的问题】

谈谈你对此案例的看法。

【参考答案】

"无契约无责任"原则确定的救济权仅限于具有直接合同关系的当事人之间，对于非合同的当事人来说很不公平，并且有可能使得真正的责任者逃避损害赔偿责任。此案例突破了"无契约无责任"原则的限制，确立了药品制造商对于无合同关系的第三方因使用其药品而受到本可防止的损害也应承担损害赔偿责任。

------- 案例8 -------
麦克弗森诉别克汽车公司案

【案例正文】

别克汽车公司（Buick Motor Co.）将汽车交经销商经销，经销商将其中的一辆汽车卖给了原告麦克弗森（Mac Pherson）。原告在驾驶该车时汽车的轮胎发生了爆炸，致使原告受伤。为此，原告起诉被告别克汽车公司。被告称原告受伤是由于汽车轮胎爆炸造成的，而汽车的轮胎并非被告制造，而是由另一家公司提供，因而被告不应当承担损害赔偿责任。法官卡多佐（J. Cardozo）依据证据，摒弃合同责任原则，认为如果被告在制造该汽车时，只要检查了车轮就能发现其瑕疵，但被告疏于检查。而该瑕疵轮胎足以危害使用者的生命健康，属危险商品。被告可以预见买方不经检验就会使用该产品，因此，被告应对该商品承担注意义务，如果被告未尽到合理的注意义务，则无论买方与制造商有无合同关系，均应承担赔偿责任。

【涉及的问题】

谈谈你对此案例的看法。

【参考答案】

Thomas 诉 Winchester 案对"无契约无责任"合同关系限制的突破仅限于"固有的危险性"责任。一般认为，现代意义上的产品责任法的标志是美国的麦克弗森诉别克汽车公司案。该案确立了产品的提供者对有危险的毒品或爆炸物以外的其他危险产品，制造商可合理预见第三人因制造商的过失行为而受到损失的，也应承担赔偿责任。该案还确认了以下原则：产品依其本质足以危害人体生命健康即为危险产品，制造者应对其可预见性后果作出警告；制造者如果可预知购买人以外的第三人会不经检验就予以使用时，则不论与当事人之间有无合同关系，制造者都对该产品负有注意的义务；制造者违反此项注意义务对第三人造成损害的，应承担赔偿责任，即过失责任。

---- 案例 9 ----
多诺霍诉史蒂文森案

【案例正文】 ■————————————————————

原告多诺霍是一位女士，在与其友人在一家咖啡店喝啤酒时发现酒内有腐烂的蜗牛躯体，随即晕厥过去，而且还患上了严重的胃肠炎。之后她起诉生产商史蒂文森要求赔偿。上议院认为："如果某一产品的制造商以其出售方式表明，该产品将不经过合理的中间检验环节送到消费者手中，并意识到如该产品的制造缺乏合理注意将造成消费者人身或财产的损害，就应当对消费者承担合理的注意义务。"

【涉及的问题】 ■————————————————————

谈谈你对此案例的看法。

【参考答案】 ■————————————————————

1932 年，英国上议院审理的多诺霍诉史蒂文森（Donoghue v.Stevenson）案打破了英国长期适用的产品责任仅限于合同当事人原则的限制。

4.4.2 美国的产品责任法

---- 案例 1 ----
阻燃童衣制造商败诉案

【案例正文】 ■————————————————————

树掉了很多落叶，有个八岁的美国小男孩把它收集起来点着了，很高兴，又蹦又跳，这时，火把小孩的夹克衫点着了，燃烧了起来。小孩受到人身伤害，一般人认为是由于小孩自己的原因而受伤，而小孩的父母作为法定代理人向童衣制造商提起诉讼，要求其赔偿。

【涉及的问题】 ■————————————————————

法院仍宣判制造商败诉，为什么？

【参考答案】 ■————————————————————

此案例中的童衣制造商违反了疏忽责任原则。首先，被告没有尽到合理注意的义务，童衣制造厂商应该注意到美国有印染纺织品法，要求童衣要进行阻燃的规定；其次，被告违背了该合理注意的义务，被告既不关心小孩有没有玩火的可能，也不去给童衣阻燃，而阻燃的成本是很低的；最后，被告的疏忽直接造成了原告的损害。因此，法院仍判制造商败诉。

------ 案例 2 ------

Baxter诉福特汽车公司案

【案例正文】■

原告（Baxter）向汽车零售商购买了被告福特汽车公司（Ford Motor Co.）制造的一辆福特牌汽车，被告以书面形式保证汽车的挡风玻璃是防碎玻璃。但是，当原告在驾驶汽车时被一颗小石子击中挡风玻璃，玻璃的碎片伤及原告的眼睛。为此，原告以被告违反担保为由起诉被告。法院认为，尽管原、被告之间无合同关系，但是，被告能够预见到对其产品的明示担保范围涉及受买人和使用者，如果被告的产品不具有原告相信的广告说明中的功能，仍应承担赔偿责任。

【涉及的问题】■

谈谈你对此案例的看法。

【参考答案】■

本案例为美国早期的审判实践中不要求原、被告之间应当存在直接的合同关系的经典案例，也是基于被告违反明示担保而提起的诉讼。

违反担保责任原则（Doctrine of Breaching Warranty）是指生产者或销售者违反了对产品明示或默示的担保，使买方因缺陷产品受到损害，买方可以违反担保为理由提起诉讼，要求被告赔偿其损失。此原则源于合同责任，包括明示担保和默示担保，即不限于合同的保证条款，违反法律默示保证（如产品适用于一般使用目的）也视为违反担保。由于这种产品责任通常基于合同关系，因此，原告无须证明被告确有疏忽致使产品存在缺陷。但是，原告必须证明：（1）被告违反了对产品明示或默示的担保；（2）产品存在缺陷；（3）原告的损失确由缺陷所致。

明示担保是基于当事人的意思表示而产生，主要是产品的制造商对产品的品质、用途、性能等作出保证性的声明或陈述，常见于产品说明书、标签和广告之中。

------ 案例 3 ------

豪特诉热卡茨基案

【案例正文】■

原告豪特在使用一种高尔夫球训练器具击球时被该器具击伤。为此，原告向法院起诉，诉称之所以购买该器具是因为相信了被告热卡茨基所作出的"绝对安全，绝不会伤害球员"的说明。最后加利福尼亚州最高法院认为，被告的上述说明容易误导消费者对该产品主要事实的理解，因此判原告胜诉。

【涉及的问题】

谈谈你对此案例的看法。

【参考答案】

此案例被告违背了明示担保责任，由于违反明示担保是基于合同关系提起的诉讼，因而从法理上讲，原、被告之间应当具有直接的合同关系，但这对消费者权益保护不利，由此案例可以看出，原、被告之间不需要存在合同关系也可以以违背明示担保为由提起诉讼。但是，原告需要证明销售者通过宣传媒介向公众作出不符合实际情况的表示，是使其信以为真，购买、使用了与表示不符的产品，以致受到损害的直接原因。

------案例 4------

Tacob E. Decker and Sons 诉 Capps 案

【案例正文】

原告（Tacob E. Decker and Sons）购买了被告（Capps）的变质香肠，其家人食用之后均生了病，并致使其中一人死亡。尽管陪审团认为被告无过失，但是法院仍依据默示担保理论判决被告应当承担赔偿责任。其理由是，食品是供人食用的，食用不卫生食品对人类健康及其生命会产生严重后果，为保护消费者利益，应当使制造商承担卫生、清洁默示担保责任。

【涉及的问题】

谈谈你对此案例的看法。

【参考答案】

默示担保不是基于当事人的意思表示而产生，而是一种法定的责任。此案例为较有代表性的默示担保判例。

------案例 5------

保暖内衣悬赏广告

【案例正文】

A 制衣厂声明，在 -15℃的环境下，人们仅穿该厂生产的保暖内衣也不会感觉寒冷，否则该厂奖励其 5 000 元。李某看到广告后，找来朋友一同到某冷库进行试验，结果李某在 -10℃的环境下，仅坚持了 15 分钟就无法忍受。第二天，李某因肺炎住进医院。出院后，李某向法院起诉，要求 A 制衣厂支付承诺的奖励费并赔偿其医药费用。A 制衣厂称，当初的声明只是一种促销广告，李某的行为与其无关。

【涉及的问题】▸━━━━━━━━━━━━━━━━━━━━━━━━━━━━━━━

李某的诉讼请求是否合理？

【参考答案】▸━━━━━━━━━━━━━━━━━━━━━━━━━━━━━━━━━

合理。A 制衣厂发出的悬赏广告既是要约，也是一种明示担保，具有法律效力，并非是促销广告，因此，A 制衣厂应对李某承担担保责任。

┌┄┄┄┄┄┄┄┄┄┄┄┄┄┄┄┄ 案例6 ┄┄┄┄┄┄┄┄┄┄┄┄┄┄┄┄┐

Escala诉可口可乐瓶装公司案

【案例正文】▸━━━━━━━━━━━━━━━━━━━━━━━━━━━━━━━

原告（Escala）是一位餐馆女服务员，当她将可口可乐放进冰箱时，其中一瓶发生了爆炸，致使原告严重受伤。虽然原告没有提出被告可口可乐瓶装公司（Coca Cola Bottling Company）过失的证据，且被告提供了有关可口可乐瓶子的制造、检验以及装气的适当性证明，但是，加利福尼亚州最高法院仍判原告胜诉，理由是当制造商将产品投放市场时，明知其产品将不经检验就会被使用，如果这种产品被证明具有致人伤害的缺陷，那么制造商就应承担绝对责任。

【涉及的问题】▸━━━━━━━━━━━━━━━━━━━━━━━━━━━━━━

谈谈你对此案例的看法。

【参考答案】▸━━━━━━━━━━━━━━━━━━━━━━━━━━━━━━━━━

此案例是严格责任的经典案例。严格责任，是指只要产品存在缺陷，对使用者或消费者具有不合理的危险，而使其受到人身伤害或财产损失，该产品的生产者和销售者就应承担赔偿责任。严格责任是以侵权行为之诉为特征的，因此，不要求原、被告之间存在直接的合同关系，而且原告无须证明被告存在疏忽，因此，严格责任对保护消费者利益最为有利。

┌┄┄┄┄┄┄┄┄┄┄┄┄┄┄┄┄ 案例7 ┄┄┄┄┄┄┄┄┄┄┄┄┄┄┄┄┐

Greeman诉Yuba Power Products公司案

【案例正文】▸━━━━━━━━━━━━━━━━━━━━━━━━━━━━━━━

原告（Greeman）之妻在零售商处购买了被告（Yuba Power Products 公司）制造的一种多功能电动工具作为圣诞礼物送给原告。之后原告又买了必要的附件。当原告按说明书的要求使用该工具锯木时，一块木头突然从电器中飞出击伤其头部。为此，原告提起损害赔偿之诉。

法院认为，为使制造商承担严格责任，原告一方不必证明明示担保的存在，只要制造商将其产品投放市场，明知产品将不经检验而使用，如果该产品表明具有致人伤害的缺陷，那么制造商就应当对损害者承担严格责任。

【涉及的问题】

谈谈你对此案例的看法。

【参考答案】

此案例是侵权责任法上的"格林曼规则"的体现。"格林曼规则"的意义在于：法院审理的重点从制造商的行为转移到产品的性能；原告无须证明被告疏忽或违反担保，而只需证明原告是在使用被告的缺陷产品时受到损害；缺陷产品所造成的损害应当由将这类产品投放市场获得利润，并且最有能力了解和控制损害风险的制造者来承担，其目的是通过对制造者严格责任的追究，达到阻碍制造商向市场投放缺陷产品的目的，并减轻受害人在产品责任诉讼中的举证责任。

----- 案例 8 -----
原告自己的过失

【案例正文】

某人是一名熟练的印刷工人，在操作一台印刷机时，由于偷懒未使用安全保护装置，导致事故发生并受伤。

【涉及的问题】

他能够向印刷机的生产者索赔吗？

【参考答案】

他能够向印刷机的生产者索赔，但只能获得部分赔偿。在产品责任诉讼中，对于原告的指控，被告可以提出某些抗辩，要求减轻或免除其责任。此案例为印刷工人自己的过错行为。原告自己的过错通常用在疏忽责任中，即受害人因自己的过失而对加害产品的缺陷未能发现或对缺陷可能引起的损害未能适当地加以预防所应承担的一部分责任。也就是说，原告负有保护自己安全的义务，如果因疏忽大意而未能发现或阻止本能够避免的损害，就应对此承担责任。

----- 案例 9 -----
风险的承担

【案例正文】

某起重机械制造公司将起重机组装件卖给某建筑商，由该建筑商在工地进行组装。原告是一名有经验的起重机架设者，他注意到有些齿轮运转不灵活，并用粉笔记下了齿轮不灵活的位置，说他要报告此事。但在问题解决之前他就开始安装起重机。结果组装件掉下，他被砸中致死。

【涉及的问题】■────────────────────

法院裁定被告没有责任。为什么？

【参考答案】■────────────────────

在产品责任诉讼中，对于原告的指控，被告可以提出某些抗辩，要求减轻或免除其责任。此案例为原告自担风险，即原告对产品的缺陷及其危险具有充分的知识和鉴别力，但其自愿地不合理地使用了有缺陷的产品或擅自对产品的结构和性能进行了改变，原告因这种情况产生的人身伤害，原告不得请求损害赔偿。

┌─────────── 案例 10 ───────────┐

辛德尔诉阿伯特制药公司案

└──────────────────────────────┘

【案例正文】■────────────────────

辛德尔是一名乳腺癌患者。辛德尔母亲在孕育她期间服用了 DES 药物，使得辛德尔成年之后患上了癌症。但无法证明其母亲所服用的 DES 药物是谁生产的，辛德尔便将占当时市场份额 90% 的 5 个制药公司一并列为被告。初审法院不愿受理，但加利福利亚州上诉法院从公共政策角度出发，认为在无辜的原告和有过错的被告间，由后者承担缺陷产品所导致的损害责任更加合适，因而要求被告证明原告母亲所服用的 DES 药物不是其生产的，否则承担损害赔偿责任，赔偿原告患癌症引起的损失。5 名被告均无法证明原告母亲服用的 DES 药物不是其生产的，上诉法院认为，被告的产品所占市场份额越大，被告卖药给原告母亲的可能性就越大，因而按照每个被告在 DES 药物市场总量中的比例确定其可能给原告造成的损失，进而分配其赔偿额。本案判决确立了市场份额责任规则，并以保护弱势消费者的原则替代了严格的因果关系规则。之后，美国其他州法院在处理本州内的"DES案"及其他缺陷产品引发的侵权案件中也效仿上述做法。与此同时，此规则的司法适用也引发了诸多争议。

【涉及的问题】■────────────────────

谈谈你对此案例的看法。

【参考答案】■────────────────────

美国《侵权法重述第三版：产品责任》还通过市场份额责任规则确定赔偿责任主体。即在某些涉及通用类有毒物质的案件中，如果原告无法在很多生产者中区分出谁制造了对其造成伤害的缺陷产品，就不应要求原告指明具体的生产者，而应要求原告列明每一个生产者，由法院按照生产者各自的市场份额确定赔偿额。

案例 11

驾驶不符合安全标准的机动车引发的侵权案

【案例正文】▬▬▬▬▬▬▬▬▬▬▬▬▬▬▬▬▬▬▬▬▬▬

原告从被告处购买了一辆摩托车，某日原告驾驶该摩托车在回家途中，与骑自行车的马某发生碰撞，造成双方均受重伤的交通事故，后马某因抢救无效死亡。交通事故认定书认为：原告驾驶的机动车不符合安全标准（摩托车前大灯光线偏低，亮度不够）是事故发生的主要原因，故原告对此事故应承担主要责任。

【涉及的问题】▬▬▬▬▬▬▬▬▬▬▬▬▬▬▬▬▬▬▬▬▬▬

本案中原告可否要求被告承担产品责任？如果可以，则被告应承担哪些赔偿责任？

【参考答案】▬▬▬▬▬▬▬▬▬▬▬▬▬▬▬▬▬▬▬▬▬▬

原告可以要求被告承担产品责任。因产品存在缺陷，造成他人人身、财产损害的受害人可以向产品的生产者要求赔偿，也可以向产品的销售者要求赔偿。本案中造成交通事故的主要原因是摩托车的灯光设计存在缺陷，虽然该产品缺陷没有直接造成产品使用者损害，但间接地致使第三人受到人身伤害，依据产品责任的构成要件，该产品缺陷与损害结果之间存在因果关系，故生产厂家应承担相应的赔偿责任。

被告应承担对人身伤害的损害赔偿。

案例 12

安德森太太诉通用汽车公司案

【案例正文】▬▬▬▬▬▬▬▬▬▬▬▬▬▬▬▬▬▬▬▬▬▬

安德森太太租了雪佛兰汽车在高速公路行驶，半路上发生意外故障，被后面的汽车撞了上去，导致油箱爆炸，车上六名乘客受到严重伤害。她的小女儿 11 岁，由于严重烧伤，在六年当中做了 60 次植皮手术。那么这辆车很明显存在严重缺陷，它的油箱的设计部位不合理，在汽车的尾部，稍许中等程度的碰撞就会导致油箱的爆炸。现在她指控通用汽车公司已经知道设计不合理，有设计上的缺陷，稍许改动，移一下位置完全做得到，稍许改动一辆车只要花 8.59 美元，就可以避免这种事故的发生。最后加州最高法院判决人身伤害赔偿 1.07 亿美元，惩罚性赔偿 49 亿美元。

【涉及的问题】▬▬▬▬▬▬▬▬▬▬▬▬▬▬▬▬▬▬▬▬▬▬

谈谈你对此案例的看法。

【参考答案】

当被告的行为异常严重，但又不足以在刑法上定罪时，公共政策要求给予其某种经济上的惩罚，这种赔偿形式一般叫惩罚性赔偿，它经常作为补偿性赔偿之外的附加赔偿。《统一产品责任示范法》规定，如果原告通过明确的、令人信服的证据证明，其所受的伤害是产品销售者的粗心大意，根本不顾产品的使用者、消费者或其他可能受产品伤害的人的安全所致，法院就可以判决给予销售者惩罚性赔偿。

惩罚性赔偿的金额一般很高，其目的是用以惩罚加害人的恶意、任意、轻率行为并防止他人的类似行为发生。在具备判处的事实根据后，法院是否判处此种赔偿，以及赔偿额多少，都由陪审团决定。

-----案例13-----

美国业主诉中国泰山石膏股份有限公司等案

【案例正文】

美国大量进口中国制造的石膏板等建筑材料。但进口后不久新建房屋业主开始投诉电线和空调等金属部件出现腐蚀，还抱怨新屋有臭鸡蛋的味道，甚至还出现了眼睛和皮肤刺痛、咳嗽等健康问题。对此，美国消费者产品安全委员会进行调查。多个业主向和中国石膏板相关的房屋建筑商、安装商、中介、供应商、进口商、出口商、经销商以及制造商提出诉讼。

起诉书通过海牙公约体系传递至被告中国泰山石膏股份有限公司（以下简称泰山公司）。但在被告应诉之前，美国路易斯安那州东区联邦地区法院已对泰山公司作出缺席判决，判决其向七处物业的业主赔偿 2 609 129.99 美元及利息。对此，泰山公司曾以不存在管辖权等理由，提出撤销缺席判决、撤销初步缺席判令、驳回诉讼等动议，但这些动议都被驳回。

该地区法院还判定泰山公司藐视法庭，判令其支付原告代理律师 1.5 万美元的律师费，并支付 4 万美元作为藐视法庭行为的罚款，判令泰山公司在参加本审判程序前，禁止其以及任何关联方或子公司在美国进行任何商业活动。如果违反禁止令，被告必须支付当年盈利的 25% 作为进一步的罚款。此外，泰山公司的控股股东也接到美国路易斯安那州东区联邦地区法院通过北京市高级人民法院转送达的民事诉讼传票，传票要求被告在 60 日提交答辩书或动议。原告以石膏板质量问题为由，对多家中国公司提起诉讼，并且声称原告和集体成员的至少 3 700 个住房、居所或其他结构中安装了由被告生产的石膏板，主张超过 15 亿美元的赔偿。

被告方认为，其销往美国的石膏板是按照美国采购商的要求来生产的，也符合美国 ASTM 的相关标准，美方检测报告表明，中国石膏板产品的物理性能和化学成分都符合现有的美国石膏板和建筑空气质量等相关标准的明确要求。但这是一个实体法问题，需要通过诉讼加以解决。被告还认为，其在大洋彼岸，美国州法院没有管辖权。事实上，美国州法院对在其所在州或地区注册登记成立，或者在当地进行了连续和系统的商业活动的被告，可以行使管辖权。

【涉及的问题】

谈谈你对此案例的看法。

【参考答案】

对于美国的产品责任，美国州法院既具有立法权限，还可以依据"长臂管辖"原则行使司法管辖权，即只要非居民被告经常、直接或通过代理人在其（州）境内从事商业交易；进行商业活动或招揽业务；拥有、使用或掌控房地产，并在该州因其作为或不作为造成他人受害，即可构成"最低限度的联系"，从而取得管辖权，美国各州都采用了"最低限度的联系"标准。

---- 案例 14 ----

"长臂管辖"

【案例正文】

美国加利福尼亚州某当事人 A 从美国纽约州 B 商店购买了由外国 C 公司生产的一辆"飞"牌自行车，并随后改装了自行车的踏脚，在一次骑车旅行时因自行车踏脚板打滑而遭受伤害，并因此向加利福尼亚州的联邦地区法院提起产品责任之诉。

【涉及的问题】

（1）根据美国产品责任法的有关规定，法院在选择适用美国哪个州法律时，应遵循什么原则？

（2）谁可以成为此诉讼案的被告？原告 A 能否打赢这场诉讼？为什么？

【参考答案】

（1）依据美国的产品责任，法院在选择适用美国哪个州法律时，应遵循"长臂管辖"原则。

（2）受害者可以向外国制造商、进口商、经销商和零售商提起诉讼。此案例中，纽约州 B 商店和外国 C 公司为此诉讼案的被告。原告 A 很难打赢这场诉讼，因为被告可以以擅自改变产品，要求免除责任。如果原告对产品或其中部分零部件擅自加以变动或改装，从而改变了该产品的状态和条件，致使自己遭受损害，被告就可以以原告擅自改变产品的状态和条件为理由提出抗辩要求免除责任。

4.4.3　欧洲国家有关产品责任的三个国际公约

案例

产品责任法律适用公约

【案例正文】

某国公民甲听说日本的食品很昂贵，于是在去日本探亲之前在国内买了许多本国产的方便面。由于方便面不太卫生，甲在日本探亲期间食用时食物中毒，为此，花去了医疗费和康复费数万日元。

【涉及的问题】

（1）依据《海牙公约》，该方便面的生产商应根据哪一国的法律对甲的损失承担产品责任？

（2）如果该方便面未经商业渠道销往日本，情况又会怎样？

【参考答案】

（1）依据《海牙公约》，该方便面的生产商应根据直接受害人的惯常居所地所在国的国内法为基本的适用法律。其适用条件是：①直接受害人的惯常居所地是被请求承担责任人的主营业地；②直接受害人的惯常居所地是直接受害人取得产品的地方。此案例中，甲是在自己的惯常居所地所在国购买的方便面，也是直接受害人取得产品的地方，因此，以上纠纷应根据甲所在国的国内法为基本的法律适用。

（2）依据《海牙公约》，如果该方便面未经商业渠道销往日本，应适用于被请求承担责任人的主营业地国家的国内法。若被请求承担责任人证明他不能合理地预见该产品或他自己的同类产品会经商业渠道在侵害地国家或直接受害人惯常居所地国家出售，则应适用被请求承担责任人的主营业地国家的法律。因此，以上纠纷应以方便面的制造商或销售商的主营业地国家的法律为基本的适用法律。

4.4.4　中国的产品责任法

案例 1

销售者的过错责任原则

【案例正文】

山西的消费者老吴购买了一台电热水器，结果因热水器漏电不幸身亡。老吴的妻子向热水器的销售商索赔，销售商认为，热水器虽然是他卖的，可他对热水器的质量问题并不知情，也没有责任，因此拒绝赔偿，让老吴的妻子直接找厂家交涉。

【涉及的问题】

销售商的说法有道理吗？

【参考答案】

销售商的说法没有道理。根据我国《产品质量法》，在确定产品缺陷责任时，规定采用不同的归责原则。对生产者采用严格责任原则，对销售者则实行过错责任原则。一般情况下，销售者有过错的才承担责任；但是，销售者在不能指明产品的生产者或提供者时，也被要求承担责任。另外，在举证责任方面，为了更有效地保护消费者的利益，我国也往往采用"举证责任倒置"的方法，即由生产者证明产品不存在缺陷，如无法证明，则认为产品有缺陷。此外，因产品存在缺陷造成人身、他人财产损害的，受害人可以向产品的生产者要求赔偿，也可以向产品的销售者要求赔偿。属于生产者的责任而销售者赔偿的，销售者有权向生产者追偿；属于销售者的责任而生产者赔偿的，生产者有权向销售者追偿。

···案例2···

警 示

【案例正文】

某年 6 月，郑女士在上海第一八佰伴有限公司购买了一个由日本贝亲株式会社生产的、由上海丽婴房婴童用品有限公司在第一八佰伴有限公司设柜销售的微波炉奶瓶消毒盒。7 月底，女儿甜甜出生，消毒盒启用。21 个月后的一天，奶瓶和消毒盒放在微波炉里加热消毒后，郑女士去厨房打算为女儿冲奶粉，甜甜不慎碰到了奶瓶消毒盒的盒盖，导致奶瓶消毒盒内热水将甜甜脸部、颈部、胸部大面积烫伤。郑女士认为，这与消毒盒存在严重缺陷有关。消毒盒加热后，水蒸气会凝结积聚在盒子下部，很容易从缝隙中流出将人烫伤。而且消毒盒的外包装没有中文使用说明，盒内的中文说明非常简单，根本没有提到日文警示的多处内容。贝亲株式会社认为，消毒盒设计完全合理，在水平的桌面上即使盒身因较大的外力作用而翘起，给水盘内的水也不会流出，除非消毒盒整体被翻起，而且盒身底部专门设置了一个放水孔，按正常操作，完全可以避免烫伤的发生。该奶瓶消毒盒所附的中文说明书中对"防止被烫"多处作了警示，况且让婴幼儿远离热的物品是个常识问题。上海丽婴房婴童用品有限公司和上海第一八佰伴有限公司均认为甜甜之所以会被烫伤，完全是因为其家人严重违反操作规程，又没有尽到对孩子的监护义务，产品本身并不存在缺陷。法院审理查明，中文说明书中有两点提示："消毒后将消毒盒继续置于微波炉内一段时间等待冷却，然后用双手水平取出""将消毒盒放在水平面上，打开放水栓并倾斜盒身将残积的水放出，并当心热水烫手"。法院认为，经过加热的消毒盒在一段时间内处于高温状态，这种危险是消毒盒达到其功能的必然结果，属于合理危险。中文说明书已明确防烫警示的两处操作，在基本遵守规程的前提下，不会发生烫伤。让幼儿远离高温下的消毒盒，是一个正常成年人的常识。本案的奶瓶消毒盒不存在产品缺陷，原告之所以烫伤，是因为原告家人没有遵守消毒盒的基本操作步骤，没有尽到监护的义务。

【涉及的问题】━━━━━━━━━━━━

谈谈你对此案例的看法。

【参考答案】━━━━━━━━━━━━

上述案例争议焦点似乎在于产品是否存在缺陷，实质在于生产者是否对产品做了必要的和充分的警示。因为产品具有危险性不等于产品存在缺陷。火柴、鞭炮、汽油等是否具有危险性，关键在于生产者对产品的警示说明是否充分、明确，如按照产品警示说明使用，该危险就不会发生，则该产品属于合理危险，不能视为缺陷产品。与售后警示不同，该产品在投放市场时已经作了明确警示，但是，如果生产者、经营者发现警示不够充分、合理，便产生售后警示义务。

▌综合案例：新加坡某化工公司诉德国某冶金公司国际货物买卖合同纠纷案

【案例正文】━━━━━━━━━━━━

一、背景介绍

某年 4 月 11 日，新加坡某化工公司（以下简称"新加坡化工公司"）与德国某冶金公司（以下简称"德国冶金公司"）签订了石油焦采购合同，约定本合同应当根据美国纽约州当时有效的法律订立、管辖和解释。新加坡化工公司按约支付了全部货款，但德国冶金公司交付的石油焦 HGI 指数远低于合同约定标准。

新加坡化工公司认为德国冶金公司构成根本违约，诉至中国法院，请求判令解除合同，要求返还货款并赔偿损失。

二、基本案情

经查明，德国冶金公司交付的石油焦 HGI 指数为 32，与合同中约定的 HGI 指数典型值 36~46 之间不符。但从双方当事人在合同中对石油焦须符合的化学和物理特性规格约定的内容看，合同对石油焦的受潮率、硫含量、灰含量、挥发物含量、尺寸、热值、硬度（HGI 值）等七个方面作出了约定。新加坡化工公司认为 HGI 指数一项不符合合同约定，对于其他六项指标并未提出异议。

已知：HGI 指数表示石油焦的研磨指数，指数越低，石油焦的硬度越高，研磨难度越大。专家鉴定，依据 HGI 指数，德国冶金公司交付的石油焦可以使用，但用途有限。

为减少损失，新加坡化工公司已于一审审理期间，经过努力将案涉石油焦转售，价格未低于市场合理价格。

一审法院认为，根据《联合国国际货物销售合同公约》的有关规定，德国冶金公司提供的石油焦 HGI 指数远低于合同约定标准，导致石油焦难以在新加坡国内市场销售，签订买卖合同时的预期目的无法实现，故德国冶金公司的行为构成根本性违约。判决：宣告德国冶金公司与新加坡化工公司之间的采购合同无效；德国冶金公司返还新加坡化工公司货款并支付利息；德国冶金公司赔偿新加坡化工公司损失。

德国冶金公司不服，上诉至最高人民法院。最高人民法院对一审法院的判决部分改判。

资料来源：佚名．最高人民法院（2013）民四终字第 35 号［EB/OL］．［2014-06-30］．https：//wenshu.court.gov.cn/．编者有修改。

【案例使用说明】■————————————————————————————

一、讨论问题

1. 本案是否适用于《联合国国际货物销售合同公约》?

2. 你认为，本案是否构成《联合国国际货物销售合同公约》中的根本性违约?

3. 请说说《联合国国际货物销售合同公约》规定的卖方义务和买方义务。

二、分析思路

本案例适用于国际商法课程中第四章国际货物买卖法，重点围绕《联合国国际货物销售合同公约》的适用范围以及公约中买卖双方义务的规定进行分析。本案例可以有效地帮助学生理解与本章有关的《合同公约》的内容、法律适用、买卖双方义务等知识点，理解国际商事合同的履行。分析本案例应当根据讨论思考题，到案例中找出与每一讨论思考题相对应的案例素材，然后认真阅读案例相关材料，挖掘提炼出本部分案例材料的基本事实，然后再运用所学专业知识对相关问题进行分析、讨论。

三、理论依据

阅读本案例并正确回答讨论思考题，需要学生把握以下要点：

1. 国际货物买卖合同的法律适用。

2. 德国冶金公司的行为是否构成根本违约？新加坡化工公司应当如何救济自己的权益？

3.《联合国国际货物销售合同公约》规定的买卖双方的责任和义务。

四、参考答案

1. 本案能够适用该公约。

案涉采购合同为国际货物买卖合同，双方当事人营业地分别位于新加坡和德国，属于公约规定的国际合同。新加坡、德国均为该公约的缔约国，且当事人未排除该公约的适用，因此本案审理首先适用该公约。

对于审理案件中涉及的问题公约没有规定的，例如合同效力问题、所有权转移问题，应当适用当事人选择的美国法律。

2.不构成根本性违约；新加坡化工公司只能要求赔偿，不能宣告合同无效。

根据《联合国国际货物销售合同公约》的规定，德国冶金公司交付的货物与合同约定不符，构成违约，但未构成根本性违约。原因是：针对合同约定的七个指标，德国冶金公司交付的产品仅存在一个指标上的不符；新加坡化工公司能够经过合理努力，以合理市场价格予以转售货物，足见该产品并非无价值，不构成公约规定的根本性违约情形。

3.买方义务：支付价款、收取收货。

（1）买方应按合同规定的时间、地点、方式、币种和金额支付价款。如合同中无规定，买方应依有关法律和规章规定的步骤和手续履行此项义务。买方应承担与卖方合作的职责，"采取一切理应采取的行动，以期卖方能交付"。

（2）接收货物：买方应承担与卖方合作的职责"采取一切理应采取的行动，以期卖方能交付"。只有在卖方提前交货或交货数量超过合同规定、卖方根本性违约、卖方未在给定的额外期限内交货此三种情形下可以拒收。

卖方义务：交付货物、品质担保、权利担保。

（1）交货义务：按照法律规定或当事人的约定履行交货义务。

（2）品质担保：卖方交付的货物必须与合同所规定的数量、质量和规格相符，并须按照合同所规定的方式装箱或包装。除双方当事人业已另有协议外，货物除非符合以下规定，否则即为与合同不符。品质担保既包含适销性的默示担保，也包含适合特定用途的默示担保。

（3）权利担保是指卖方应保证对所出售的货物享有合法的权利，没有侵犯任何第三人的权利，并且任何第三人都不会就该项货物向买方主张任何权利。

第五章　比较代理法

开篇案例　中国澳门佳佳贸易有限公司诉珠海运达利公司等外贸代理合同违约案

【案例正文】

珠海运达利公司（以下简称运达利公司）——生产商；广州荣昌公司（以下简称荣昌公司）——运达利公司代理人；中国澳门佳佳贸易公司（以下简称佳佳公司）——买方；英国 Zeller Design 公司（以下简称 Z 公司）——最后买家。

2019 年 9 月 27 日，佳佳公司与 Z 公司签订踏板车销售合同；2019 年 9 月 30 日，佳佳公司与荣昌公司签订踏板车销售合同，约定由荣昌公司提供 2 100 辆踏板车，总价 38 682 美元，交货期为同年 10 月 22 日。运达利公司直接在合同上签字，荣昌公司也作为卖方在合同上签字，注明为运达利公司的代理人，并加盖公章。

2019 年 10 月 4 日，佳佳公司依约向荣昌公司提供 30% 的预付款 11 802 美元，并开具以荣昌公司为受益人、金额为 26 880 美元的信用证。荣昌公司将款项、信用证等转交运达利公司。但交货期届满，运达利公司未交付货物，荣昌公司亦未能将 2 100 辆踏板车装船发运英国。10 月 31 日，佳佳公司通知运达利公司和荣昌公司：因运达利公司未能依约履行合同，决定撤销合同；要求荣昌公司 7 日内归还预付款。经催讨未果，2020 年 2 月 16 日，佳佳公司提起诉讼。

【涉及的问题】

1. 佳佳公司与荣昌公司、运达利公司签订的踏板车出口代理合同有效吗？
2. 运达利公司是否缺乏诚信？

5.1 代理概述

---------- 案例 1 ----------

国际商事代理关系如何认定？

【案例正文】

2020 年 1 月，中国广西 A 食品公司（以下简称"A 公司"）为扩大生产经营，委托公司代理人赵某持公司出具的授权委托书在越南销售 X 牌螺蛳粉，授权书对此内容予以详细载明。一天，赵某在越南推销产品时，发现某大学生创业团队研发了一款泰式冬阴功汤鸡丝米线，非常受年轻人追捧。这几名大学生于是趁热打铁成立了 B 公司，专门销售上述产品。赵某试吃了这款冬阴功汤鸡丝米线后，非常看好，认为必将入选疫情年度居家零食囤货榜 TOP10。于是赵某以 A 公司名义向 B 公司订购了 100 箱泰式冬阴功汤鸡丝米线，价格为 800 元/箱。赵某以此前推销 A 公司产品收回的款项，交了 1 万元定金，并向对方出示了代理委托书。协议中约定，剩余的款项均由 A 公司通过银行转账汇入，100 箱泰式冬阴功汤鸡丝米线直接快递至 A 公司租赁的仓库。

当年，泰式冬阴功汤鸡丝米线并没有如期大热，但 A 公司生产的 X 牌螺蛳粉通过全网大学生直播，在海内外广受好评。A 公司总经理嗅到市场商机，经股东会决议，准备大力推向海内外市场。

【涉及的问题】

请问如何认定这个国际商事代理法律关系？

【参考答案】

根据代理的定义，代理是指代理人依照本人的授权，代表本人同第三人订立合同或实施其他法律行为，由此而产生的权利、义务直接对本人发生效力的法律制度。在案例中，中国广西 A 食品公司向赵某出具了授权委托书。因此，A 食品公司是委托人，也称为本人或被代理人。赵某是代理人，代理 A 公司在越南销售 X 牌螺蛳粉，B 公司是第三人。中国广西 A 食品公司与赵某之间是代理关系。

---------- 案例 2 ----------

外运公司的付费是否合理？

【案例正文】

某外运公司接受某货主的委托，代办一批焦炭出口。外运公司将货物装到"月亮"轮上，承运人天边公司的代理人签发了运费预付提单。货物抵达目的港后，承运人的代理称没有收到运费，并通过曼谷警察扣留了货物，要求外运公司确认并支付运费。

为减少损失，外运公司被迫承认欠付运费，出具保函，并支付了部分运费 11 万美元。于是，承运人放货。此后，承运人的代理又通过扣留上述货物的出口核销单和出口退税单迫使外运公司支付余下的运费 20 多万美元。

【涉及的问题】

外运公司的付费是否合理？

【参考答案】

在本案中，某外运公司是代理人，货主是被代理人（本人），第三人是承运人天边公司。根据代理的定义，代理是指代理人在代理权限范围内以被代理人或者自己的名义与第三人实施民事法律行为，由此产生的法律后果由被代理人直接或者间接承受的法律制度和法律行为。

作为货主代理人的外运公司（代理人）将货物装上船就已经完成了作为代理人的职责。承运人（第三人）未收到运费应直接向货主（提单所载明的托运人）（本人）主张权利。外运公司与承运人之间没有任何合约关系，更没有付款义务。所以，本案中外运公司的付费不合理。

5.2　代理权产生的依据和分类

5.2.1　代理权的产生

------- 案例 1 -------

被告是否具有卖掉香蕉的代理权？

【案例正文】

原告英国英格兰的玛奇尔是一位蔬菜经营的货主，他委托被告铁路公司将苏格兰的香蕉运到德国进行售卖。双方签订了运输合同，铁路公司按照双方的约定，将香蕉通过火车运送，怎料半路遭遇铁路工人罢工，运送火车被迫在郊区停运。铁路公司担心香蕉腐烂，并且在当地对香蕉需求较大，价格很公道。于是铁路公司在未联系原告玛奇尔的情况就地卖掉了香蕉，价格大体合适。

【涉及的问题】

被告是否具有卖掉香蕉的代理权？

【参考答案】

在本案当中，主要考虑的情况为是否产生了紧急处分的代理。紧急处分的代理是指发生紧急情况时，受委托照管他人财产的人，被视为具有默示授权，以代理人的身份为保全财产而采取的必要的行动。在案例当中，铁路公司在运送香蕉时，由于铁路工人的罢工，使得火车暂停运送香蕉，如果不及时运送或处理香蕉，则原告玛奇尔将受到损失，所以，可以判定运送香蕉途中发生紧急情况。于是，应考虑铁路公司有没有产生紧急处分的代理权，紧急处分的代理权的要求十分严格。行使这种代理权必须具备以下三个条件：①实际上和商业上必须紧急处分的；②行使代理权之前无法同本人取得联系以得到本人的指示；③采取的措施是善意的，并且必须考虑到有关各方面当事人的利益。

在此案的判决时，法院认为，虽然被告是出于善意的，且保护了原告的利益，但是被告出卖香蕉时，有充分的时间和条件将情况告知原告，而被告却擅自处理他人货物，因此，被告应对原告的损失承担责任。

----- 案例2 -----
代理权的类型

【案例正文】 ■──────
英国 A 公司授权奥地利 B 公司从奥地利购买一批布匹。后来第二次世界大战爆发了，B 公司尝试联系 A 公司，但联系不上。B 公司便以高价卖出该批布匹，所得的价款以 A 公司的名义存入银行。第二次世界大战期间，布匹价格猛涨。于是，A 公司指控 B 公司出售布匹是侵权行为，因为 A 公司没有授权，为此要求 B 公司给予赔偿。

【涉及的问题】 ■──────
1.国际商事活动中的英美法系代理权有哪些类型？
2.B 公司的代理权是否具备？为什么？

【参考答案】 ■──────
1.英美法将代理权的产生主要分为明示授权和默示授权。本人以明示方式授予代理人代理权的，被称为明示授权。默示授权指本人虽未明示授权，但依据法律推定为具有授权意图的代理权。除此之外，英美法还包括不容否认的代理、紧急处分的代理和追认的代理。不容否认的代理，指被代理人以其行为表示授权给代理人，如果第三人据此与代理人订立合同而遭受损害，被代理人不得否认代理权的存在。紧急处分的代理是指在发生紧急情况时，受委托照管他人财产的人被视为具有默示授权，以代理人的身份为保全财产而采取必要的行动。追认的代理是指本人对代理人无权代理或超越权限代理而订立的合同的事后追认。

2. 在紧急情况下，某人虽然没有得到本人关于如何行事的明示授权，但由于紧急情况的需要，应视为具有这种授权，这就是英美法系的紧急处分的代理。但是要取得有效的代理必须具备三个条件：①实际上情况紧急，商业上必须解决的；②行使代理权之前无法同本人取得联系以得到本人的指示；③采取的措施是善意的，并且必须考虑到有关各方面当事人的利益。

英国法院认为，布匹是可以较长时间进行保存的，储存不会造成很大损失，当时情况不是非常紧急，认为被告 B 公司没有获得紧急处分的代理权，因此不能认为被告（B 公司）在出售时考虑到了原告的最大利益，被告应对其越权行为所造成的原告（A 公司）的损失负责。

5.2.2 无权代理

--------- 案例 1 ---------

未收回的委托书是否有效？

【案例正文】

江某原是 A 商行的业务员，后来江某离职，但商行没有收回江某持有的空白合同书和授权委托书。江某听说 A 商行欲订购一批环保儿童运动鞋。他便找到 B 商贸公司并以 A 商行的名义与其签订了一项买卖合同。合同约定：B 公司向 A 商行提供各式儿童运动鞋共计 2 000 双，总价款为 3 万元。B 公司将货运到 A 商行，却被 A 商行拒收。

【涉及的问题】

1. 从大陆法系来看，江某以 A 商行的名义与 B 商贸公司签订的合同对 A 商行是否有效？

2. 本案应如何处理？

【参考答案】

1. 本案中，江某原是 A 商行的业务员，并且长期代表 A 商行签订合同，同时持有空白合同书和委托书，B 商贸公司有理由相信其具有代理权，所有江某的行为构成表见代理，其所签订的合同为有效合同，对 A 商行具有约束力。

2. A 商行应依照合同接受 B 商贸公司送来的货物，否则将承担损害赔偿责任。如果因履行合同而受到损失，可以向江某追偿。

从大陆法系的视角出发，本案主要讨论的问题是江某是否具备表见代理。

（1）表见代理的概念

表见代理是指行为人实际并未被授权，但由于被代理人原因致使第三人在客观上有充分的理由相信行为人具有代理权，从而使被代理人对行为人实施的行为后果承担责任的代理。

（2）表见代理的构成要件

表见代理人须以本人的名义行事；表见代理行为必须是法律行为或具有法律意义的行为；客观上须使第三人相信表见代理人是有代理权的，即本人与代理人存在一定的关系；第三人主观上必须为善意，且无过失。

（3）表见代理的常见情形

被代理人以书面或口头形式直接或间接地对相对人表示无权代理人为自己的代理人，而事实上他并未对该无权代理人真正授权；被代理人将有证明代理权存在意义的文件如介绍信、印章、证明和盖有公章的空白合同交与或出借给他人，使其以代理人的身份进行民事活动；委托授权不明实施的无权代理。

------- 案例 2 -------

无权代理能否有效？

【案例正文】 ■————————————————

某年，东北某市甲商场业务员刘某到 B 公司采购电视机，见 B 公司生产的落地电暖器小巧实用。刘某考虑在东北地区，暖气没有来临之前以及在暖气停供之后的一段时间之内，普通家庭对于电暖器需求应该很大，于是自己决定购买一批该公司生产的电暖器。货运到后，甲商场即对外销售该电暖器。后因该市提前供应暖气，电暖器需求不大，大量滞销在库。甲商场遂主张刘某为无权代理，拒绝追认并拒付货款。B 公司遂诉至法院。

【涉及的问题】 ■————————————————

1.在甲商场追认之前，刘某代理甲商场与 B 公司签订合同的效力如何？为什么？

2.本案应如何处理？为什么？

【参考答案】 ■————————————————

1.本案中，刘某并无购买暖风机的代理权，其自行决定以甲商场的名义签订合同构成超越代理权的行为，为狭义的无权代理行为，因此，该行为所签订的合同为效力待定的合同。

2.效力待定的合同经本人追认后，即补足了其所欠缺的代理权而使合同转为有效合同，当事人应依约履行，否则应依法承担违约责任。依《合同法》（现《民法典》）的规定，行为人没有代理权、超越代理权或者代理权终止后以被代理人的名义订立的合同，未经被代理人追认，对被代理人不发生效力，由行为人承担责任。也就是说，无权代理订立的合同为效力待定的合同，须经本人追认才对本人发生效力。

本案中，甲商场接受 B 公司的电暖器，并实际对外销售电暖器，可认定为甲商场追认了行为人刘某的代理权，刘某与 B 公司所签订的合同由效力待定的合同转为有效合同，因此，甲商场应受该合同的约束，享受该合同的权利并承担该合同的义务。甲商场以刘某未经其授权为由，拒绝履行合同的理由在其追认以后不具有效力，因此，本案应判定甲商场败诉。

5.3 代理关系

5.3.1 代理的内部关系

------ 案例 1 ------

开业典礼的红酒

【案例正文】■

英国某公司于 7 月 15 日举行开业典礼，7 月 10 日，甲被授权购买 50 瓶 X 牌红酒用于公司开业典礼，后董事长赴国外出差。甲发现 X 牌红酒在市面上断货，于是联系董事长汇报情况，但联系不上。一直到 7 月 14 日，甲还是无法与董事长取得联系，甲于是购买其他品牌的红酒，董事长回来后，认为甲擅自做主，须承担赔偿责任。

【涉及的问题】■

1. 甲是否应承担赔偿责任？

2. 如果甲有一商场，把自己的红酒卖给该公司，该行为是否合法？

【参考答案】■

1. 甲不承担赔偿责任。因为甲是属于紧急处分的代理。购买红酒是开业典礼必需的，并且甲在行使代理权时，无法联系董事长，甲所作的措施是善意的，考虑了各方当事人的利益。

2. 不合法。因为甲违反了代理人诚信、忠实的义务。除非事先征得本人的同意，代理人不得以本人的名义同自己订立合同。代理人不得受贿或密谋私利。

------ 案例 2 ------

不动产经纪人转卖地块

【案例正文】■

原告 A 是一名不动产经纪人。被告 B 聘用原告 A 为经纪人，为其一栋公寓寻找买主。后来原告 A 获悉公寓所在地的政府要进行开发升级，该栋公寓的价格将会迅速上升，于是原告 A 决定自己购买这栋公寓。被告 B 在对政府开发该公寓所在地不知情的情况下，同意以 1 000 美元/平方米的价格卖给原告 A，双方签订了公寓转让协议。与此同时，原告 A 以自己的身份找到买主 C，以 1 500 美元/平方米的价格转让给 C。但在执行协议之前，被告 B 却撤销了与原告 A 的协议，将该栋公寓卖给了 D。原告 A 于是向法院起诉，要求被告赔偿自己的损失。

【涉及的问题】

1. 原告 A 是否可以购买被告 B 的公寓，成为合同的当事人？

2. 被告 B 是否应该赔偿原告 A 的损失？

【参考答案】

1. 根据"代理人应对本人诚信、忠实"的义务，代理人不能为自我代理，即以本人名义同自己订立合同，但如果本人同意，则不受此限。在此案中，如果被告 B（本人）同意的话，原告 A（代理人）可以称为合同的当事人，购买被告 B（本人）的公寓。

2. 根据"代理人应对本人诚信、忠实"的义务，代理人应向本人公开他所了解的客户的一切情况和与交易有关的一切信息。这里，原告 A 得知该公寓所在地政府将进行开发升级，公寓价格将快速上涨，但原告 A（代理人）并没有将此情况告知被告 B（本人），违反了他作为代理人所应当承担的义务。因此，被告 B 有权撤销合同，不应当赔偿原告 A 的损失。

案例 3

延缓发运的货物受损由谁负责？

【案例正文】

A 物流公司接受某货主的委托，自马来西亚某港口代运一批货物到内地某海关监管库。A 物流公司找到 B 外运公司，让 B 外运公司负责到港口联系卸船、装火车、办理进口海关转关手续等工作。货物运到港口后，港口临时增加了货物倒短费用 8 000 元。对于临时增加的费用，A 公司与 B 公司争执不下，B 外运公司于是延缓了该批货物的运输。货物在港口存放期间，没有妥善苫盖，被雨淋湿。货物到达目的地监管库后发现该批货物大部分受损。

【涉及的问题】

货物的损失应由谁来赔偿？

【参考答案】

本案中，B 外运公司接受了 A 物流公司的委托，所以 B 公司为代理人，A 公司为本人。作为代理人，B 公司应尽到代理人的谨慎义务，即对货物应妥善照料，对于放置在露天堆场的货物要进行必要的掩盖。货物在港口存放期间，B 公司没有妥善掩盖，被雨淋湿，导致货物大部分受损，因此，应承担货物淋湿赔偿责任。

------ 案例 4 ------

店铺是否要退？

【案例正文】 ◢

刘某在甲市有两个商用店铺。后来刘某由于工作变动，全家迁到乙市，于是，刘某委托自己朋友李某将两个商用店铺卖掉。两月后，李某告知刘某两个商用店铺已经卖掉，价款 60 万元已汇至刘某的银行账户。刘某后来无意中发现两个商用店铺是李某自己购买的，于是要求李某退还自己的店铺。李某称自己支付的价款是按照市场正常价格计算的，坚持不退还店铺。双方诉至法院，法院经查后确认，李某所说属于实情。

【涉及的问题】 ◢

本案中，李某该不该退还店铺？

【参考答案】 ◢

在本案中，李某是代理人，刘某是本人。李某在未取得刘某的同意下，自己代理刘某与自己实施民事行为，这属于代理权的滥用。代理人以本人的名义对自己为民事行为，或者代理人自己对本人为民事行为而又以本人名义予以受领，这都构成代理权的滥用，除非得到本人的事前同意或者事后追认，否则为无效代理。因为交易双方的利益难免冲突，代理他人与自己交易难免顾此失彼，很容易损害被代理人的利益。所以，李某应该退还店铺。

-------- 案例 5 --------

律师事务所与设计公司服务合同纠纷案

【案例正文】 ◢

申请人××律师事务所于 2019 年 8 月受聘为被申请人××设计公司常年法律顾问，合同约定法律服务费每年 20 000 元；2020 年 8 月续聘。在担任法律顾问期间，该事务所代理了被申请人××设计公司的 5 件诉讼案件。申请人××律师事务所按约提供了法律服务，并向被申请人××设计公司开具了法律服务费发票，但被申请人××设计公司未按约定支付，现累计欠申请人××律师事务所法律服务费 120 000元。经申请人××律师事务所多次催收未果，双方由此发生纠纷。

【涉及的问题】 ◢

双方的服务合同是否合法有效？××设计公司是否应该支付法律服务费？

【参考答案】 ◢

1.《中华人民共和国民法典》第 577 条规定："当事人一方不履行合同义务或

者履行合同义务不符合约定的，应当承担继续履行、采取补救措施或者赔偿损失等违约责任。"第928条规定："受托人完成委托事务的，委托人应当依照规定向其支付报酬。"因引起本案纠纷的法律事实即被申请人××设计公司的违约行为发生于《中华人民共和国民法典》施行前，但一直持续至《中华人民共和国民法典》施行后，故本案应根据《最高人民法院关于适用〈中华人民共和国民法典〉时间效力的若干规定》第1条第3款的规定。申请人××律师事务所与被申请人××设计公司签订的《法律顾问合同》及5份《委托代理（辩护）合同》是双方真实的意思表示，且内容不违反法律、行政法规的禁止性规定。被申请人××设计公司主张两份合同未经公司董事会议审批，认为合同不能成立，但公司董事会议的审批系被申请人××设计公司的内部审批流程，被申请人××设计公司不能以未经该内部审批流程审批来对抗合同相对人，且该内部审批流程非法律、法规规定的必经流程。因此，双方合同依法成立，被申请人××设计公司应当依法支付法律服务费。

2.本案中，双方因一方当事人未能履行支付义务，导致了纠纷的发生。对于本案而言，双方签订《委托代理（辩护）合同》及《法律顾问合同》为双方的真实意思表示，××律师事务所为代理人，××设计公司为本人。双方对于该合同应当切实遵守，担当法律顾问的律所应当积极履行自身代理人义务，并向签订的另一方（本人）提醒履行合同义务，以避免后续不必要的麻烦，而××设计公司（本人）应在律所完成自身应尽义务后及时支付相应款项，支付代理人报酬是本人应尽的义务。

5.3.2 代理的外部关系

---- 案例 1 ----

购买的水泥由谁付款？

【案例正文】■————————————————————

甲建筑公司为承建某地公路建设工程，委托合顺利公司购买1 000吨水泥，合顺利公司以自己的名义与丙水泥公司签订了买卖合同，合同中注明水泥是合顺利公司为甲建筑公司购买，由丙水泥公司直接向甲建筑公司发货，货到后15日内付清全部货款。后丙水泥公司按照合同约定的时间，向甲建筑公司发出合同中约定品种、强度的水泥1 000吨，同时告知甲建筑公司付货款。此时，市场水泥价格回落，甲建筑公司则以该合同非自己所签订为由拒收，并告知丙水泥公司应该向合顺利公司索要货款。丙水泥公司要求合顺利公司履行合同，合顺利公司则以该合同应由甲建筑公司履行，自己拒绝付款。无奈，丙水泥公司诉至法院，要求甲建筑公司履行合同，接受水泥，支付货款。

【涉及的问题】

甲建筑公司应否履行合顺利公司以自己名义与丙水泥公司订立的买卖合同？

【参考答案】

甲建筑公司应该履行，因为在合同中注明水泥是合顺利公司为甲建筑公司购买。本案中，甲建筑公司与合顺利公司直接是委托关系，代理人为合顺利公司，本人为甲建筑公司，第三人为 A 公司。丙水泥公司（第三人）与合顺利公司（代理人）签订合同时，知道甲建筑公司与合顺利公司的关系是代理关系，合顺利公司作为代理人在签订合同时，已经是披露本人，所以甲建筑公司要履行。

----- 案例 2 -----

仓储公司购买土地案

【案例正文】

某大型房地产公司是一家经济实力雄厚的大公司。为扩建开发楼盘，该房地产公司欲购买甲、乙、丙三人的土地。因为担心三人乘机索要高价，也担心其他不知名的竞争者介入而抬高地价，该房地产公司委托了刘某、王某、李某三个代理人，让他们分别以自己的名义去与甲、乙、丙三人谈判，购买三人的土地，并向该三人声明是他们自己使用的，三个合同都顺利签订了。

【涉及的问题】

1. 如果合同签订后，甲、乙、丙三人最终发现真正的买家是该经济实力雄厚的房地产公司，而他们本来可以向该房地产公司索要更高的价格，请问甲、乙、丙三人是否有义务履行与刘某、王某、李某签订的合同？

2. 如果刘某、王某和李某三个代理人以自己的名义签订合同后发现这三块地有利可图，而拒绝将这三块地转交给该房地产公司，房地产公司能否主张自己对这三块土地拥有合法的权利？

【参考答案】

1. 此案应该要分不同法系来处理。在大陆法系国家，如果合同签订后，甲、乙、丙三人知道了真正的买家是实力雄厚的房地产公司，他们三人也要履行合同，但是履行的对象是刘某、王某和李某。因为，在大陆法系国家，代理人未披露本人与第三人订立的合同，则合同的当事人为代理人和第三人，除非代理人将合同中的权利义务转让给本人。如果本案中，刘某、王某、李某将合同权利义务转让给房地产公司，则甲、乙、丙三人有义务向房地产公司履行合同。

在英美法系国家，甲、乙、丙有义务向房地产公司履行合同。因为根据英美法的规定，未经披露的本人可以行使介入权，直接成为合同的当事人，可以对第三行使介入权。

2.同样大陆法系国家与英美法系国家会有不同的结论。在大陆法系国家，如果刘某、王某和李某三个代理人以自己名义签订合同后发现这三块土地有利可图，而拒绝将这三块土地转交房地产公司，房地产公司只能追究刘某、王某和李某三个代理人的违约责任（违反与房地产公司的代理合同），但不能主张对这三块土地拥有合法的权利。

而在英美法系国家，只要房地产公司能证明刘某、王某和李某三个人是自己的代理人，该业务是代理行为，则合同在房地产公司与甲乙丙三人之间具有法律约束力，房地产公司可以行使合同权利。

------------ 案例3 ------------
我国外贸公司代理购买家电案

【案例正文】 ■————————————————————————————

某境内商务公司（以下称为"最终买主"），欲向某境外家电生产公司（以下称为"家电公司"）进口一批家电，于是委托某境内外贸公司代理进口事宜。最终买主与家电公司的广州代表处就家电买卖合同中的标的、价款、技术服务等主要内容达成一致后，三方签订了家电购买合同，其中，家电公司为卖方，外贸公司为买方，该境内商务公司为最终买主。

随后，外贸公司又与最终买主签订了委托代理进口合同。外贸公司按期开立了信用证，在收到家电公司提交的信用证下的单据后，最终买主也如约向外贸公司支付了90%的货款并由外贸公司通过信用证转付给家电公司。家电到货后，最终买主与家电公司的广州代表处共同进行了验收，并签署了验收证明，此后，最终买主却以家电在验收后频频出现故障为由拒绝支付剩余10%的货款。家电公司多次讨要无果，遂以家电买卖合同中的买方外贸公司为被申请人提起仲裁。

双方提交的证据：家电公司（申请人）：（1）家电买卖合同，证明家电公司、外贸公司双方之间存在家电买卖关系；（2）家电安装验收报告，证明家电已交付最终买主并已验收合格；（3）家电公司广州办事处、家电公司代理律师致外贸公司的函件，证明家电公司已向外贸公司催讨过剩余货款。

外贸公司（被申请人）：（1）家电公司广州办事处发给最终买主的报价单，证明本单家电买卖业务是先由最终买主与家电公司直接磋商达成的；（2）家电购买合同，证明争议合同为家电公司提供的格式合同文本；（3）最终买主与外贸公司之间的委托代理进口合同，证明外贸公司事实上是家电买方的代理人，而非实际家电买方；（4）最终买主将90%的货款打至外贸公司账下的银行单据，证明信用证下已付的90%的货款实际是由最终买主支付的；（5）最终买主致外贸公司的函件，证明最终买主为实际的家电买方；（6）海关报关单等相关单据，证明外贸公司确实是在按委托代理进口合同履行其相关的代理义务。

双方陈述的观点：外贸公司的答辩观点为：本单家电买卖是由最终买主与家电公司的广州办事处先磋商达成的（有报价单为证），家电公司从一开始就明知最终买主为实际买方。相反，外贸公司与家电公司就本单业务没有进行过任何的磋商，更无文件往来，并且已付的货款也实际由最终买主支付（有银行水单为证），而相关的报关单据和最终买主致外贸公司的函件则更进一步证明了外贸公司仅为进口代理，实际买方是最终买主。此外，家电的验收也是由最终买主和家电公司的广州办事处共同参与完成的，可见，家电公司不仅在订立合同前明知最终买主为实际买家（如发报价单给最终买主，并在合同中列出最终买主），并且在合同履行上（即验收事宜）也是将最终买主作为实际买家来对待的。因此，根据《中华人民共和国民法典》第 925 条的规定，本案争议合同应直接约束家电公司和最终买主，最终买主为实际买方，而外贸公司仅为代理人不应承担买卖合同下的任何实体义务。

家电公司的反驳观点为：外贸公司在签订合同时从未向家电公司提示其作为最终买主代理人的身份，并且也无其他书面文件证明家电公司知晓此种代理关系，而家电买卖合同中的表述明确无误，即外贸公司为合同买方，家电公司为合同卖方，因此本案争议合同应约束家电公司和外贸公司。

【涉及的问题】 ■━━━━━━━━━━━━━━━━━━━━━━━━

你认为，该案应如何判决？

【参考答案】 ■━━━━━━━━━━━━━━━━━━━━━━━━

外贸公司的观点是本单业务是由家电公司与最终买主先磋商达成后再委托外贸公司订立购买合同的，但外贸公司提供的用以证明磋商过程的报价单上没有能够反映传真往来过程的传真机号码和时间抬头，并且家电公司也否认该份文件的真实性，因而对该证据不予采信。而验收证明及函件又均无法充分证明家电公司在签订合同时即明知代理关系。因此，在没有其他证据的情况下，不能认定家电公司在签订合同时即明知外贸公司与最终买主之间的代理关系。在双方对业务磋商过程都未能提交证据证明的情况下，双方签订的家电购买合同已足以证明双方当事人之间存在买卖关系及各方的权利义务。因此，外贸公司作为合同买方在家电已验收合格的情况下应承担付款义务，裁定外贸公司败诉。

法律依据：本案中，为免于承担实体的付款义务，外贸公司援引的法律依据为《中华人民共和国民法典》第 925 条："受托人以自己的名义，在委托人的授权范围内与第三人订立的合同，第三人在订立合同时知道受托人与委托人之间的代理关系的，该合同直接约束委托人和第三人；但是，有确切证据证明该合同只约束受托人和第三人的除外。"本案中，外贸公司受最终买主的委托与家电公司签订家电购买合同，因而，外贸公司即为法条中所指的"受托人"，最终买主为"委托人"，家电公司则为"第三人"。《中华人民共和国民法典》第 925 条得以适用的依据，也就是使争议合同直接约束家电公司和最终买主从而使外贸公司摆脱付款义务的条件是，"第三人在订立合同时知道受托人与委托人之间的代理关系的"，换言之，家电公司在订立合同时是否明知外贸公司与最终买主之间的代理关系是本案是否能适用《民法典》第 925 条的关键，也是本案的争议焦点所在。对于该焦点，外贸公司提供的证据仅为报价单，但由于此报价单上没有反映传真往来过程的抬头，且家电公司否认其真实性，因此仲裁庭裁定为该份证据不具有证明力。

本案中，由于外贸公司与最终买主之间还存在代理费等相关问题的纠纷，外贸公司无法从最终买主处取得能够证明家电公司在签订合同时或签合同前就知晓代理关系的其他证据，例如家电公司与最终买主之间商谈价格及技术条款的文件，或者最终买主告知家电公司有关合同签约事项的函件等等，证据的不足使外贸公司陷于极其不利的境地，并最终遭遇败诉。

为避免今后外贸代理业务中的风险，建议外贸公司在操作中注意如下几点：

（1）要注意收集、保存证据。首先，在业务运作之始与最终买主商谈代理事宜时，外贸公司就应要求最终买主提供其与家电公司之间磋商买卖合同的往来信函、传真、电邮等。其次，在业务操作的整个进程中也应保持三方共同介入的状态，即任何两方之间的往来文件应抄送第三方，特别重要的是外贸公司应知悉家电公司与最终买主之间的履约进程，并且，务必将外贸公司与最终买主之间的文件往来例如能表明外贸公司代理人身份的文件抄送家电公司。最后，如家电公司有向最终买主追讨货款的文件也应予以收集和保存。

（2）严格按流程操作业务。具体而言，应先谈妥代理事宜并订立相关委托代理进口合同后再签订进口合同（外合同）。即便有特殊情况，无论如何也应使代理合同所示的签订日期早于外贸合同的签订日期。

（3）为避免风险，最为直接的是在外合同中即表明外贸公司的代理人身份。如在外合同中规定："外贸公司受最终买主的委托，作为最终买主的代理人，以买方名义订立本合同。如有争议，本合同应直接约束家电公司和最终买主"，或者"鉴于最终买主为实际买方，而外贸公司仅为代理人，因而在最终买主未付款前，外贸公司有权拒绝家电公司相应的付款请求"等。

本案给我们的启示是，外贸公司在操作代理业务时不能想当然地认为家电公司在签订外合同时必定知晓外贸公司的代理人身份，是否知晓必须要有确定的具有充分证明力的书面证据加以证明。此外，外贸公司不能认为只要收了代理费就万无一失了，一旦签署了相关的法律文件必须注意切实履行文件下所规定的相关义务。像本案中，外贸公司既然以买方的身份签署了买卖合同就应知悉并履行买方的合同义务，如货物质量不合格，外贸公司应按照合同规定的时限提出质量异议，或至少敦促最终买主以合同规定的方式及时提起，而不应超脱地认为货物质量与自身无任何关系，否则就会白白地丧失对货物质量提出异议从而对抗卖方的付款请求的权利。

5.4　代理的终止

松子价款该由谁支付？

【案例正文】 ■──────

　　刘某在广州市工作，父母住在吉林省长春市，每年春节刘某都要回家看望父母。刘某在广州的一个邻居李某开了一家零食店，在刘某回家看望父母前，他来找刘某问东北松子的行情，并委托刘某买 100 斤带回来。并说如果松子如果在广州好销，就建立起长期委托，以后就可以贩卖松子，这样对大家都有好处。刘某听后满口答应，并说这次回长春市一定把这事给你办好。春节过后，刘某从长春市托运回 100 斤松子，当他欲交给李某准备要钱时，得知李某在大年初一因酒后驾车出了车祸，经抢救无效死在医院里，他因欠别人的债，零食店已被债主接管。刘某把 100 斤松子送到李某家交给他妻子林某，并向他妻子要钱。李某的妻子说她不知道此事，而且李某已死，零食店已由别人经营，他要这些松子也没有什么用，故拒绝接受并拒绝支付松子的钱。刘某认为李某的妻子应该接受这 100 斤松子，因为这是继承的一部分内容。李某的妻子则说，李某已死，这同她没有任何关系，继承只继承财产，没听说过还要继承这些的。刘某没办法，遂向人民法院提起诉讼，要求李某的妻子接受这些松子，并支付松子的价款。

【涉及的问题】 ■──────

　　本案该如何判决？

【参考答案】 ■──────

　　李某委托刘某在回长春市时为他购买 100 斤松子，他们之间已经形成代理关系，李某应对刘某的代理行为承担民事责任。由于在刘某还未完成代理之事时，李某就已经死亡，根据《民法典》第 174 条的规定，被代理人死亡后有下列情形之一的，委托代理人实施的代理行为有效：（1）代理人不知道被代理人死亡的；（2）被代理人的继承人均予承认的；（3）被代理人与代理人约定的代理事项完成时代理权终止的；（4）在被代理人死亡前已经进行、而在被代理人死亡后为了被代理人的继承人的利益继续完成的。李某的委托代理并不因为其死亡而终止，因而委托代理关系依然存在，刘某的代理行为的法律后果应由李某的法定继承人林某承担。故人民法院最后作出判决，由李某的妻子林某接收刘某所带回的 100 斤松子，并向刘某支付这 100 斤松子的款项。

　　本案主要涉及的是被代理人死亡后，代理人的代理行为是否还有效的问题。代理的终止，是指代理人与被代理人之间的代理关系消灭。代理作为一种民事法律关系，可以因为一定的民事法律事实的出现而终止。我国法律针对三种不同的代理的终止情形都作了明确的规定。我国《民法典》规定，被代理人死亡后有下列情况之一的，委托代理人实施的代理行为有效：（1）代理人不知道被代理人死亡的；（2）被代理人的继承人均予承认的；（3）被代理人与代理人约定的代理事项完成时代理权终止的；（4）在被代理人死亡前已经进行，而在被代理人死亡后为了被代理人的继承人的利益继续完成的。此案属于因为被代理人死亡后，代理人不知道而继续完成代理，但被代理人的继承人不同意接受而产生的纠纷。李某的继承人林某不能因为李某的死亡而拒绝接受刘某的代理行为所购买的 100 斤松子，这是没有法律依据的。因此，根据《民法典》以及相关法律的规定，法院判决李某的妻子林某接受这100 斤松子并支付款项是正确的。

5.5　商事代理的种类

案例 1
运动鞋赔偿款该归谁？

【案例正文】

易事达公司是一家经营运动鞋的国内企业，合顺利公司是一家设在广州的外贸公司。易事达公司通过合顺利公司对外开展运动鞋进出口贸易，双方订立了代理协议。作为易事达公司的代理人，合顺利公司在外贸业务中是以自己的名义与境外公司订立合同的。

某年 5 月，易事达公司通过合顺利公司向某国的 A 公司出口一批运动鞋，A公司收货后以运动鞋质量不合格为由，未支付货款。易事达公司、合顺利公司均认为质量肯定没问题。因此合顺利公司希望易事达公司能在某国起诉，主张自己的权利。但易事达公司迟疑之后认为费用过高，拒绝了合顺利公司的提议。后合顺利公司自己对 A 公司提起了诉讼并获得了胜诉，得到了大笔的赔偿款。易事达公司得知这一消息后，要求合顺利公司返还这笔运动鞋款。

【涉及的问题】

1. 易事达公司有权以自己的名义起诉 A 公司吗？

2. 为什么作为代理人的合顺利公司可以直接起诉 A 公司？

3. 易事达公司有权要求合顺利公司返还运动鞋款吗？

【参考答案】

1. 易事达公司是否可以以自己的名义起诉 A 公司，应视不同国家的法律制度而定。本案是一起"未披露本人的代理"，根据我国法律，易事达公司有权直接起诉 A 公司。

2. 合顺利公司是易事达公司的代理人，但合顺利公司以自己的名义与 A 公司签订合同，合顺利公司是直接的合同当事人，在 A 公司不履行合同义务时，合顺利公司有权要求 A 公司履行合同，也可以直接起诉 A 公司。

3. 易事达公司有权要求合顺利公司返还运动鞋款。虽然在与 A 公司的合同中，合顺利公司是直接的合同当事人，且易事达公司没有行使介入权，但易事达公司和合顺利公司之间有委托合同，合顺利公司在这项合同中只是易事达公司的代理人，因此其从 A 公司处获得的赔偿应当归属于易事达公司。

------- 案例 2 -------
总代理变总经销？

【案例正文】 ■

方某自己经营着一家小公司，目前正在与一家泰国企业洽谈一份合同，由方某的公司负责在中国市场销售该泰国企业生产的泰式火锅底料。最初双方商定由方某的公司作为该泰国企业总代理，但在准备签订合同时，方某发现合同标题变成了总经销。

【涉及的问题】 ■

方某向好友邓某咨询，总代理与总经销有什么不同？

【参考答案】 ■

如果该泰国企业委托我们作为总代理，是否还可以在中国市场上再委托别人做总代理？

首先，总代理与总经销并没有严格的、法律明确规定的差别，关键看合同内容怎么签订。但在一般意义上，总代理意味着方某的公司是代理人，其销售产品活动产生的权利、义务以及产品的责任等法律后果归被代理人；但总经销通常意味着方某的公司是独立的经销商，须对销售产品活动中所产生的权利、义务等法律后果承担责任，并存在向该泰国企业付款购货，然后在中国市场销售的义务，以及承担一定货物积压风险。

其次，作为总代理，方某的公司并不能排除该泰国企业在中国市场上再委托别人做总代理或总经销的可能性。总代理只是一个称谓，并不等同于独家代理的概念。总代理可以下设若干分代理商，但一家企业在一个国家或地区设若干个总代理的情形是可能的，除非代理合同明确排除这种情况。因此，方某的公司如果希望在中国市场上成为唯一销售该泰国企业泰式火锅底料的单位，最好与对方签订独家代理协议，并明确是狭义的独家代理还是排他代理商，以免产生争议，影响自己的商业利益。

综合案例：新加坡F公司诉中国Z公司股权转让合同纠纷案

【案例正文】

一、案例背景

新加坡上市公司F有限公司（下称"F公司"）于2007在中国注册成立全资子公司FJ有限公司（下称"FJ公司"）。F公司共计有郑某来、郑某江、于某、陆某、费某是五名董事，其中郑某江是公司董事会主席，郑某来是公司首席执行官。本案围绕F公司就对其对FJ公司的全部股权转让与中国Z公司所产生的纠纷。

2009年2月27日，某会计师事务所对FJ公司的财务状况进行审计，截至2008年底，FJ公司流动资产合计人民币6 500万元，非流动资产合计人民币2 000万元，负债合计人民币6 000万元，所有者权益合计人民币2 500万元。在负债栏目中，没有关于欠付职工工资及欠付税金的记载。

F公司于2009年7月9日召开了董事会会议。形成《董事会决议》如下：为了避免FJ公司债务纠纷，影响新加坡总部，公司同意将投资在中国FJ公司的全部股权以债转股形式转让给Z公司。该董事会决议落款处有前述五名董事的签名，并加盖F公司印章。

2009年7月30日，郑某来代表新加坡F公司与中国Z公司签订《股权转让协议》。双方约定：《股权转让协议》中有争议解决适用中国法，由中国法院管辖；F公司将其对FJ公司的全部股权转让给Z公司，以抵偿对Z公司的债务550万元人民币，同时FJ公司的其他债权债务也由Z公司负责处理；Z公司无须再向F公司支付股权转让款。

同日，郑某江以F公司董事长的名义出具《授权委托书》，委托F公司董事郑某来按照F公司董事会决议，代表F公司在中国签署FJ公司股权转让及法定代表人变更等事项所需的所有文件。委托期限自2009年7月9日至在工商部门完成所有变更手续止。

二、基本案情

2012年8月7日，F公司诉至中国人民法院，请求确认FJ公司向商务局报送的《股权转让协议》无效；判令中国Z公司返还F对FJ公司的全部股权；判令中国Z公司赔偿F公司损失人民币500万元。理由是：F公司2009年7月9日形成的《董事会决议》的内容违反公司章程的规定，应属无效；《股权转让协议》的签约人郑某未经F公司授权为由，该转让协议应属无效，F公司并未同意将FJ公司的股权转让给Z公司。

另查明如下事实:

2009 年 1 月 19 日，陆某向 F 公司董事会递交辞呈，辞去泛董事职务。2009 年 7 月 20 日，郑某来向 F 公司董事会递交辞呈，辞去首席执行官职务。同日，F 公司形成董事会决议，批准郑某来的辞职申请。董事费某、于某、陆某、郑某来及郑某江在该决议上签名。

2009 年 7 月 29 日，郑某江向 F 公司董事会递交辞呈，辞去董事职务。同日，F 公司形成董事会决议，批准郑某江、陆某及于某辞职。董事费某、郑某来在该决议上签名。

F 公司在新加坡证券交易所对公司董事的辞职事项进行了披露，但未记载关于转让 FJ 公司股权的董事会决议及签订股权转让协议。

2009 年 9 月 1 日，郑某来以 F 公司董事会主席的名义签署《董事委派书》，委派 LEO 为 F 公司法定代表人及董事长，并同时另外委派了新的董事。

2010 年 4 月 8 日，中国 Z 公司出具 F 公司《董事委派书》，委派 LEO 为 F 公司法定代表人及董事长。同日，F 公司形成董事会决议，内容为向当地商务局申请将 FJ 公司投资人由 F 公司变更为中国 Z 公司。

2010 年 7 月 7 日，该市商务局对 FJ 公司股权转让的请示作出同意批复。

F 公司《公司章程》载明如下内容:

第 104 条:（1）如果董事出现以下情况，应当免去董事职务……（e）向公司递交了书面辞职通知;（2）若董事终止其董事职位，则该董事对主席、副主席、常务董事、联合常务董事、代理董事或助理董事的任命应自动终止;（3）若董事因其他任何原因终止其董事职位，其对行政人员的任命应自动终止。

第 116 条:董事不能实施任何处理本公司全部或基本上为全部业务和财产的提议，除非此提议已于股东大会上经本公司批准和修改。

第 132 条:（1）董事须安全保管印章，若无董事授权，不可使用印章，每份加盖公章的文件须有一名董事与秘书或另一名董事或由董事委托的其他人员的亲笔签署或其复写签名……

三、判决结果

依照《中华人民共和国涉外民事关系法律适用法》第 3 条、第 41 条，《中华人民共和国物权法》第 106 条第 1 款，《中华人民共和国合同法》第 51 条，《中华人民共和国外资企业法》第 4 条，《中华人民共和国民事诉讼法》第 64 条之规定，法院判决支持了 F 公司的诉讼请求。

案例来源:最高人民法院.（2014）民四终字第 4 号 [EB/OL].［2014-08-18］. https://wenshu.court.gov.cn/. 编者有修改。

【案例使用说明】━━━━━━━━━━━━━━━━━━━━━━━━━━━━━━━

一、讨论问题

1. 本案中的被代理人、代理人、第三人分别是谁?

2.谈谈代理人与被代理人的义务有哪些。

3.请评价郑某来的代理行为。

4.结合《股权转让协议》的效力认定，请分析中国 Z 公司是否应当将案涉股权转让返还给新加坡 F 公司。

二、分析思路

本案系涉外商事领域的公司股权转让诉讼。原告为登记注册于新加坡的 F 公司，但被告系中国 Z 公司，涉及股权转让的 FJ 公司是 F 公司在中国注册的全资子公司。本案核心在于审查郑某来代表 F 公司与 Z 公司签订的 FJ 公司《股权转让协议》的有效性，即中国 Z 公司是否构成股权善意取得。为审查该事实，首先应当审查郑某来的授权来源是否有依据，其是否有权代表 F 公司对外就该股权转让有关文件签字。

首先，讨论案例中涉及的当事人，围绕这一问题，要引导学生具体讨论下列问题：代理的概念；代理人、被代理人、第三人的定义。

其次，讨论代理人与被代理人的义务。围绕这一问题，引导学生具体讨论：代理人与被代理人直接是属于代理的内部关系，他们各自承担的义务责任是哪些；还要讨论代理人什么行为会导致无权代理。

最后，郑某来是否有权代理 F 公司签订合同，合同的权利及义务由谁承担。围绕这一问题，引导学生具体讨论：代理的外部关系指的是什么？

三、理论依据

1.关于本案准据法的适用。

本案系涉外法律纠纷，根据《中华人民共和国涉外民事关系法律适用法》第 3 条"当事人依照法律规定可以明示选择涉外民事关系适用的法律"、第 41 条"当事人可以协议选择合同适用的法律"之规定，中华人民共和国法律应作为处理本案争议的准据法。同时，《股权转让协议》约定"本协议如有争议，适用中华人民共和国法律，由中国法院管辖"。因此，本案应当适用中国法作为准据法。

2.关于《董事会决议》的效力问题。

从《董事会决议》的内容看，是对 F 公司所持有的 FJ 公司的股权进行转让，该转让行为系对 F 公司重大财产进行处置。F 公司的《公司章程》第 116 条规定，董事不能实施任何处理本公司全部或基本上为全部业务和财产的提议，除非此提议已于股东大会上经本公司批准和修改。

3.我国对无权处分权人处分的他人财产有关规定。

由于，案件发生在《民法典》生效之前，所以依据的法律为《中华人民共和国合同法》《中华人民共和国物权法》。

《中华人民共和国合同法》第 51 条规定，无处分权的人处分他人财产，经权利人追认或者无处分权的人订立合同后取得处分权的，该合同有效。

《中华人民共和国物权法》第 106 条第 1 款规定，无处分权人将不动产或者动产转让给受让人的，所有权人有权追回；除法律另有规定外，符合下列情形的，受让人取得该不动产或者动产的所有权：（一）受让人受让该不动产或者动产时是善意的；（二）以合理的价格转让；（三）转让的不动产或者动产依照法律规定应当登记的已经登记，不需要登记的已经交付给受让人。

四、参考答案

1. 可以初步认定本案中的被代理人是 F 公司、代理人是郑某来、第三人中国 Z 公司。2009 年 7 月 9 日郑某江以 F 公司董事长的名义出具《授权委托书》，委托 F 公司董事郑某来按照 F 公司 2009 年 7 月 9 日董事会决议，代表 F 公司在中国签署 FJ 公司股权转让及法定代表人变更等事项所需的所有文件。由此可以推断出本案中郑某来是 F 公司的代理人，但代理权还有待考究，第三人为中国 Z 公司。

2.（1）代理人的主要义务：履行代理职责；代理人应对本人诚信、忠实、报告的义务；保密的义务；移转权利的义务。

（2）被代理人的主要义务：支付报酬的义务；偿还费用的义务；允许代理人核对账目的义务。

3. 不具有代理权，而以被代理人的名义与第三人订立合同或进行其他民事活动，称为无权代理。在本案中，郑某来的代理行为可以定义为无权代理。郑某来的代理权主要来自 2009 年 7 月 9 日郑某江以 F 公司董事长的名义出具《授权委托书》，而根据事实表明，2009 年 7 月 29 日，F 公司董事会形成决议，批准郑某江、于某英、陆某歌辞去董事职务。再根据 F 公司《公司章程》第 104（2）、104（3）的规定，董事一旦终止其董事职务，其相应的任免权自动终止。因此，在涉案《股权转让协议》签订之日即 2009 年 7 月 30 日，郑某江对郑某来的授权随着郑某江董事职务的终止而终止。因此，可以认定郑某江授权行为无效，则郑某来的代理行为是无权代理。

4. 本案中郑某来代表 F 公司与 Z 公司签订的《股权转让合同》无效。首先，郑某来代表 F 公司与 Z 公司签订的合同，属于无权代理行为。无权代理行为签订的合同属于效力待定合同，需要被代理人 F 公司的追认才发生效力。本案中，F 公司提起诉讼要求确认《股权转让协议》无效的行为表明，其对郑某来的无权处分行为未予事后追认。

其次，对 F 公司所持有的 FJ 公司的全部股权进行转让，系对 F 公司重大财产利益进行处分。根据 F 公司的《公司章程》第 116 条，董事不能实施任何处理本公司全部或基本上为全部业务和财产的提议，除非此提议已于股东大会上经本公司批准和修改。本案中，在未经股东大会批准的情况下，F 公司董事会无权就股权转让之事宜形成董事会决议。郑某来与 Z 公司签订《股权转让协议》属于无权代理，且郑某来的无权处分行为事后未得到追认。

最后，Z 公司并非善意的第三人。首先，Z 公司明知 F 公司为新加坡上市公司，应就股权转让这一重大事项进行公告。在 F 公司未就该事项对外公告的情况下，Z 公司对郑某来以 F 公司名义签订《股权转让协议》行为的合法性应产生合理怀疑，但中国 Z 公司未能履行善意第三人所应尽之审查义务。其次，FJ 公司当时的股东权益为 2 500 万元，而案涉的股权转让价格仅为 550 万元，远低于市价。故可以认定中国 Z 公司不是善意的第三人，无法善意取得该股权。

综上，可以认定《股权转让协议》无效，中国 Z 公司依据《股权转让协议》取得的股权应返还 F 公司。

第六章 商事组织法

开篇案例 大学生创业该选择什么类型企业？

【案例正文】

当一批学子苦苦寻找"金饭碗"时，另一些学子则怀揣着给别人饭碗的梦想，踏上了创业的道路。创业，在很多大学生看来是一种富于浪漫主义和英雄主义的行为，是开拓创新和自我实现的过程。教育部也在大力推行高校创新创业教育和大学生自主创业，促进以创业带动就业。但是，要成功挖得"第一桶金"，不仅需要双手，更需要智慧。如何根据资本实力和行业经营特点选择适当的企业形式，是实现投资者期望和企业发展需要解决的关键问题。

【涉及的问题】

1. 个人企业，合伙企业和公司 3 种组织形式之间的区别？

2. 当我们设立公司时，公司作为独立法人，股东在任何情况下都只承担有限责任吗？

6.1　个人企业

6.1.1　个人企业概述

------------- 案例 -------------

独资企业的债务如何偿还？

【案例正文】◼━━━━━━━━━━━━━━━━━━━━━━━

2013 年，投资人杰瑞开办一家独资企业并自己进行经营。2015 年 3 月，因身体原因，杰瑞将企业委托给史蒂芬管理，并约定：金额在 2 万美元以下的合同可以由史蒂芬自行决定，金额超过 2 万美元的合同必须经杰瑞同意后才可以签订，史蒂芬应本着诚实、守信的原则经营、管理企业。

史蒂芬接管企业的经营权之后，开始经营管理企业，包括：（1）2015 年 10 月，史蒂芬认为一笔交易非常有利于企业，便在未经杰瑞同意的情况下签订了一份 3 万美元的订货合同；（2）2015 年 11 月，史蒂芬的一个朋友为购买一间房屋向银行贷款 5 万美元，史蒂芬以该独资企业财产为该朋友设定了抵押；（3）2016 年 1 月，史蒂芬因感到该独资企业经营状况不佳，难以为继，便自己注册了一家经营同类业务的企业，打算不久后辞去职务，经营自己的企业。

2016 年 3 月，杰瑞检查企业财务和经营状况时发现企业状况不佳，很难继续经营，并发现了史蒂芬的上述问题。杰瑞决定关闭企业，进行清算。此时企业所有资产合计 13 万美元，而对外负债 18 万美元。

【涉及的问题】◼━━━━━━━━━━━━━━━━━━━━━━━

1. 如果杰瑞将企业委托给史蒂芬管理时，仍然盈利，由于史蒂芬管理不善导致亏损。企业在关闭时不能清偿的债务由谁承担？

2. 2015 年 10 月，史蒂芬在未经杰瑞同意的情况下签订的那份金额 3 万美元的订货合同是否有效？

3. 2015 年 11 月，史蒂芬因朋友买车而以该独资企业财产设定抵押，向银行贷款 5 万美元，该抵押合同是否有效？

4. 2016 年 1 月，史蒂芬自己注册了一家经营同类业务企业的行为是否违反其义务？

【参考答案】◼━━━━━━━━━━━━━━━━━━━━━━━

1. 企业关闭时不能清偿的债务仍然需由投资人杰瑞来承担。各国法律都要求独资企业的出资人对企业债务承担无限清偿责任。至于杰瑞将企业委托给史蒂芬管理时，仍然盈利。由于史蒂芬管理不善才导致亏损、倒闭，是杰瑞与史蒂芬之间的事。杰瑞可以向史蒂芬追究责任，但不能以此免除自己对企业承担的无限清偿责任。

2.史蒂芬在未经杰瑞同意的情况下签订的那份金额3万美元的订货合同有效，因为独资企业的投资人对受托人或受聘人员职权的限制，不得对抗善意的、不知情的第三人。

3.史蒂芬为自己买车而以该独资企业财产设定抵押，该抵押合同有效。史蒂芬所违反的，是他对投资人所承担的忠实义务，他应当对投资人承担责任，但并不导致对外抵押合同无效，除非银行存在恶意串通行为或存在重大疏忽。这里应当注意的是，我国《个人独资企业法》规定，投资人委托或者聘用的人员不得从事的行为之一，是"擅自以企业财产提供担保"，这仍然是对投资人与受托人或受聘人员之间关系的规范，但并未规定这种担保是否因此而无效。因此，具体后果仍需大家在实践中掌握。

4.在尚未辞职的情况下，史蒂芬自己注册了一家经营同类业务企业的行为，已经违反了他所承担的义务。作为受托人或受聘人员，应当忠实地履行其职责。各国法律都要求受托人或受聘人员不得进行与其任职企业相竞争的业务，除非投资人同意他这么做。

6.1.2　我国的个人独资企业

案例1

独资企业的事务管理

【案例正文】

某年1月15日，甲出资10万元设立个人独资企业A（以下简称A企业），甲聘请乙管理企业事务，同时规定，凡乙对外签订的标的额超过3万元的合同，必须经过甲同意。2月10日，乙未经甲同意，以A企业名义向善意第三人丙购入价值4万元的货物。

某年7月，A企业发生亏损，不能支付到期的丁的债务，甲决定解散该企业，并请求人民法院指定清算人。7月10日，人民法院指定戊作为清算人对A企业进行清算。经审查，A企业和甲的资产及债权债务如下：

（1）A企业欠缴税款2 000元，欠乙的工资5 000元，欠社会保险费用5 000元，欠丁10万元；

（2）A企业的银行存款1万元，实物折价8万元；

（3）甲在B合伙企业出资6万元，占50%的出资额，B合伙企业每年可向合伙人分配利润；

（4）甲个人其他可执行财产价值 2 万元。

【涉及的问题】

1.乙于 2 月 10 日以 A 企业名义向丙购买价值 4 万元货物的行为是否有效？为什么？

2.A 企业的财产清偿顺序是什么？

3.如何满足丁的债权请求？

【参考答案】

1.乙于 2 月 10 日以 A 企业名义向丙购买价值 4 万元货物的行为有效。根据《个人独资企业法》的规定，投资人对被聘用的人员职权的限制，不得对抗善意第三人。尽管乙向丙购买货物的行为超越职权，但丙为善意第三人，因此，该行为有效。

2.根据《个人独资企业法》的规定，A 企业的财产清偿顺序为：①职工工资和社会保险费用；②税款；③其他债务。

3.首先，用 A 企业的银行存款和实物折价共 9 万元清偿所欠乙的工资、社会保险费用、税款后，剩余 78 000 元用于清偿所欠丁的债务；其次，A 企业剩余财产全部用于清偿后，仍欠丁 22 000 元，可用甲个人财产清偿；最后，在用甲个人财产清偿时，可用甲个人其他可执行的财产 2 万元清偿。

------ 案例 2 ------

独资企业的解散

【案例正文】

某年，老刘独自出资成立了个人独资企业，开始几年经营顺利，盈利 20 余万。后来因为老刘年纪增大，身体不好，很难经营管理。于是，便将该独资企业委托小李管理。但是，小李缺乏管理经验，导致该企业连年亏损，现欠债 15 万元。老刘感觉企业很难经营，于是想解散和清算该企业。

【涉及的问题】

1.老刘可否决定解散企业？为什么？

2.该个人独资企业解散可由谁来清算？

3.企业解散后的 15 万元债务由老刘承担，还是由小李承担？为什么？

4.如果该个人独资企业财产不足以清偿债务，怎么办？

【参考答案】

1.可以，个人独资企业有下列情形之一，应该解散：（1）投资人决定解散；（2）投资人死亡或宣布死亡，无继承人或继承人决定放弃；（3）被依法吊销营业执照。

2. 投资人自行清算或者债权人申请人民法院指定清算人清算。

3. 老刘承担，老刘是该投资企业的投资人，对企业债务承担无限责任。

4. 以个人的全部财产对企业债务承担无限责任，老刘要拿他独资企业以外的财产对企业债务承担无限责任。

6.2　合伙企业

6.2.1　合伙企业概述

----- 案例 1 -----
玛丽的农场

【案例正文】

2000 年，美国的玛丽和她的儿子汤姆与杰瑞购买了一个叫美迪芙的大农场。汤姆和杰瑞开设了一个银行账户，存入他们各自在农场的收入，用以支付地价、地产税和购买种子、设备、肥料与服务。为了农场，兄弟俩共同贷款、共同购买种子和耕地设备。他们在州和联邦合伙企业所得税申报表上报告他们的业务活动。汤姆负责农作物种植，杰瑞负责记账。2015 年，玛丽放弃了在农场收入中的收益。4 年后，杰瑞停止了记账。汤姆向杰瑞发了一份"解散合伙企业的通知"。由于未能成功地达成解散协议，杰瑞在联邦法院提出上诉，要求得到合伙企业资产中自己的一份。法院下令汤姆向杰瑞支付 22 万美元。汤姆上诉，辩称合伙企业不存在。

【涉及的问题】

兄弟之间是否存在合伙企业？

【参考答案】

存在。联邦上诉法院第八巡回法院支持了下级法院的命令，汤姆和杰瑞是合伙人。

联邦上诉法院第八巡回法院发现的事实，满足了证明合伙企业存在的关键因素："（1）是否有分享利润、分担损失的事实。（2）财产是否由合伙人共同所有。（3）合伙人共同经营管理企业。"法院的结论是："兄弟俩的所得税申报表、共同的银行账户和共同支付物资费用，表明他们共同经营的事实。共同拥有所有权，说明财产是他们共有的。共同贷款，表明他们分享利润和分担损失的事实。"所以，法院认为，兄弟之间是存在合伙企业。

案例2

合伙企业的债务

【案例正文】 ■

小李、小张、小刘分别出资共同设立一家普通合伙企业。小李出资 20 万元，小张以机器设备出资，小刘以劳务出资。约定按 2∶1∶1 分配利润，分担亏损。现企业资产有 40 万元，负债 80 万元。

【涉及的问题】 ■

1.请问该如何偿还债务呢？

2.如果小刘下落不明，小张无钱可还，债权人要求小李偿还全部债务，小李该怎么办？

【参考答案】 ■

1.该普通合伙企业约定按 2∶1∶1 分配利润，分担亏损。现企业资产有 40 万元，负债 80 万元。企业资产 40 万元进行偿还，剩余 40 万元，按约定偿还。小李偿还 20 万元，小张和小刘每人偿还 10 万元。

2.普通合伙企业合伙人对合伙企业债务承担无限连带责任，所以小李只能偿还债务。但是，事后小李有权按约定的分担比例向其他合伙人追偿。

6.2.2 我国的合伙企业

案例1

饭馆的债务谁偿还？

【案例正文】 ■

某年，小李、小张、小刘三人约定开办酒店。由于，小李以前做过厨师，小张做过客房经理。因此，合伙协议中约定：小李负责厨房事务；小张提供三间房屋并负责酒店的经营，为负责人；小刘出资金十万元，但不参加酒店的事务处理；每年春节前结算，盈利按 3∶4∶3 的比例分配。后小张到工商管理部门办理了营业执照。开始三年，三人合作极好，每年按约定的比例分得利润。但第四年不仅没有盈利反而欠下海鲜店货款 5 万元，海鲜店找小张要钱，小张提出应由小刘还，因该酒店为小刘出资；找小刘要钱，小刘则提出该酒店是小李、小张合开的，自己不参加经营，只是借了 10 万元钱给他们，应由小李与小张还钱。

【涉及的问题】 ■

欠海鲜店的债务是谁的债务？应由谁偿还？为什么？

【参考答案】

在本案中，欠海鲜店的债务是属于合伙企业的债务，由全体合伙人偿还。合伙企业法规定，合伙人可以用货币、实物、知识产权、土地使用权、其他财产权利出资或者劳务出资，虽然只有小刘出货币，但是小李负责的厨房事务和小张负责酒店经营都属于劳务出资，所以小李、小张也是合伙企业的合伙人，因而也应当承担海鲜店的债务。

----- 案例 2 -----
砖瓦厂的补偿款如何分？

【案例正文】

王某于 2012 年承包经营某砖瓦厂。谢某同年向王某汇款 25 万元，但未参与该厂经营与劳动。王某在 2016 年向谢某出具投资证明并载明：谢某投资某砖瓦厂 25 万元，某砖瓦厂复垦拆迁，全额款项按拆迁比例分成。2016 年 11 月，王某陆续通过某居委会领取了 310 余万元补偿款，其未与谢某结账还款。谢某遂主张返还投资款 25 万元及收益 50 万元。

【涉及的问题】

法院怎么判决？

【参考答案】

虽然谢某主张该款项是其基于双方之间的合伙经营而交付的，但谢某并没有提交相关合伙协议或举证证明双方存在合伙约定，也无证据证明双方之间共同经营、管理砖瓦厂并进行过合伙分成和共担债务的事实，故应认定谢某向王某支付的款项名为合伙经营实为借款。

个人合伙应当签订书面合伙协议，即便合伙人之间签订了名为合伙的书面协议后，仍需审查各方权利义务是否符合个人合伙共同出资、共同经营、共同劳动、共担风险、共负盈亏的基本特征。合伙协议约定一方按照协议向合伙组织提供物品的使用权或资金，并以此取得因定收入（利息），不参加合伙经营、劳动、盈余分配，也不承担合伙经营风险责任的，不能认定为合伙人，应认定双方系民间借贷的法律关系。

----- 案例 3 -----
退伙与入伙合伙企业的债务如何偿还？

【案例正文】

甲、乙、丙三人经工商局批准于 2005 年成立了合伙企业，自开业以来经营状况良好。2009 年 5 月，丙去世，丙之妻和一对儿女都表示不愿加入该合伙企业。在这种情况下，其他两名合伙人决定将丙在合伙企业中的财产份额退还给丙的继承人，但没有对合伙企业的债务分担作约定。2009 年 6 月，合伙企业将丙在合伙企业中的财产份额 5 万元退还给了丙的继承人，并向企业登记机关办理了变更登记手续，但并没有对合伙企业的债务分担进行处理。丙退伙后，甲和乙觉得合伙企业资金短缺，无法适应原有经营规模。于是二人一致同意要求乙的朋友丁加入合伙企业，并且三人口头商定接纳丁加入合伙企业，丁投入资金 10 万元，盈亏按占合伙企业全部资金的比例分配。口头协议达成后，三人到工商局办理了变更登记。后来因经营不善，该合伙企业资不抵债。此时，其债权人戊要求甲、乙、丁和丙的继承人偿还合伙企业于 2008 年所欠的货款。丁认为，入伙协议未采用书面形式，所以该入伙协议无效，所以他对此债务不承担责任；丙的继承人认为，丙去世，视为退伙，故对此债务也不承担责任；甲和乙认为该债务属合伙债务，每个合伙人都有偿还义务，既然丁和丙的继承人都不偿还，所以他们也不偿还，戊遂向法院起诉。

【涉及的问题】■

甲、乙、丁和丙的继承人各自应对该合伙企业的债务承担何种责任？为什么？

【参考答案】■

丙的继承人应承担债务，丙于 2009 年的死亡属于当然退伙，但是合伙企业的债务是 2008 年发生的，而退伙后的合伙人应承担退伙前的合伙企业债务承担连带责任，所以丙的继承人应承担债务。甲，乙要承担合伙债务。丁虽然是口头约定，但有向企业机关办理变更登记手续，已经属于入伙，新合伙人对入伙前合伙企业的债务承担无限连带责任。

----- 案例 4 -----

普通合伙的事务执行

【案例正文】■

姜某、林某、潘某三人各出资 10 万元组成合伙企业松美汽车修理厂。合伙协议中规定了对利润分配和亏损分担办法：姜某分配或分担 $\frac{3}{5}$，潘某、林某各自分配或分担 $\frac{1}{5}$，争议由合伙人通过协商或调解解决。该合伙企业的负责人是姜某，对外代表该合伙企业，合伙企业经营汽车修理生产、销售，经营期限为 5 年。

【涉及的问题】■

1. 林某、潘某在执行该合伙企业事务中拥有什么权利？

2. 姜某在担当合伙企业负责人期间，能否与王某再合伙成立一个汽车配件店，将店里的汽车配件卖给松美汽车修理厂？

3. 假如合伙协议中明确规定，姜某不得代表合伙企业签订标的额 10 万元以上的合同，后来，姜某与某机械公司签订了 12 万元的合同，此合同是否有效？为什么？

【参考答案】

1. 根据《合伙企业法》的规定，林某、潘某有如下权利：监督检查姜某执行合伙企业事务的情况；按照约定，要求姜某报告合伙企业事务执行情况及合伙企业的经营状况及财务状况；查阅账簿；对姜某执行事务中的不当之处提出异议。

2.《合伙企业法》第 30 条规定："合伙人不得自营或者同他人合作经营与本合伙企业相竞争的业务。除合伙协议另有约定或者经全体合伙人同意外，合伙人不得同本合伙企业进行交易。合伙人不得从事有损于本合伙企业利益的活动。"所以，本案中的姜某不能再与王某合伙成立汽车配件店。

3. 机械公司与姜某签订的合同效力取决于机械公司是否为善意第三人。根据《合伙企业法》第 38 条的规定，合伙企业对合伙人执行合伙事务以及对外代表合伙企业权利的限制，不得对抗不知情的善意第三人。本案中，机械公司如属于不知情的善意第三人，则机械公司与姜某签订的合同有效。

------ 案例 5 ------
普通合伙企业的损益分配与债务承担

【案例正文】

某市发改委办公室主任李三与其在老家种地的哥哥李大，以及儿时的好友刘小毛，经协商共同成立一家合伙企业，从事食品经营。三人口头约定了有关合伙事项。刘小毛在合伙前曾欠周某 5 万元未还，而周某在合伙企业成立后，欠下企业债务 3 万元。于是周某提出以其对刘小毛的债权抵偿他对合伙企业的债务，所剩的另 2 万元由他代位行使刘小毛在合伙企业中的权利。一天，李大在进货途中因违章驾驶发生车祸，造成过路人王某受伤，花去医药费共 4 500 元。李三与刘小毛认为，这是李大的个人过错造成的损失，与合伙企业无关。一周后，刘小毛提出退伙，并私自拿走了他作为出资的货架及其他物品。王某伤愈后找到刘小毛要求其支付医药费被拒绝。

【涉及的问题】

以上案例中有哪些违法之处？为什么？

【参考答案】

（1）李三是国家公务员，不得与他人合伙办合伙企业。（2）合伙协议应采用书面形式，并由全体合伙人签名、盖章后才生效。（3）《合伙企业法》规定，对于合伙人的个人债务，其债权人不得代位行使该合伙人在合伙企业的债务。因此，周某的提议不合法。李大因进货发生车祸给王某造成的损害属于合伙企业债务，合伙企业应对王某负责，不能推诿。（4）刘小毛擅自退伙不合法，其拿走出资的行为亦不合法。若合伙协议约定经营期限的，应经全体合伙人同意或符合其他条件；若合伙协议未约定经营期限的，应提前 30 日通知其他合伙人，并不能给合伙企业造成不利影响。（5）刘小毛对王某负有清偿义务，即使刘小毛退伙，他也应该对其退伙前已发生的合伙企业债务承担连带责任。

-------------- 案例 6 --------------

普通合伙企业的入伙与退伙

【案例正文】 ■

2015 年 6 月，郭某、周某、方某协议合伙开一汽修厂，郭某为汽车修理技术师，以技术入股；周某与方某以资金入股；租刘某的房屋。合伙协议规定，郭某、周某、方某三人按 3∶3∶4 的比例分享利润和分担亏损。2020 年 5 月，刘某提出入伙该汽修厂，以房屋使用权投资。周某与方某同意刘某入伙，并愿意将分配比例改为郭某、周某、方某、刘某为 3∶2∶3∶2。但郭某不同意刘某入伙。同时另有汽车修理公司以月薪 1 万元聘请郭某。郭某于 6 月 4 日提出退伙，其他人不同意。郭某则不管，于 6 月 6 日去另一家汽修公司上班。周某、方某起诉郭某，要求赔偿因其擅自离开造成汽修厂不能营业的损失，郭某则反诉周某、方某让刘某入伙违约。

【涉及的问题】 ■

1. 周某、方某让刘某入伙？为什么？

2. 郭某退伙是否有效？郭某是否应对周某、方某赔偿损失？为什么？

【参考答案】 ■

1. 无效，因为根据《合伙企业法》规定，合伙人以外的第三人要入伙，必须符合两个条件：第一，要经过全体合伙人同意；第二，要订立书面的合伙协议。本案中，刘某的入伙既不是经过全体合伙人的同意，也没有与原合伙人订立书面合伙协议，所以他的入伙无效。

2. 有效，根据《合伙企业法》的规定，若其他合伙人严重违反合伙协议约定的义务，则合伙人可以退伙，周某和方某在未经全体合伙人同意的情况下让刘某入伙已违反合伙协议，所以郭某的退伙有效。但是，《合伙企业法》同时规定，合伙企业如未约定经营期限的，合伙人退伙应当提前 30 日通知其他合伙人，且不能给合伙企业造成不利影响；否则，应当赔偿由此给其他合伙人造成的损失。所以，饭店因郭某的擅自离开不能营业造成的损失应由郭某赔偿。

------- 案例 7 -------

大展宏图酒店的运营

【案例正文】■————————————————

甲、乙和丙决定合伙做生意，于是登记成立大展宏图酒店这一普通合伙企业。甲出资 20 万元，乙以家中的房产出资折算为 10 万元，丙则负责经营，其劳务折算出资 10 万元。

【涉及的问题】■————————————————

1. 丙负责经营以劳务出资是否合法？应经过什么程序？

2. 若丙以自己的厨艺出资是否合法？

3. 若丙以自己注册的"大展宏图"商标出资是否合法？如何操作？

4. 三人约定，若有盈利，则大家平分，若有亏损，则与丙无关，其余二人平摊，是否合法？为什么？

5. 在合伙成立当年，甲因为生病欠下巨债，要求分割合伙企业财产，其要求是否合法？为什么？

6. 若甲未与乙和丙商量，将大展宏图商标私自转让给丁某，后被乙和丙发现并主张无效。在何种情况下该商标转让有效，何种情况下无效？

7. 甲以该合伙企业名义对外活动获得利润，甲说这都是自己劳动所得，乙和丙没有投入，应由其独得。如何处理？若甲以合伙名义进行该项商业行为亏损，乙和丙认为是甲未经其同意独自活动，不愿承担损失，应如何处理？

8. 甲见生意不错，和另一个朋友戊某在不远处又合伙开了一个酒店，是否合法？如何处理？

9. 未经甲和乙同意，丙将自己的锅具以市场价卖给了本合伙企业，效力如何？在怎样的条件下，丙本人可与合伙企业进行交易？

10. 因经营不善面临亏损，甲和丙想退出合伙，若没有新的合伙人加入，应该如何处理？若只有甲想退出，而又有己某想接替甲的份额，丙也想以同样价格接替甲的份额，该如何处理？若己某出的价格比丙高，又如何处理？

11. 己某入伙后，发现他入伙之前的原合伙企业资不抵债，债权人庚某向法院起诉，哪些人可以成为合格被告，为什么？

12. 若己某入伙以后，合伙企业新欠辛某债务，已退伙的甲应否对此负责？

13. 己某个人欠辛某 10 万元，无力偿还，辛某主张代位行使己某在合伙中的利润分配权，如何处理？若某从合伙分得 10 万元利润，辛某向己某主张用利润偿还，应否支持？己某个人资产无力偿还，辛某向法院主张强制执行己某的合伙份额，应否支持？若丙愿意以同样的价格承受己某的份额，该份额应归丙还是归辛某承受？

14.己某个人欠辛某 10 万元，辛某又欠合伙企业 10 万元，辛某主张抵销，效力如何？

15.若合伙企业解散时，合伙人有丙和乙，债权人为庚某，合伙企业有 20 万元资产，欠债 30 万元，丙有个人资产 100 万元，乙只有个人资产 5 万元。庚某主张丙直接向其偿还 30 万元债务，丙主张应先用合伙企业的 20 万元偿还，然后才能向他和乙主张剩余的债权，丙的主张是否合法？若丙向庚某偿还了 10 万元后，合伙企业债务全部清结，因丙和乙没有亏损的分担比例，乙以丙未经其同意独自对外偿还债务为由只愿意承担 2 万元的债务，乙应如何处理？

16.若该合伙企业解散五年以后，壬某向丙和乙主张该合伙企业曾欠其 15 万元，经查属实，应如何处理？

【参考答案】

1.合法。在合伙协议里约定即可。

2.合法。

3.合法。甲乙丙三人在合伙协议里约定即可。

4.不合法。根据《合伙企业法》的规定，合伙企业可以由合伙人自行约定分配比例，但不可以约定其中一方合伙人不分配。约定亏损与丙无关，违反《合伙企业法》第 5 条、第 33 条第 2 款的规定及权利义务一致基本法律原则。

5.不合法，除非合伙人另行协议约定。但如果未约定合伙期限，在不给合伙企业事务执行造成不利影响的情况下，提前三十日通知其他合伙人的可以退伙，由此给合伙企业造成损失的，还应当赔偿。

6.该商标以合伙企业的名称注册的，即属于合伙企业，除非合伙协议另有约定，以合伙企业名义转让的有效，以自己名义转让的均无效。

7.仅以合伙企业名义对外活动的，应当具体情况对待。如果没有损害合伙企业利益和使用合伙企业资产，盈亏一般由甲享有和承担。如果甲拒绝承担，乙、丙不予理会相对方就可以了。

8.不合法。违反《合伙企业法》第 32 条竞业限制。责令退出，拒不退出的，向人民法院提起诉讼，因此给合伙企业造成损失的，还可以要求赔偿。

9.无效。有合伙协议约定或者经全体合伙人一致同意。

10.甲和丙可以要求解散合伙企业，清算处理债务。只有甲想退出，其他两合伙人均要求接替的，可以由甲选择接替人并通知另一位合伙人，要全体合伙人一致同意，己才可以入伙。若合伙人同意己入伙，己某出价高，仍然由甲选择，三人也可以约定竞价高者得。

11.现合伙企业全部合伙人均可以成为被告。原因是普通合伙企业合伙人对外相互承担无限连带责任。

12. 不负责。

13. 可以，但不得代位行使合伙权利。向人民法院起诉，判决生效后请求人民法院对己某在合伙企业的财产份额进行执行；主张己某合伙份额的，不应支持；丙愿意以同样价格接受己某份额，该份额归丙。

14. 无法律效力。

15. 合伙企业债务应先用合伙企业财产清偿，丙的主张合法有效；按照《合伙企业法》第 33 条第 1 款的规定平均分担，乙只愿意承担 2 万元的，丙可以向人民法院提起诉讼向乙追偿，或者根据合伙协议的约定向仲裁委员会提起仲裁。

16. 丙和乙仍应当承担无限连带责任。如果壬某的主张超过民法关于诉讼时效的保护期间，可以拒绝承担，对方向人民法院提起诉讼或者按照仲裁协议提起仲裁的，及时主张诉讼时效保护理由，不主张的仍然得承担，因为人民法院及仲裁委员会不得依职权主动诠释诉讼时效期间。

---------------- 案例 8 ----------------
会计师事务所的虚假财务报告

【案例正文】

某年，周某、陈某、刘某均考取了注册会计师证书，获得了注册会计师资格，他们决定每人投资 10 万元人民币，成立一个特殊的普通合伙制会计师事务所，对外承揽业务。周某、陈某受利益驱使，想获取利益 5 万元人民币，于是为某公司出具了虚假的财务报告。后来被我国税务部门核查发现此事，于是对该事务所罚款 10 万元人民币，并须由该事务所承担出具虚假财务报告对有关当事人造成的损失 50 万元人民币。

【涉及的问题】

对于罚款及损失承担，周某、陈某、刘某各负什么责任？

【参考答案】

在本案中，周某、陈某、刘某三人组成的是一个特殊的普通合伙企业。根据我国法律规定，在特殊的普通合伙企业中，一个合伙人或者数个合伙人在执业活动中因故意或者重大过失造成合伙企业债务的，应当承担无限责任或者无限连带责任。其他合伙人以其在合伙企业中的财产份额为限承担责任。所以，对于罚款及损失承担，周某、陈某承担无限连带责任，刘某以投资为限承担有限责任。也就是说，首先，由会计师事务所以其财产承担责任；不能承担的部分，周某、陈某应当以自己个人的财产继续承担无限连带责任，刘某以投资于事务所的财产承担责任后，不再另行承担责任。

---------- 案例 9 ----------
有限合伙企业的事务执行

【案例正文】

2015 年，甲、乙、丙（泰国籍）、丁（泰国籍）共同投资在中国设立了一个有限合伙企业（以下简称"该合伙企业"）。合伙协议约定：甲、丙为普通合伙人，分别出资人民币 30 万元；乙、丁为有限合伙人，分别出资人民币 10 万元；该合伙企业由甲执行事务，甲对外代表该合伙企业。合伙协议约定：超过人民币 10 万元的业务，甲无权单独与第三人签订，应由全体合伙人表决通过。

2016 年该合伙企业发生下列事实：

3 月，甲代表该合伙企业与正大公司签订了一份人民币 18 万元的商务合同。丁获知后，认为该商务合同对该合伙企业不利，且甲的行为违反了该合伙协议的规定，于是提出异议。

5 月，乙、丙分别征得甲的同意后，向银行借款以他们在该合伙企业中的财产份额出质，为自己的贷款提供质押担保。丁对上述事项均不知情，乙、丙之间也对质押担保项互不知情。该合伙企业的合伙协议未对合伙人以财产份额出质事项进行约定。

6 月，丁退伙，并从该合伙企业取得退伙结算财产人民币 13 万元。

8 月，该合伙企业的债权人光明公司要求该合伙企业偿还到期的欠款人民币 50 万元。

【涉及的问题】

根据我国《合伙企业法》的规定，分别回答下列问题：

1. 甲代表合伙企业与正大公司签订的商务合同是否有效？并说明理由。

2. 丙（泰国籍）、丁（泰国籍）是否具备在我国设立合伙企业的合伙人资格？他们是否只能作为有限合伙人参加合伙？

3. 丁作为有限合伙人，是否有权对合伙事务执行人甲的行为提出异议？

4. 乙、丙的质押担保行为是否有效？并分别说明理由。

5. 如果该合伙企业的全部财产不足清偿光明公司的债务，对不足清偿的部分，哪些合伙人应当承担清偿责任？如何承担清偿责任？

【参考答案】

1. 甲代表合伙企业与正大公司签订的商务合同有效。根据《合伙企业法》的规定，合伙企业对合伙人执行合伙企业事务以及对外代表合伙企业权利的限制，不得对抗善意的第三人。在该案例中，正大公司属于不知情的善意第三人，因此商务合同有效。

2. 因为我国《合伙企业法》并没有规定合伙人的国籍限制，因此外国人也有权利在我国设立或者参与设立合伙企业，这也是我国加入 WTO 以后的必然趋势。丙（泰国籍）、丁（泰国籍）均具备在我国设立合伙企业的合伙人资格。此外，丙（泰国籍）、丁（泰国籍）既可以是有限合伙人，也可以是普通合伙人，因为我国法律也并没有规定外国人只能作为有限合伙人参加合伙。

3. 有权。根据《合伙企业法》的规定，虽然有限合伙企业只能由普通合伙人执行合伙事务，有限合伙人不能执行合伙事务，不得对外代表有限合伙企业。但有限合伙人的某些行为，不视为执行合伙事务，其中包括：在有限合伙企业中的利益受到侵害时，向有责任的合伙人主张权利或者提起诉讼。如果丁认为甲的行为损害了合伙企业的利益，也损害了自己在合伙企业中的利益，他有权提出异议，甚至提起诉讼。

4. 在此案中，虽然都是质押行为，但是两人的行为效力是有区别的。①丙的质押行为无效。丙作为普通合伙人，他的质押行为未经其他合伙人同意，因此，质押行为无效。根据《合伙企业法》的规定，普通合伙人以其在合伙企业中的财产份额出质的，需经其他合伙人一致同意，未经其他合伙人一致同意，其行为无效。由此给善意第三人造成损失的，由行为人依法承担赔偿责任。②乙的质押行为有效，根据《合伙企业法》的规定，有限合伙人可以将其在有限合伙企业中的财产份额出质，但是，合伙协议另有约定的除外。在此案中，乙的身份是有限合伙人身份，由于该合伙企业的合伙协议未对合伙人以财产份额出质事项进行约定。因此有限合伙人乙的质押行为有效。

5. 如果该合伙企业的全部财产不足清偿光明公司的债务，对不足清偿的部分，应当：①普通合伙人甲、丙承担无限连带责任。②有限合伙人乙以出资额为限承担有限责任。也就是说，在该合伙企业的全部财产不足清偿光明公司的债务的情况下，对不足清偿的部分，乙无须再承担责任。③退伙的有限合伙人丁以其退伙时从该合伙企业分回的人民币 13 万元财产为限承担有限责任。

6.3　公司的法律地位

6.3.1　公司与公司法

------ 案例 ------

投资公司的资金能否用于治病？

【案例正文】

张三是某公司的股东，他在公司成立时投资了一笔金钱作为公司的注册资本。

近期张三的父亲在医院体检发现得了胃癌，现张三急需用钱帮父亲治病，于是他提出从公司账户取出这笔钱用于治病。

【涉及的问题】▣━━━━━━━━━━━━━━━━━━━━━━━━━━━

张三的要求可以得到实现吗？为什么？

【参考答案】▣━━━━━━━━━━━━━━━━━━━━━━━━━━━

不能。根据《公司法》的规定，公司成立后，具有法人资格。张三作为股东，在公司设立时的出资，这笔资金就变成公司所有了，张三获得公司的股东地位和相应的股权。如果张三私自把钱从公司账户取出来，就构成抽逃出资。如果张三急需用钱，他可以想的办法有：①张三可以转让股权，获得资金。②张三可以以股权为抵押，向其他自然人或者法人借款。

6.3.2　公司的基本形式

─────── 案例 ───────

公司的董事一定是股东吗？

【案例正文】▣━━━━━━━━━━━━━━━━━━━━━━━━━━━

甲、乙、丙于 2016 年 7 月以 4∶4∶2 的比例共同投资，注册成立了一家有限责任公司。甲任公司董事长，乙任董事，丙委派丁代表自己作为董事进入公司的董事会。在召开董事会时，丙认为自己既然是股东，当然也是董事会成员，应当参与董事会的表决。

【涉及的问题】▣━━━━━━━━━━━━━━━━━━━━━━━━━━━

公司的董事必须持有公司的股份吗？或者，公司股东是否想当然地成为公司的董事？

【参考答案】▣━━━━━━━━━━━━━━━━━━━━━━━━━━━

公司的董事不一定必须持有公司的股份，不一定是公司的股东。在本案中，涉及公司的股东会和董事会两个机关。公司的股东会由全体股东组成，是公司最高权力机构，公司的一切重大问题由股东会决定；而公司董事会是公司的业务管理和执行机构，负责公司的经营管理和股东会决议的执行。一般情况下，公司的股东会决定公司的董事人选，股东可以聘请非股东人员代表自己进入董事会，负责公司的经营管理。董事会受聘于股东会，对股东会负责并报告工作，执行股东会的决议，经营管理公司业务，董事长是公司的法定代表人。这就是我国常说的"所有权"与"经营权"相分离的体现。

同样，公司股东也并不是想当然成为公司的董事。公司股东必须通过股东会选举同意后进入董事会成为公司的董事，对公司进行经营管理，也可以选取非股东的第三人代表自己的利益，进入公司董事会参与对公司的经营管理。各国法律在这个问题上的要求有所不同，但普遍不禁止公司股东进入公司董事会，成为董事会成员。不过，各国对上市公司在这方面的要求比较严格。

6.3.3 公司的特殊形式

---- 案例1 ----

正泰公司是A公司的子公司还是分公司？

【案例正文】■

A、B两家股份有限公司决定共同出资设立正泰有限责任公司。正泰公司注册资本200万元，其中A公司出资120万元，B公司出资80万元。

【涉及的问题】■

正泰公司是A公司的子公司还是分公司？如果正泰公司无法偿还债务，A公司需要为其承担债务吗？

【参考答案】■

根据法律规定，子公司是具有独立的法人资格，子公司依法独立承担民事责任。虽然子公司在经济上受母公司的支配与控制，但在法律上，子公司是独立的法人。子公司的独立性主要表现在：拥有独立的名称和公司章程；具有独立的组织机构；拥有独立的财产，能够自负盈亏，独立核算；以自己的名义进行各类民事经济活动；独立承担公司行为所带来的一切后果与责任，所以，本案中，正泰公司是A公司的子公司。

---- 案例2 ----

德国某公司设立的两家企业法律地位一样吗？

【案例正文】■

德国某公司决定在中国设立两家企业，在深圳设立一个外商独资企业，由德国公司100%控股，从事某产品的生产制造；在广州设立一个营销机构，作为德国公司在中国的代表开展业务活动，但不取得独立的法人资格。

【涉及的问题】■

1.德国公司设立的这两家企业的法律地位是否相同？

2.设立在我国境内的外资企业和外国企业有什么不同？

【参考答案】■

1.在本案中，德国公司设立的这两家企业的法律地位很明显是不一样的，在深圳设立的企业是一个子公司，它依中国法律设立，取得中国法人资格。在广州设立的营销机构是一个分公司，它虽然也必须依中国法律设立，但不取得中国法人资格，而是继续保留其德国公司的国籍。因此，后者我们仍称为德国公司。

2. 我国《外资企业法》对外商独资企业的解释是，外商独资企业是依照我国有关法律在我国境内设立的全部资本由外国投资者投资的企业，不包括外国企业和其他经济组织在中国境内的分支机构。之所以说"不包括外国企业和其他经济组织在中国境内的分支机构"，就是因为这些分支机构属于外国公司的分公司，不是我国法律规定的外商独资企业子公司的范畴。

------------------------------ 案例 3 ------------------------------

美国联合碳化物印度有限公司甲基异氰酸盐泄漏事件

【案例正文】

1984 年 12 月 3 日，印度中央邦首府博帕尔市的美资联合碳化物印度有限公司（美国联合碳化物公司的印度子公司）所属的工厂（尤尼昂·卡尔德公司）农药厂储存的甲基异氰酸盐的金属罐泄漏，致使当地居民 2 000 多人丧生，严重受害者达 3 万~4 万人，其余受害者达 52 万人。某些受害人的代理人和印度政府就赔偿提起诉讼，认为美国联合碳化物公司负有不可推卸的责任，因工厂由其设计，储气设备设计不科学，又没有安装美国同类工厂安装的应急预警计算机系统，且公司从未就这种剧毒气体的危险性向附近居民发出过警告。且甲基异氰酸盐这种剧毒气体只能少量储存，但美国联合碳化物公司仍不顾当地公司负责人警告决定在博帕尔大量储存。印度政府于 1985 年颁布了《博帕尔毒气泄漏惨案法》，规定印度政府有代表受害者原告的专属权利，并依此授权要求美国联合碳化物公司承担赔偿责任。

【涉及的问题】

美国联合碳化物公司应否对其子公司的行为承担责任？

【参考答案】

本案是典型的跨国公司责任承担案例。从案情来看，由于母公司美国联合碳化物公司在健康、安全和环境方面控制着印度子公司，并因此控制着导致事故的超危险性活动，对事故发生和造成的损害负有直接责任，可以适用美国判例法上发展出来的"揭开公司面纱"原则。

6.4　我国的公司

6.4.1　我国有限责任公司

案例 1

建筑工程公司的股东大会

【案例正文】 ▮━━━

　　2004 年，某建筑工程股份有限公司依法设立，公司注册资本为人民币 3 亿元。2019 年，由于建筑工程市场不景气，公司在年底出现了无法弥补的经营亏损，亏损总额为人民币 1.2 亿元。某股东据此请求召开临时股东大会。公司决定召开临时股东大会，时间定于 2020 年 3 月 10 日，并于 2020 年 3 月 1 日向所有的股东发出了会议通知。通知确定的会议议程包括以下事项：（1）选举更换全部监事；（2）选举更换全体董事；（3）更换公司总经理；（4）就公司与另一建筑工程公司合并作出决议；（5）就发行公司债券作出决议。在股东大会上，上述各事项均经出席大会的股东所持表决权的半数通过。

【涉及的问题】 ▮━━━

　　1. 公司发生亏损后，在股东请求时，是否应召开股东大会？为什么？

　　2. 公司在临时股东大会的召集、召开过程中，有无与法律规定不相符的地方？如有，请指出，并说明理由？

【参考答案】 ▮━━━

　　1. 本案，公司发生经营亏损后，在股东请求时，应当召开临时股东大会。召开的理由是，该公司的未弥补亏损人民币 1.2 亿元，已超过注册资本 3 亿元的 1/3。

　　2. 该公司在临时股东大会的召集、召开过程中，存在以下与法律不符的地方：A 召开临时股东大会应提前 15 日通知股东，该公司通知股东的时间少于 15 日；B 股东大会不能更换全部监事，因为监事会成员中有公司职工选出的监事，股东大会只能选举更换由股东代表出任的监事；C 更换聘任公司经理，是董事会的职权，不是股东大会的职权；D 公司合并决议应经出席股东大会的股东所持表决权的 2/3，而不是半数以上通过。

------------------- 案例 2 -------------------

甲、乙能否享有公司股东的权利？

【案例正文】▮——————————————————————

　　2015 年 7 月，甲、乙等七人成立了一家有限责任公司。根据公司章程规定，甲以商用店铺出资，作价人民币 300 万元，乙以其持有的一项知识产权出资，作价人民币 100 万元。在公司设立之日，其他股东的出资均已到位。但甲虽然将商用店铺过户给了公司，但未移交公司使用，自己始终占用。乙虽然将知识产权交付给公司使用，但未在相关部门办理权利转移手续。到年底即将分红时，在其他股东的强烈要求下，甲于 12 月底将商用店铺交付给公司使用，乙也于 12 月底办理了知识产权转移手续，将知识产权转移给了公司。但对于当年 7 月到 12 月期间，甲、乙是否享有公司的股东权利，股东们产生了争议。

【涉及的问题】▮——————————————————————

　　从股东的出资义务角度理解，你认为甲和乙在当年 7 月到 12 月期间，是否享有公司股东的权利？

【参考答案】▮——————————————————————

　　甲和乙是否享有公司的股东权利，主要取决于股东是否履行了出资义务。或者说，股东履行出资义务是享有公司股东权利的基础。而是否履行了出资义务的主要标志是将出资转移或交付给公司。从这个角度看，甲虽然将商用店铺过户给了公司，但未移交公司使用，7 月-12 月被甲占用，他不应当享有此期间的公司股东权利；乙将知识产权交付给公司使用，虽然没有办理权利转移手续，但并不影响他享有此期间的公司股东权利，因为办理转移手续仅仅是一种行政管理措施，不影响公司享有该投资的利益。

　　我国最高人民法院在 2010 年 12 月 6 日通过的《关于适用〈中华人民共和国公司法〉若干问题的规定（三）》第 10 条中规定："出资人以房屋、土地使用权或者需要办理权属登记的知识产权等财产出资，已经交付公司使用但未办理权属变更手续，公司、其他股东或者公司债权人主张认定出资人未履行出资义务的，人民法院应当责令当事人在指定的合理期间内办理权属变更手续；在前述期间内办理了权属变更手续的，人民法院应当认定其已经履行了出资义务；出资人主张自其实际交付财产给公司使用时享有相应股东权利的，人民法院应予支持。出资人以前款规定的财产出资，已经办理权属变更手续但未交付给公司使用，公司或者其他股东主张其向公司交付、并在实际交付之前不再享有相应股东权利的，人民法院应予支持。"

---- 案例 3 ----

食品公司的股份转让

【案例正文】

A、B、C、D、E 拟共同组建一家有限责任性质的食品公司，注册资本 300 万元，其中 A、B 各以货币 80 万元出资；C 以机器设备出资，经评估机构评估为 50 万元；D 以其知识产权出资，作价 60 万元；E 以劳务出资，经全体出资人同意作价 30 万元。公司拟不设董事会，由 A 任执行董事；不设监事会，由 C 担任公司的监事。

食品公司成立后经营一直不景气，已欠 A 银行贷款 200 万元未还。后食品公司增资扩股，B 想将其股份转让给西北公司。

【涉及的问题】

1.食品公司组建过程中，各股东的出资是否符合公司法的规定？为什么？

2.食品公司的组织机构设置是否符合公司法的规定？为什么？

3.B 转让股份时应遵循股份转让的何种规则？

【参考答案】

1.本案中，E 以劳务出资不符合公司法的规定，其他 A、B、C、D 的出资符合法律规定。理由：有限责任公司的股东可以用货币出资，也可以用实物、知识产权、土地使用权等可以用货币估价并可以依法转让的非货币财产作价出资，但不能以劳务出资。

2.符合公司法的规定。理由：根据我国《公司法》的规定，股东人数较少或者规模较小的有限责任公司，可以设一名执行董事，不设董事会；可以设一至二名监事，不设监事会。这里的食品公司指定了 A 为执行董事，指定 C 为监事。

3.B 向西北公司转让股权，应当经其他股东过半数同意。B 应就其股权转让事项书面通知其他股东征求同意，其他股东自接到书面通知之日起满三十日未答复的，视为同意转让。其他股东半数以上不同意转让的，不同意的股东应当购买该转让的股权；不购买的，视为同意转让。经股东同意转让的股权，在同等条件下，其他股东有优先购买权。两个以上股东主张行使优先购买权的，协商确定各自的购买比例；协商不成的，按照转让时各自的出资比例行使优先购买权。公司章程对股权转让另有规定的，从其规定。

---- 案例 4 ----

华达有限责任公司的成立

【案例正文】

张三、李四、王五、赵六欲设立一家以生产经营为主的有限责任公司，公司命名为华达有限责任公司。他们的出资情况如下：张三、李四用货币出资，出资额分别为 20 万元和 16 万元；王五用一间面积 50 平米评估价值为 12 万元的住房出资；赵六用客户信息等商业秘密作价 8 万元出资，并保证如果不能产生为公司经济效益则用货币代为出资。2010 年公司因利润分配问题发生纠纷，赵六诉至法院，法院查明：张三登记的出资额为 20 万元，但实际出资仅 13 万元；李四的出资有 8 万元是从银行借贷的；王五用以出资的住房在出资前已抵押给了银行并办理了登记手续；赵六出资的客户名单给公司带来可观利益。

【涉及的问题】

1. 张三的出资是否存在瑕疵，若存在，张三应承担什么责任？

2. 李四用借贷取得的 8 万元出资是否合法？

3. 王五是否能用已办理抵押物登记的住房作价出资？

4. 赵六能否用知悉的客户信息等商业秘密作为自己的出资？

5. 华达有限责任公司成立是否合法？

【参考答案】

1. 张三的以货币出资的方式没有问题，但是出资存在瑕疵。按照规定，股东应足额缴纳出资，在这里张三承诺出资 20 万元，但实际出资仅仅为 13 万元，属于出资不实。张三应向足额缴纳出资的股东承担违约责任。

2. 根据《中外合营经营企业各方出资的若干规定》，各方认缴的出资必须是合营者自有的资金，不得将以合营企业名义取得的贷款作为自己的出资。

3. 不能，因为根据《公司法》规定，股东以实物出资的，应当依法办理其财产权转移手续。《担保法》第 49 条规定，抵押期间，抵押人转让已经办理登记的抵押物的，应通知抵押权人并告知受让人，否则转让行为无效。

4. 不能，因为《公司法》规定，股东可以用货币出资，也可以用实物、工业产权、非专利技术、土地使用权作价出资。所包括的知识产权：版权与邻接权、商标权、地理标志权、工业品外观设计权、专利权、集成电路布图设计权、未披露过的信息专有权。赵六知悉的客户信息不能作为自己的出资。

5. 不合法，根据《公司法》的规定，虚报注册资本、提交虚假证明文件或采取其他欺诈手段隐瞒重要事实取得公司登记的，处以虚报金额 5% ~ 10% 的罚款，情节严重的撤销登记。

------ 案例 5 ------
董事会的成立

【案例正文】

华达有限责任公司的董事会成员总共有 8 人，其中包括 1 名董事长和 1 名副董事长。有一次，董事会在对经营方案进行表决时，出现了 4∶4 的表决结果。

【涉及的问题】

我国《公司法》规定，有限责任公司董事会由 3~13 人组成，那么，董事会人数是否必须为单数？

【参考答案】

我国法律只是要求有限责任公司的董事会由 3~13 人组成，但并未规定必须是单数，所以，董事会成员可以为偶数。例如，本案中的董事会是由 8 人组成的，是合法的。那么会有人担心表决的时候出现 4∶4 的僵局该怎么办呢？这个担心没有必要：如果董事会的表决出现 4∶4 这种等票结果时，结论应当为"否决"，因为董事会的表决必须至少过半数同意才能通过。当然，公司章程或者公司股东会也有权授权董事长拥有两票，或者规定在这种情况下，董事长有决定性的一票，等等。

---- 案例 6 ----

董事会的成立符合法律规定吗？

【案例正文】

利民股份有限公司董事会有 13 名董事。2018 年 8 月 15 日，公司董事长王五召集并主持召开董事会会议，有 9 名董事出席了会议，另有 4 名董事因事请假。董事会会议经表决在 7 名董事同意情况下，通过了下列事项：（1）鉴于公司董事会成员工作任务加重，决定给每位董事涨工资 35%；（2）鉴于公司资金紧张，为发行公司债券作出决议；（3）由于公司目前经营出现亏损，讨论制订公司弥补亏损方案，该方案经过股东大会通过后实施；（4）鉴于公司的财务会计工作日益繁重，拟将财务科升级为财务部，并向社会公开招聘会计人员 3 名，招聘会计人员事宜及财务科升格为财务部的方案经股东大会通过后实施；（5）鉴于市场部经理张某的辞职，职工李某在市场部工作积极，决定聘任李某为市场部经理，负责市场部的工作。

【涉及的问题】

1. 公司董事会的召开和表决程序是否符合法律规定？

2. 公司董事会通过事项有无不符合法律规定之处？请分别说明理由。

【参考答案】

1. 董事会的召开符合法律规定，由董事长召集并主持，且参会人数达到董事成员人数一半以上；表决程序符合法律规定，董事会会议表决实行一人一票，7 名董事同意，经 13 位董事的半数通过。

2. 甲公司董事会通过的事项中有不符合法律规定之处：①决定给每位董事涨工资 35%，不属于董事会职权，属于股东大会职权。根据《公司法》的规定，决定董事的报酬属于公司股东大会的职权。②为发行公司债券作出决议，不属于董事会职权。③聘会计人员事宜及财务科升格为财务部的方案经股东大会通过后实施，属于董事会职权，不需要经过股东大会通过。根据《公司法》的规定，公司董事会有权决定公司内部管理机构的设置。④聘任李某为市场部经理，属于总经理的职权。

------ 案例7 ------
一人公司的债务如何偿还？

【案例正文】 ■

2016年2月，李四自己投资20万元成立了一家一人有限责任公司（以下简称"一人公司"），从事食品经营。2016年9月，李四购进一大批面粉，放置公司仓库，由于公司仓库漏水，自己疏忽没有发现，导致面粉保管不善，被雨水淋湿变质，造成较大经济损失，该一人公司无力继续经营。而李四在公司成立时投资的20万元已经远远不够偿还公司的债务。公司债权人张三要求李四个人继续偿还剩余的债务。李四表示：根据《公司法》的规定，股东仅以出资额为限对公司债务承担有限责任，股东对超过出资额以外的公司债务不应当承担清偿责任，因而拒绝清偿。公司债权人张三向法院提起民事诉讼，要求李四清偿剩余债务。

【涉及的问题】 ■

法院该如何审判？

【参考答案】 ■

此案中，李四投资成立的是一人有限责任公司，依据法律规定，一般情况下，有限责任公司的股东对公司债务承担有限责任。但如果该一人公司与股东人格混同，例如，营业场所与股东个人住所合一，公司会计记录不清，公司经营性收支与股东个人收支未作区分，导致无法证明公司财产独立于股东个人财产，则该一人有限责任公司股东必须对公司债务承担连带清偿责任。

这是一起由于一人公司股东未能将公司财产与其个人财产相分离，而导致股东个人连带承担清偿公司债务的案例。公司具有独立法人地位、公司财产与股东财产相分离、股东承担有限责任是公司人格制度的三大支柱。通常情况下，股东对公司债务承担有限责任是公司制度的一个重要特点。《公司法》第3条规定："公司是企业法人，有独立的法人财产，享有法人财产权。公司以其全部财产对公司的债务承担责任。""有限责任公司的股东以其认缴的出资额为限对公司承担责任；股份有限公司的股东以其认购的股份为限对公司承担责任。"对于公司来说，公司的全部财产是其承担公司债务责任的界限；对股东来说，其对公司债务承担的责任是以出资额为限，除法律规定的特殊情形外，公司或者债权人都不得要求股东以超过其认缴的出资额或者认购的股份，对公司债务承担责任。法律明确股东承担有限责任作为一种理性制度安排，能够有效地防范和减少股东的投资风险，有利于保护和鼓励投资，促进社会就业，刺激经济的发展。

但是，在上述案例中，李四投资成立的是一人公司。在一人公司中，通常一人股东自任董事、经理并实际控制公司，复数股东相互之间以及公司内部的股东会、董事会、监事会三大机构之间的相互制衡都不存在。一人股东之意思就是公司之意思，可以"为所欲为"地混同公司财产和股东财产，将公司财产挪作私用，给自己支付巨额报酬，同公司进行自我交易，以公司名义为自己提供担保等。由于一人公司内部缺乏制衡和监督，一人股东为了实现自身经济利益的最大化，有可能最大限度地恶意滥用公司和股东的有限责任来逃避法定义务，损害公司债权人的利益。

正鉴于此，《公司法》对"一人公司"建立了严密的风险防范制度：（1）对自然人设立一人公司进行了必要的限制。一个自然人只能投资设立一个一人有限责任公司，该一人有限责任公司不能投资设立新的一人有限责任公司。（2）规定了一人公司的公示制度。《公司法》第 59 条规定："一人有限责任公司应当在公司登记中注明自然人独资或者法人独资，并在公司营业执照中载明。"从而将一人公司的有关情况向社会公示，使相对交易人能预测交易风险。（3）规定了一人公司的外部监督检查制度。《公司法》第 62 条规定："一人有限责任公司应当在每一会计年度终了时编制财务会计报告，并经会计师事务所审计。"（4）规定了严格的公司人格否认制度。《公司法》第 63 条规定："一人有限责任公司的股东不能证明公司财产独立于股东自己的财产的，应当对公司债务承担连带责任。"具体到本案例中，李四对公司的 20 万元出资构成公司资本，是公司设立并从事生产经营活动的物质基础。公司的独立法人人格身份决定了公司的财产应当作为独立的法人财产，不能与股东个人财产相混淆。但如果李四利用其一人控制公司的特殊地位，造成一人公司财产与其个人财产混同、会计记录混同、公司营业场所与股东个人居所合一，则法院可以依据《公司法》第 64 条判决李四对公司债务承担连带清偿责任，这样才能有效保护债权人的利益。

6.4.2　我国股份有限公司

------------ 案例 1 ------------
发起人以设立中的公司名义签约

【案例正文】 ■━━━━━━━━━━━━━━━━━━━━

被告华丽公司在设立过程中，发起人以设立中公司的名义与原告利民公司签订

《商用公寓租赁合同》，约定原告利民公司将其拥有合法使用权的商用公寓出租给华丽公司，租赁期限自 2018 年 7 月 1 日起至 2020 年 12 月 31 日止。《商用公寓租赁合同》签订后，华丽公司于 2018 年 7 月 24 日成立。租赁期间，华丽公司未按照约定缴纳租金，故利民公司诉至法院请求法院判决华丽公司返还占有的商用公寓，并支付欠缴的租金和违约金。

【涉及的问题】■

该案件如何审判？

【参考答案】■

根据法律规定，发起人以设立中公司名义对外签订合同，公司成立后合同相对人可以请求公司承担合同责任。

法律规定，合同生效的要件一般包括：（1）当事人具有相应的订立合同的能力；（2）意思表示真实；（3）不违反法律和社会公共利益。虽然，设立中的公司虽然还未取得法人独立资格，但根据我国《民法总则》、《公司法司法解释（三）》以及司法实践不难看出，设立中公司以"公司"名义对外签订的合同，只要不存在合同无效和合同可撤销的情形，应当认定合同为有效。

根据《公司法司法解释（三）》第 3 条及第 4 条的规定，发起人以设立中公司名义对外签订合同，公司成立后，合同相对人可以请求公司承担合同责任；公司未成立的，合同相对人可以请求全体或者部分发起人对设立公司行为所产生的费用和债务承担连带清偿责任。部分发起人承担责任后，可以请求其他发起人按照约定的责任承担比例分担责任；没有约定责任承担比例的，按照约定的出资比例分担责任；没有约定出资比例的，按照均等份额分担责任。

同时，因部分发起人的过错导致公司未成立，其他发起人主张其承担设立行为所产生的费用和债务的，人民法院应当根据过错情况，确定过错一方的责任范围。

-------- 案例 2 --------

股份有限公司的两次交易

【案例正文】■

王五为某市大型家电股份有限公司董事兼总经理。2010 年 11 月，王五以另一家中型家电商场的名义从国外进口一批价值 120 万元的家电并销售给本市某家房地产公司。该大型家电股份有限公司董事会得知后认为，王五身为本公司董事兼总经理负有竞业禁止业务，买卖行为无效，决议责成王五取消合同，该批家电由本大型家电股份有限公司买下。后来，某房地产公司遂诉诸人民法院。法院查明，王五还曾于 2009 年将自己的五台空调卖给该大型家电股份有限公司，股东不知晓。

【涉及的问题】

这两次交易是否有效？应如何处理？

【参考答案】

1. 本案中王五从国外进口家电的商业机会应认定为违背了竞业禁止义务。董事竞业禁止义务指禁止股东从事与公司营业有竞争性的活动。根据《公司法》的规定，董事或经理不得自营或者为他人经营与其所任职公司同类的营业或者从事损害本公司利益的活动。如从事上述营业或活动的，所得应当归公司所有。所以，本案中大型家电股份有限公司有权行使所得利益归入权，但主张取消交易于法无据，也与归入权行使矛盾。除可行使归入权外，该大型家电股份有限公司还可依据《公司法》的相关规定对王五进行处分。

2. 王五将自有空调车卖给公司的行为违反董事禁止自我交易的义务，该义务见于《公司法》的相关规定：董事、经理除公司章程规定或股东会同意外，不得同公司订立合同或进行交易。

6.4.3　外国公司的分支机构

------ 案例 ------
合资企业的营运

【案例正文】

马来西亚籍华人张三在当地注册了一家独资有限责任公司后，回国内投资，出资 20 万美元与中方合营者建立了一家注册资本 100 万美元的合资企业，因相关法律规定外商投资的下限是注册资本的 25%，所以张三缺 5 万美元。但是，张三以他来华投资花费旅差费不少为由，要中方合营者替他出 5 万美元，并由他享有股权。于是中方以自己的人民币折合成 5 万美元出了资。

合营公司成立后，有项业务需引进国外技术，张三一手操办，他用自己在马来西亚的独资有限责任公司，一方面代理中方合营企业向技术供应方购买技术，另一方面代表技术供应方收技术款价，要求合资企业把购买技术的 30 多万美元全部打入他的马来西亚公司账户。中方合营企业与他签订的委托合同，规定他向技术供应方付款之后应向中方提供发票，但张三一直没有提供。据有关方面评估技术供应方提供的技术资料只占合同价值的 10% 左右，合同中的大量项目内容没有提供，后由合资企业另行购买或自行设计。当时中国政府规定，技术引进合同应报政府主管部门批准，但该合同未经上报批准，为了规避法律，仅以合资合同附件的形式上报备案。

合资企业营运两年之后，张三的马来西亚公司因违反当地的法律，被马来西亚政府撤销，不复存在。但张三一直隐瞒真相，未向董事会报告，并继续以该马来西亚公司的名义分取合资公司的红利，并在中方与其纠纷发生后，仍以该公司的名义签发授权委托书，指派律师与中方谈判。

【涉及的问题】

1. 张三来华投资时是否具有合法的主体资格？

2. 张三的公司被马来西亚当局撤销以后，是否仍具有外方合营者的资格，他继续以公司名义从事活动是否有效？

3. 张三代表合资企业订立的技术买卖合同是否有效？

4. 该合资公司是否有效？如果无效，如何处理？如果被认定无效，是否可以以当时都由双方认可，有的还有中国行政当局批准或领导人签字同意为抗辩？

【参考答案】

1. 张三来华投资时依中国法律具有合法主体资格。

2. 公司撤销以后在马来西亚的法律上已失去主体资格，因此也不能再在中国充当外方合营者，正确的做法是应当在马来西亚的清算程序中如实申报债权债务，把在中国的投资作为债权申报上去；同时向合资企业的董事会报告，结束合资经营进入清算程序。张三没有这样做，既欺骗了中方合营者和其他债权债务人，也欺骗了中新两国政府，是完全非法的。公司撤销以后仍打着原公司的招牌在社会上招摇，是违法的，所做的一切均属无效，构成犯罪的还应追究刑事责任。张三在公司撤销以后所分得的合资企业的红利应予返还，张三以原公司的名义签发的委托律师参加谈判的委托书不产生法律效力。

3. 法律明文规定，双重代理是无效民事行为。所以该技术引进合同无效。并且根据《技术引进合同管理条例》第4条的规定，技术引进合同应审批才发生法律效力。

4. 合资公司的主体虽然合法，但外资的比例达不到法律规定的下限要求，所以也是违法的。合资公司无效，合资企业应返还外方的20万美元投资，变更登记为内资企业，或重新选择新的外方合营者。对无效的技术引进合同，外方返还合资企业所付30余万美元，请技术评估的权威机构对已提供的技术资料作出价值评估，按评估结果由合资企业付款给技术供应商。双方认可和审批机关批准都不能对抗法律的强制性规定。

6.4.4　我国的外商投资企业

案例 1

合资企业的私下串通

【案例正文】

新加坡甲公司与内地乙公司签订了合资经营合同，并获得中国主管机关外经委批准。但在尚未办理注册手续之前，甲公司发现乙公司并非恰当的中方合营者，于是提出退出合营。

乙公司总经理表示：同意退出，但要甲公司帮个忙：甲公司打进 10 万美元外汇到合资企业账户，我在 20 天之内办好合资企业注册手续，就打还甲公司指定的账户。甲公司为成全他办成合资企业，同意帮这个忙。于是乙公司总经理以个人名义按上述约定写了一个借条，签上名并加盖了合资企业的公章交给了甲公司。甲公司也把 10 万美元打进了合资企业的账户。但乙公司总经理办好合资注册登记手续之后，拒不归还这 10 万美元。甲公司依合资合同的仲裁条款提起仲裁，要乙公司归还 10 万美元及其利息。

【涉及的问题】 ▶━━━━━━━━━━━━━━━━━━━━━━━━

1. 两公司在合资企业尚未注册成立时就决定终止，依法应如何结束它们的合作关系？

2. 仲裁庭应如何裁定本案？可否以甲公司的 10 万美元作为出资，裁定合资企业成立？

3. 两公司约定打进 10 万美元完成合资企业注册而不是真正合营的做法，性质如何论定？

4. 乙公司总经理打的那个借条反映了双方约定的内容，它在法律上应如何认定？

【参考答案】 ▶━━━━━━━━━━━━━━━━━━━━━━━━

1. 如果两公司在合资企业尚未注册前就决定终止，双方应该共同向审批机关报告，请求撤销合资合同。

2. 在此案中，新加坡甲公司已经决定终止合资企业的注册，所以，仲裁庭可以裁定合资企业必须予以注销，因为，合资不可以违背当事人真实意图。

3. 这是私下串通，办假合资企业，欺骗国家，规避法律，骗取优惠的非法行为。双方都有责任，但乙公司是出主意的，应负主要责任。

4. 虽然双方有合意，由于违反了法律应属无效合同。处理无效合同的法律规定是自始无效，恢复原状。因此乙公司获得的 10 万美元应返还甲公司，但不计利息。

```
------ 案例 2 ------
B公司要承担违约金吗？
```

【案例正文】 ▶━━━━━━━━━━━━━━━━━━━━━━━━

中国 A 公司与美国 B 公司打算在中国境内设立合资有限责任公司，双方签订了创办合资公司的合同。合同规定，合资企业注册资本为 300 万美元，A、B 各出资 150 万美元，并约定在合资企业领取营业执照后 60 天内缴足出资。A 方按期缴齐了出资，但 B 方缴纳了 60 万美元后，就再没有履行出资义务。过了一个月，B 公司要求退出合资企业，并将其全部出资转让给韩国 C 公司。A 公司同意转让，但提出 B 公司应支付欠缴 90 万美元出资的违约金。B 声称自己已退出合营企业，不再承担任何责任，同时合营企业的法定代表人提出 B 的违约金应支付给合营企业而非 A 方。

【涉及的问题】

请问本案中合营企业是否存在，B 应否承担责任？

【参考答案】

本案中合营企业依然存续，B 应向 A 承担违约责任，合营企业在因一方违约不能继续经营时，能要求违约方承担赔偿责任。根据《中外合资经营企业法实施条例》第 31 条的规定，要求合营各方按合同规定的期限缴清出资，逾期未缴或未缴清的，应按合同规定支付迟延利息或赔偿损失。1988 年《中外合资经营企业合营各方出资的若干规定》、1994 年《关于进一步加强外商投资企业审批和登记管理有关问题的通知》对合营各方出资期限、比例等作了进一步规定。

------- 案例 3 -------
合资企业的董事会

【案例正文】

2002 年，韩国 A 公司与深圳 B、C 两公司成立合资企业，三个公司出资额分别为注册资本的 60%、30% 和 10%。合资企业的董事长由 B 公司指派，董事会由 6 名董事组成，A 公司三名、B 公司两名、C 公司一名。合资企业生产并销售以"爽吧"为商标的 0 卡汽水，2005 年在深圳的市场占有率达 45%。B 公司见合资企业产品畅销，于 2005 年向宝安区工商局谎称其为"爽吧"商标权利人，投资设立"深圳爽吧贸易发展公司"，又由后者在南山区投资设立"深圳甘纯饮料有限公司"，生产"甘纯"牌饮料。B 公司指派其副总经理李某担任合资企业、爽吧、甘纯三家公司董事长，将"甘纯"饮料和"爽吧"饮料共同交由爽吧公司销售，通过对"爽吧"饮料名称、标识、包装、广告等途径混淆侵权，引发纠纷。合资企业韩方三名董事多次致函董事长，强烈要求召开董事会议处理侵权事宜，均被李某回绝。A 公司引用我国诉讼法并未明确的派生诉讼对甘纯公司、爽吧公司和 B 公司提起侵权之诉。

【涉及的问题】

本案中的情况可以如何处理？

【参考答案】

此案中，由于合营企业的董事长为 B 公司指派，董事长李某明知侵权事宜，而不解决是没有履行其职责。而且，李某同时担任合资企业、爽吧公司、甘纯公司的董事长也是不合法的。根据《公司法》的规定，董事、经理不得自营或者为他人经营与其所任职公司同类的营业或者从事损害本公司利益的活动。

按照《中外合资经营企业法》及其实施条例的规定，企业的最高权力机构是董事会，董事会由董事长召开，董事长不能召开可以授权其他董事召开。国家工商行政管理总局（现国家市场监督管理总局）《关于外商投资企业法定代表人变更登记有关问题的答复》规定，公司制外商投资企业原法定代表人不履行或不能履行职责，致使董事会不能按法定程序召开的，按照《企业法人法定代表人登记管理规定》第 17 条的规定，可由半数以上的董事或者由出资最多或者持有最大股份表决权的股东或其委派的代表召开和主持会议，依法作出决议。同时应当提交原法定代表人不履行或不能履行职责的证明文件。

综合案例：英属维尔京群岛 C 公司与上海啤酒公司股东知情权纠纷案

综合案例：C 国际有限公司与上海啤酒公司股东知情权纠纷案

一、背景介绍

C 国际有限公司（下称"C 公司"）系根据 BVI 公司法于 2007 年成立的一家位于英属维尔京群岛地区的商业公司，公司三位股东 Mark、Seven 及 Fred 均系公司董事。Mark 于 2013 年 10 月 17 日被任命为 Seven 的代理董事。2008 年，C 公司从上海市政府取得批复，获批设立外商独资企业——上海啤酒公司。

2012 年 1 月起，C 公司长期无法获知上海啤酒公司的经营情况，尤其是财务信息。2012 年 9 月，C 公司委托某律师事务所连续两次向上海啤酒公司及法定代表人 Fred 发送律师函，要求查阅、复制财务会计报告以及查阅财务会计账簿，均未得到答复。

C 公司发现，Fred 未经 C 公司同意，通过其在中国香港设立的 TT 公司出资设立上海一酒公司，经营范围与上海啤酒公司完全一致，且其法定代表人同为 Fred。

收到律师函后，上海一酒公司的法定代表人变更为案外人李某。C 公司遂将上海啤酒公司诉至我国法院，请求判令查阅、复制被告公司 2012 年以来的财务会计报告，查阅其 2012 年以来的财务会计账簿。

二、基本案情

被告辩称：本诉由 C 公司董事 Mark 个人提起，其未经原告合法授权，无权代表原告提起本案诉讼，原告已出具加盖其公章的"撤诉申请书"申请撤回起诉；被告未收到原告提出的查阅、复制财务资料的书面请求，原告未履行法定程序；Mark 以 C 公司名义提起诉讼，实质目的是获取被告的商业信息，具有不正当目的；

C 公司法定代表人兼董事 Fred 不存在违反竞业禁止规定的行为。

（一）与原告意志代表权争议相关的事实。

2013 年 10 月 16 日，Mark 曾向 Fred 电子邮箱地址发送电邮一份，称 2013 年 10 月 29 日在英属维尔京群岛公证员的监督下即将通过董事会决议，并随函附送文件，内容为任命 Mark 为 Seven 的代理董事；10 月 29 日，Mark 将签署一些与 C 公司相关的董事会决议，欢迎 Fred 出席或委任代理出席；如 Fred 或其代理想要出席，请回复此邮件并前往英属维尔京群岛。

2013 年 10 月 29 日，由 Mark 作为公司董事及另一董事 Seven 的代理董事签署了 C 公司的董事会决议一份，决议载明：（1）根据公司章程，任何公司的董事会决议（包括免除公司董事的决议）可由全体公司董事过半数同意；（2）免除 Fred 公司董事以及法定代表人的职务；（3）公司签订授权委托书，授权某律师事务所律师代表公司起诉上海啤酒公司或其法定代表人 Fred……（8）每一位公司董事或代理董事，有权代表公司单独签署文件……

2014 年 1 月 6 日，被告向法院提交一份加盖有原告公司公章的《撤诉申请书》，称 Fred 与 Mark 均系 C 公司股东兼董事，其诉讼并未获得董事会同意并授权。Mark 系盗用 C 公司名义起诉，要求撤回本案诉讼。

C 公司的组织大纲与章程规定：

第 45 条规定，董事可随时签署书面文件授权其他董事或其他人员作为其代理董事，该书面文件保存于公司注册办事处。上述代理董事应有权接受董事会会议通知并作为董事参加任命董事未能亲自出席的会议并进行投票；在上述会议上，其有权行使任命董事授予的所有权力、权利、职责及职权。各代理董事应视为公司管理人员而不应视为任命董事的代理。如因章程第 70 条规定向董事传达需获批决议的通知时，产生不当延误或出现传达遇阻情况，其代理董事（如有）应有权代表董事同意该决议。

第 55 条规定，董事会可委托并授予任何董事或管理人员根据条款条件规定许可的任何权力，并以其认为适当的限制条件限制该授予的权力；

第 56 条规定，董事会可随时出具委任状任命任何公司、企业或个人、团体，于董事会认为适当的目的、权力、权限及判定条件及期限下，成为公司代理人（不得超过章程赋予董事会权利或董事会可行使之权力范围）；

第 63 条规定，董事会可为业务的分配召开会议、休会或根据其认为适宜的情况调整董事会议。会议期间提出的问题应由多数票赞成的方式作出决议。

第 64 条规定，公司董事应至少提前三天获得董事会议的通知。

第 65 条规定，尽管章程第 64 条另有规定，任何违反第 64 条规定召开的会议如符合下述前提条件即视作有效：持有表决权股票的绝大多数股东放弃接受会议通知；且股东到会视作放弃接受会议通知。

第 66 条规定，出于无意未能向股东传达通知，或某位董事事实上没有收到通知的，召集的董事会会议不将因此失效。

第 67 条规定，如果董事会会议开始后，与会董事（不论亲自出席或由代理董事出席）人数不少于董事总人数的三分之一，即至少为两人；如董事仅有一人，则至少为一人，则董事会会议有效。

第 70 条规定，任何由决议通过时有权接受董事会议或董事委员会会议通知的绝大多数董事通过的且通过书面形式、传真或其他书面或电子通信递送的决议（一份或多份文件）具有与未事先通知并正式召开的董事会议和董事委员会会议上通过的决议具有同等效力。

（二）与股东知情权争议相关的事实。

原告股东 Mark 系世享公司法定代表人，被告上海啤酒公司曾向世享公司供应啤酒，双方存在业务往来。

原告提起本案诉讼系基于 2013 年 10 月 29 日的董事会决议，被告对该决议的效力提出异议。被告认为董事会会议仅有 Mark 一人出席，而且未履行召开董事会会议的通知义务，不符合章程规定。

三、判决结果

依照《中华人民共和国涉外民事关系法律适用法》第 14 条、《中华人民共和国公司法》第 33 条之规定，判决支持了原告全部诉讼请求。

案例来源：上海市浦东新区人民法院.（2013）浦民二（商）初字第 S3849 号案［EB/OL］.［2014-08-22］. https://wenshu.court.gov.cn/. 编者有修改。

【案例使用说明】▬▬▬▬▬▬▬▬▬▬▬▬▬▬▬▬▬▬▬▬▬▬

一、讨论问题

1. 本案应当适用何种准据法审理案件？

2. 你认为，2013 年 10 月 29 日作出的董事会决议是否具有效力瑕疵？

3. 依据我国法律，有限责任公司股东如何行使知情权？

4. 你认为，被告要求行使股东知情权为何得到支持？

5. 如何看待被告持加盖原告公章的《撤诉申请书》申请撤诉的行为？你认为应当得到支持吗？

二、分析思路

本案系涉外商事领域典型的股东知情权诉讼。原告为登记注册于英属维尔京群岛的 BVI 公司，但被告系 BVI 全资投资的中国公司，本案核心在于审查 C 公司意志代表权问题，必须首先确认 C 公司提起的诉讼是否能够代表公司意志，其次才考虑原告的股东知情权如何行使的问题。然而，本案属于同一案件存在多法域法律适用的情形，故前述问题分别应适用何种法律去认定，系厘清本案法律关系之关键。

三、理论依据

1. 关于本案准据本的适用。

本案原告是注册登记在英属维尔京群岛的公司，属于涉外法律纠纷。中国法院应根据《中华人民共和国涉外民事关系法律适用法》有关规定有关纠纷适用的准据法。

《中华人民共和国涉外民事关系法律适用法》第 14 条规定，法人及其分支机构的民事权利能力、民事行为能力、组织机构、股东权利义务等事项，适用登记地法律。

2. 2004BVI 公司法与本案争议有关的内容如下：

2004BVI 公司法第 127 条规定，根据备忘录或章程针对通知的要求，召开董事会议前应对董事给予合理的通知……如果因疏忽未能向某一名董事发出会议通知或某一名董事未收到会议通知，均不会使召开的董事会议失效。

第 129 条规定，（1）董事决议可以经由以下方式予以通过，（a）在董事会议上经决议通过；或（b）根据组织大纲及公司章程的规定，以书面决议通过。（2）根据组织大纲及公司章程的规定，董事决议在董事会议上由出席会议并有权对决议案进行表决的董事成员投票，获得多数票则予以通过；

第 130 条规定，根据公司的组织大纲及公司章程的规定，公司董事可以将任何其他董事成员，或非第 111 条规定的被取消董事委任资格的其他人员，委任为代理董事，以在委任董事不在场时，为作出董事决议相关事宜而（a）行使委任董事之权力并（b）履行委任董事之职责；

第 130A 规定，（1）在与董事会议相关的事宜或通过传阅以作出书面同意的任何书面决议方面，代理董事具有与委任董事相同的权利；

（2）代理董事为其委任董事所行使的在董事会作出决定的权力，与其委任董事本人亲自所行使的权力具有同等效力。

3. 我国对有限责任公司股东知情权的有关规定。

我国《公司法》第 33 条规定，股东有权查阅、复制公司财务会计报告。股东要求查阅会计账簿的，应当向公司提出书面请求，说明目的；公司有合理根据认为股东查阅会计账簿有不正当目的，可能损害公司合法利益的，可以拒绝提供查阅。

四、参考答案

1. 本案原告系 BVI 公司，属于涉外法律纠纷。中国法院应根据《中华人民共和国涉外民事关系法律适用法》有关规定有关纠纷适用的准据法。

《中华人民共和国涉外民事关系法律适用法》第 14 条规定，法人及其分支机构的民事权利能力、民事行为能力、组织机构、股东权利义务等事项，适用登记地法律。就本案所涉原告意志代表权的争议，涉及原告的民事行为能力、董事会决议效力等，因原告系登记注册于英属维尔京群岛的公司，应适用英属维尔京群岛法律；就所涉股东知情权争议，涉及被告股东权利的行使，因被告注册于中国上海，应适用中国法。

2.BVI 的公司法允许公司组织大纲及公司章程对于董事会决议的程序进行较为灵活的规定。2013 年 10 月 29 日的董事会决议，其决议的作出程序不违反 BVI《公司法》和原告章程的规定，不具有效力瑕疵。

首先，根据原告章程第 67 条，第 45 条规定：董事会会议的与会董事至少为两人，董事可授权其他董事作为其代理董事，代理董事有权接受董事会会议通知并作为董事参加任命董事未能亲自出席的会议并进行投票。本案中，2013 年 10 月 29 日的董事会决议，虽然仅有 Mark 一人的签名，但 Mark 已于 2012 年 10 月 17 日被任命为 Seven 的代理董事，故该董事会决议实质由两名董事签署，符合该章程规定。

此次，该董事会会议履行了通知程序。首先，根据原告章程第 66 条，出于无意未能向股东传达通知，或某位董事事实上没有收到通知的，召集的董事会会议不将因此失效。故董事会会议未尽通知义务并不当然导致董事会决议无效。其次，2013 年 10 月 16 日，Mark 曾向 Fred 发送电子邮件，就召开 10 月 29 日的董事会作出通知。

3.我国《公司法》第 33 条规定，股东有权查阅、复制公司章程、股东会会议记录、董事会会议决议、监事会会议决议和财务会计报告。股东要求查阅公司会计账簿的，应当向公司提出书面请求，说明目的。公司有合理根据认为股东查阅会计账簿有不正当目的，可能损害公司合法利益的，可以拒绝提供查阅，并应当自股东提出书面请求之日起十五日内书面答复股东并说明理由。公司拒绝提供查阅的，股东可以请求人民法院要求公司提供查阅。

由此可知，在我国，股东提起知情权诉讼需要满足三个条件：提出请求的主体为公司股东；该股东应当先以书面方式向公司提出请求，说明查阅内容，查阅方式并说明目的；公司在收到书面通知 15 日内不予以回复的，股东才可以请求法院要求提供查阅。

4.原告的股东知情权之诉得到支持主要有以下几方面原因：

（1）原告履行了法定程序。原告系被告的唯一股东，授权律师事务所以书面形式向被告提出了查询 2021 年以来财务资料及会计账簿的要求，但被告未予回复。

（2）被告无证据证明原告（股东）存在不正当目的的情形。尽管本案系由 Mark 代表原告签署起诉状，但要求行使股东知情权的主体为 C 公司而非 Mark。股东知情权是股东固有的、法定的基础性权利，无合理根据证明股东具有不正当目的，不应限制其行使。

5. 公章虽是公司对外作出意思表示的重要外在表现形式，但本案所涉及的是股东或董事 Mark 能否代表原告提起诉讼，实质属于原告公司内部的争议——股东或董事 Mark 与 Fred 就原告意志代表权的争议。在公司内部争议中，控制公章的事实，只反映公章控制者可能有权代表公司意志的一种表象，至于其是否依授权能够代表公司意志，须审查公司股东会或董事会有无授权的意思表示。如前所述，本案中 Mark 以原告名义提起本案诉讼系基于董事会决议的有效决议，故具有董事会合法授权。被告以加盖原告公章的《撤诉申请书》提出撤诉，不应得到支持。

第七章　工业产权法

开篇案例　给天才之火，浇上利益之油

【案例正文】

林肯曾说过："专利制度就是给天才之火，浇上利益之油。"知识产权是人才创新智力成果最科学、最完整、最核心的体现，知识产权制度是保障创新者权益、激发创新创造活力、促进创新人才成长和发展的基本制度。

作为一种新型产权机制，知识产权以法律形式确立人才对其创新成果的财产权属，并延展得到使用权和支配权，实现了人才对其创新成果拥有的排他性的独占权，使人才创新获得充分的相应回报，有助于解决人才创新的"原动力"问题。

知识产权战略是发达国家成功的重要因素。法国在建国之初就将以专利为代表的知识产权制度写入了宪法。通过不断完善其知识产权制度，保证人才发明创造的精神和物质权利，法国成为世界头号科技、经济、贸易和文化强国。

英国是知识产权制度建立最早的国家之一，它在 1624 年颁布《垄断法》，极大地激励了瓦特等众多人才的创新热情，催生了以蒸汽机和动力机械为代表的第一次工业革命。

日本建立了"知识产权立国"的基本国策。20 世纪 90 年代日本经济停滞发展，人才创新动力不足。为此，内阁增设知识产权战略总部，首相亲任部长，全体内阁人员参加，力图保证日本走出"失落的十年"。此后十余年间，日本诺贝尔奖获得者增加了 13 位。

党的十八大以来，我国知识产权事业发展取得显著成效，知识产权法规制度体系逐步完善。为此，2021 年 9 月，中共中央、国务院印发了《知识产权强国建设纲要（2021—2035 年）》，坚持实施知识产权强国战略，建设中国特色、世界水平的知识产权强国，提升国家核心竞争力。

资料来源：赵勇，孙锐. 给天才之火，浇上利益之油 [EB/OL]. [2016-04-26]. https：//epaper.gmw.cn/wzb/html/2016-04-26/nw.D110000wzb_20160426_2-06.htm. 编者有修改。

【涉及的问题】

谈谈知识产权的基本特征，以及为什么提升核心竞争力离不开知识产权强国？

7.1　工业产权概述

7.1.1　工业产权的范围

----- 案例 1 -----
治病药方是否属于知识产权保护的范畴

【案例正文】■———

甲家有一部祖传的《百草药籍》，该药籍中详细记载了多种中草药配方，对于疟疾、风寒、荨麻疹等症状颇具疗效。甲家中数代行医，后人经不断实践总结，在此基础上进行了补充和发展。甲家早有祖训，不得对外公开典籍中记载的配方。甲也从未对外公开过这些配方，仅在为人治病时偶尔使用，也从未向有关政府部门提出过专利权或其他权利的申请。

【涉及的问题】■———

对于《百草药籍》中记载的配方，甲是否拥有知识产权？

【参考答案】■———

甲当然拥有上述配方的权利，药籍中记载的配方属于商业秘密，或称 Know-How。商业秘密以前并没有被明确归入到知识产权的范畴内，各国大多通过民事权利的规定来保护各类商业秘密。1995 年，《与贸易有关的知识产权协定》（TRIPs）将商业秘密纳入知识产权范畴，属于"未公开信息专有权"。我国 1980 年加入世界知识产权组织，2001 年加入 WTO，原则上接受上述公约对知识产权范围的界定。我国从《民法典》，到《反不正当竞争法》《公司法》《商业秘密司法解释》，至《刑法》，都为商业秘密保驾护航。因此张某对于这些配方拥有的权利，现在属于知识产权的一部分。

----- 案例 2 -----
客户资料是否应当受到保护

【案例正文】■———

张某于 2018 年 1 月入职 A 电竞公司，从事外贸销售工作，于 2022 年 2 月被提拔为该公司外贸业务经理，担任该职务直至 2022 年 5 月离职，其间掌握客户名单资料。张某于离职前与电竞公司签订了《保密和竞业限制协议》，并在离职前完成了客户名单资料移交。

张某 2022 年 6 月入职 B 电竞公司，并用此前在 A 电竞公司获得的客户名单在新公司谋得了高管职位。B 公司利用 A 电竞公司客户资料与企业达成交易，获得交易销售额达人民币 1 000 万元。

【涉及的问题】 ■———————————————————————

客户资料是否属于应当受到保护？你认为，张某的行为是否构成侵权？

【参考答案】 ■———————————————————————

本案中，客户资料是 A 电竞公司的核心商业秘密，应受保护。根据《中华人民共和国反不正当竞争法》第 9 条第 3 款，B 电竞公司的行为属于侵犯商业秘密，构成不正当竞争。对于张某，因其和 A 电竞公司存在竞业限制协议，离职后又马上到新的竞争公司担任高管职务，并泄露 A 公司重要商业秘密，违反了竞业义务，与 B 公司构成共同侵权。

法律依据：

《中华人民共和国反不正当竞争法》第 9 条规定，经营者不得实施下列侵犯商业秘密的行为：

（一）以盗窃、贿赂、欺诈、胁迫、电子侵入或者其他不正当手段获取权利人的商业秘密；

（二）披露、使用或者允许他人使用以前项手段获取的权利人的商业秘密；

（三）违反保密义务或者违反权利人有关保守商业秘密的要求，披露、使用或者允许他人使用其所掌握的商业秘密；

（四）教唆、引诱、帮助他人违反保密义务或者违反权利人有关保守商业秘密的要求，获取、披露、使用或者允许他人使用权利人的商业秘密。

经营者以外的其他自然人、法人和非法人组织实施前款所列违法行为的，视为侵犯商业秘密。

第三人明知或者应知商业秘密权利人的员工、前员工或者其他单位、个人实施本条第一款所列违法行为，仍获取、披露、使用或者允许他人使用该商业秘密的，视为侵犯商业秘密。

本法所称的商业秘密，是指不为公众所知悉、具有商业价值并经权利人采取相应保密措施的技术信息、经营信息等商业信息。

7.1.2　工业产权的基本特征

------------------------ 案例 ------------------------

法国耐克公司商标权侵权纠纷

【案例正文】 ■———————————————————————

法国耐克国际有限公司（下称"耐克公司"）向中国国家商标局申请注册

"NIKE"商标，获得核准注册。商标注册证号是 146658 号；核定使用商品是 53 类（商品国际分类是第 25 类）：运动衣；有效期限为 1981 年 5 月 15 日至 1991 年 5 月 14 日。经西班牙商标 NIKE 权利人许可，西班牙 M 公司在西班牙使用该商标从事运动服装制作和批发活动。

2000 年 3 月至 8 月间，西班牙 M 公司以来料加工的方式委托浙江省 B 制衣厂加工制作 NIKE 男滑雪夹克，由浙江省 A 进出口公司负责原材料的进口和服装成衣的报关出口。B 制衣厂加工制作标注 NIKE 标志的滑雪夹克共 4 194 件，在 A 进出口公司在深圳海关报关出口时，深圳海关以该批货物涉嫌侵犯国内备案的 NIKE 商标权为由予以查扣。耐克公司以侵犯注册商标专用权为由，将 A 进出口公司、B 制衣厂、西班牙 M 公司诉至人民法院。

资料来源：深圳中级人民法院. 深中法知产初字第 55 号案［EB/OL］.［2022-10-15］. https://wenshu.court.gov.cn/. 编者有修改。

【涉及的问题】
根据工业产权的基本特征，你认为三被告是否侵害了原告的商标权？

【参考答案】
西班牙 W 公司在西班牙对 NIKE 商标拥有合法的专有使用权，但是商标权作为知识产权，具有地域的特性。在我国司法权的范围内，"NIKE"商标一旦在中国境内核准注册，在未经权利人法国耐克公司许可的情形下，任何人就不得以任何方式侵害其已经注册商标专用权。本案中，三被告在本案的侵权行为中主观上有意思上的联络，行为上有明确的分工，共同构成一个完整的行为，侵害了法国耐克公司的注册商标专用权。

值得注意的是，作为 WTO 成员之一，中国对任何国别的当事人都应给予平等的保护。NIKE 商标在中国一经被核准注册，就在国家商标局核定使用的商品范围内受到保护。法国耐克公司在华享有的商标权具有独占性、专有性。无论是中国的当事人，还是外国的当事人，都不得侵害其已经注册的商标专用权。

7.2　专利法律制度

7.2.1　专利保护的客体

┄┄┄┄┄ 案例 ┄┄┄┄┄

红糖馍馍的改进

【案例正文】
河南开封市某食品加工厂为了推广其新研发的产品"红糖馍馍"，对原本的馍馍进行了以下几方面改进：（1）通过改变面粉配方组合，开发了新的配方；（2）吃法上，研制出了深受年轻人欢迎的新式餐饮风格；（3）从诗歌古籍中寻找线索，为该红糖馍馍起了一个优雅的名字；（4）在造型上，聘请专业的视频造型师为其设计了一种独特的形状，非常可爱、诱人；（5）创造了一个响亮的推广口号；（6）研究出一套专业的推销话术；（7）在传统烹饪制作环节增加一个程序，创造了新的蒸法。

【涉及的问题】

你认为，该食品加工厂可以就上述创造中的哪些项目申请专利？

【参考答案】

只有（1）（4）（7）可以申请专利，其中（1）（7）可以申请方法类专利，（4）可以申请外观设计专利。其余各项可以获得其他权利或保护，但并不属于专利权保护的范畴。

7.2.2 授予专利权的程序和条件

---- 案例 ----

发明创造的新颖性识别

【案例正文】

2020 年初，甲发明了一套旱地播种机。经主办方邀请，甲于 2020 年 3 月携新发明的旱地播种机前往广州市琶洲展览馆参展。该展会由中国政府主办，在国内颇负盛名，主要展示来自世界各国的农用机械类新科技创造。这也是甲的旱地播种机在世界范围内的首次公开亮相，反响很好。展会上，甲结识了来自各国的企业家。同年 4 月 20 日至 5 月 15 日，应澳大利亚某国际展会主办方邀请，甲携带该套设备赴澳大利亚作了数场公开展示，很受欢迎。该展会上，甲发现我国商务部以及数家国企、民营企业都积极派出了代表参展。2020 年 8 月 2 日，甲就该套设备向中国政府申请发明专利。

【涉及的问题】

根据我国《专利法》的规定，甲设计的旱地播种机是否丧失了新颖性？

【参考答案】

并未丧失新颖性。我国《专利法》第 24 条规定，申请专利的发明创造在申请日以前六个月内，有下列情形之一的，不丧失新颖性：（一）在国家出现紧急状态或者非常情况时，为公共利益目的首次公开的；（二）在中国政府主办或者承认的国际展览会上首次展出的；（三）在规定的学术会议或者技术会议上首次发表的；（四）他人未经申请人同意而泄露其内容的。

本案中，甲于 2020 年 8 月 2 日申请专利，但其发明在 2020 年 3 月在中国政府主板的国际展览会上首次展出，并未丧失新颖性。同时，虽然甲携带该套机械赴澳大利亚参展，但显然该国际展会是中国政府承认的，并不影响新颖性的认定。

7.2.3　专利权人的权利和义务

---案例 1---

新加坡 A 公司专利权侵权纠纷

【案例正文】■────────────────────

新加坡 A 公司许可中国 B 公司作为独家代理在中国销售其专利产品 X 牌螺蛳粉。2021 年 9 月 15 日，B 公司发现市场上出现假冒的 X 牌螺蛳粉，便开始调查侵权者。2022 年 2 月 10 日，B 公司确定侵权产品的制造者为福建省 C 公司。2023 年 1 月 20 日，B 公司将侵权事实以及调查结果通报了新加坡 A 公司。

【涉及的问题】■────────────────────

根据中国法，新加坡 A 公司追究福建省 C 公司的专利侵权责任的诉讼时效有效期届满之日为哪天？

【参考答案】■────────────────────

新加坡 A 公司追究专利侵权责任的诉讼时效期间应于 2025 年 2 月 10 日届满。

2020 年 10 月 17 日，《中华人民共和国专利法》第四次修正。新专利法将侵犯专利权的诉讼时效修改为三年，自专利权人或者利害关系人知道或者应当知道侵权行为以及侵权人之日起计算。本案发生在新法修订后发生的侵权行为，其诉讼时效应当专利权人或利害关系人知道或应当知道侵权行为以及侵权人之日起算。

本案中，中国 B 公司作为新加坡 A 公司的独家代理人，属于利害关系人，从它得知或应当得知侵权行为之日起，即 2022 年 2 月 10 日发现市场上出现假冒产品之日起，就应开始计算诉讼时效。

---案例 2---

专利权的"平行进口"问题

【案例正文】■────────────────────

日本人 A 拥有某美白爽肤水的专利权。经许可，中国人 B 获得该专利产品在中国内地范围内的独家经销权。中国人 C 发现泰国的经销商 D 也在销售同样的产品，但价格上远低于 B 处的售价，且 D 也是经 A 许可、合法销售该美白爽肤水专利产品的经销商。于是 C 直接从 D 处进口了大批该专利产品，在中国内地范围内进行销售，一时获利颇丰，如图 7-1 所示。

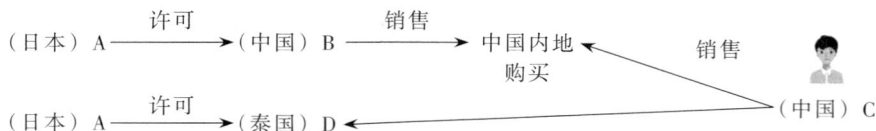

（日本）A —— 许可 —→ （中国）B —— 销售 —→ 中国内地 ←—— 销售 —— （中国）C
　　　　　　　　　　　　　　　　　　　　　　购买

（日本）A —— 许可 —→ （泰国）D ←——

图 7-1 "平行进口"引发的专利权侵权纠纷

【涉及的问题】

C 的行为是否侵犯了专利权人 A 的权利？

【参考答案】

本案属于典型的"平行进口"引发的专利权侵权纠纷。在我国司法实践中，平行进口通常指，他人从本国以外地域进口与本国商标权利人为同一主体或存在许可等法律关系主体所生产的商品，进而在本国市场予以销售的商业模式。

C 的行为侵犯了专利权人 A 的专利权。专利权具有地域性，只能在授予或确认其权利的国家（或地区）产生，并且只在该范围内发生法律效力，受法律保护。专利权具有专有性，专利权人 A 在中国内地授予了 B 独家经销权。

根据《中华人民共和国专利法》第 75 条第 1 款的规定，有下列情形之一的，不视为侵犯专利权：（一）专利产品或者依照专利方法直接获得的产品，由专利权人或者经其许可的单位、个人售出后，使用、许诺销售、销售、进口该产品的……

由前所述，根据我国法律，任何人从 B 处购得产品后的一切销售行为都不再视为侵权。本案中，B 享有该项专利在中国内地的独家经销权，因此，C 从泰国进口该产品进入中国内地而未经权利人许可，属于侵权行为。

------------ 案例 3 ------------
专利权侵权诉讼的原告资格

【案例正文】

法国 A 公司拥有"傻瓜牌"照相机的专利权，授权中国上海 B 公司作为中国内地的唯一经销商，双方签订了独家许可协议。某日，上海 B 公司发现，北京 C 公司未经其许可在某平台上销售与法国 A 公司一模一样体育用品，销售链接公示的内容为"法国进口相机"，"傻瓜牌照相机"。

【涉及的问题】

依据中国法，上海 B 公司是否有权依据独家许可协议，以自己的名义对北京 C 公司提起专利权侵权诉讼？

【参考答案】

根据我国法律，上海 B 公司有权依据独家许可协议，以自己的名义起诉北京 C 公司。

《中华人民共和国专利法》第 65 条规定：未经专利权人许可，实施其专利，即侵犯其专利权，引起纠纷的，由当事人协商解决；不愿协商或者协商不成的，专利权人或者利害关系人可以向人民法院起诉，也可以请求管理专利工作的部门处理。

由此可知，利害关系人也具有诉讼主体的资格。本案中，上海 B 公司系涉案专利产品在中国内地的独家销售商，若发生他人侵犯涉案专利权的行为，势必会使其在中国内地的市场份额被挤占，从而导致上海 B 公司的利益受损，故上海 B 公司与涉案专利的实施存在一定的利益关系。基于上述理由，上海 B 公司应当被认定为诉讼主体资格适合。

------- 案例 4 -------
专利发明权的先用权问题

【案例正文】

甲使用祖上流传下来的独特方法酿酒，该方法酿出的酒色香醇厚，酒香四溢，该酿酒方法一直被甲家保密。然而，某日，乙食品公司经多年探索，总结出了相同的酿造方法，立即以该方法向国家知识产权局申请了专利。

【涉及的问题】

根据中国法，你认为：

（1）乙食品公司获得专利后，甲是否能够继续使用该方法酿酒并出售？

（2）乙食品公司获得专利后，甲决定以该酿酒方法出资，与一新加坡公司一起创办中外合资企业。甲的做法是否构成侵权？

【参考答案】

（1）在乙食品公司获得专利后，甲可以在原有的范围内继续使用并销售，不视为侵犯专利权。甲的权利属于对发明专利的"先用权"。

（2）虽然甲对该专利享有"先用权"，但其享有的并非完整的专利权，行使该权利受到一定限制。在乙食品公司获得专利后，甲如以其方法出资，与新加坡企业合资经营，该行为将侵犯了乙食品公司的专利权，因甲已经不是在原有的范围内使用，而是扩大了先用权的使用范围，因而属于侵权行为。

7.2.4　关于保护专利权的国际公约

------- 案例 1 -------
专利优先权的期间限制

【案例正文】

2018 年 5 月 10 日，一个芬兰人 A 在法国学习期间研究出一项电器元件的发明创造并向法国专利当局登记，申请专利权并在 6 个月后予以公开。2018 年 9 月 10 日，该芬兰人 A 回到芬兰，就该项发明创造向芬兰政府提出专利申请。2019 年 5 月 15 日，该芬兰人 A 又向中国政府提出同样的专利申请。此前，2019 年 4 月 1 日中国人 B 就同样的发明创造向中国政府提出了专利申请。

【涉及的问题】 ■━━━━━━━━━━━━━━━━━━━━━

芬兰、法国、中国都是《保护工业产权的巴黎公约》的成员国，根据该公约，你认为中国政府应当将专利权授予谁？

【参考答案】 ■━━━━━━━━━━━━━━━━━━━━━

中国政府既不能将专利权授予芬兰人 A，也不能将专利权授予中国人 B。

因为，凡已向一个成员国正式提出专利申请的人，如向其他成员国提出同样的申请，可享有优先权，发明与实用新型专利的优先权期限为 12 个月。该芬兰人 A 于 2018 年 5 月 10 日向法国政府申请，2019 年 5 月 15 日向中国政府申请，其间间隔时间已经超出了 12 个月。因此，中国政府不能将专利权授予芬兰人 A。

同时，2019 年 4 月 1 日提出申请的中国人也无法获得该发明创造的专利权。2018 年 5 月 10 日，芬兰人 A 向法国专利当局登记，申请专利权并在 6 个月后公开，导致中国人提出专利申请时，该发明创造已经不具备新颖性。在中国，国家专利局对于发明专利主要采取实质审查的制度。因此，对于一个已经公开的，不具备新颖性的发明类专利，中国政府也不能将该专利权授予中国人 B。

法律依据：《保护工业产权巴黎公约》第 4 条：

A.（1）已经在本联盟的一个国家正式提出专利、实用新型注册、外观设计注册或商标注册的申请的任何人，或其权利继受人，为了在其他国家提出申请，在以下规定的期间内应享有优先权。

（2）依照本联盟任何国家的本国立法，或依照本联盟各国之间缔结的双边或多边条约，与正规的国家申请相当的任何申请，应被承认为产生优先权。

（3）正规的国家申请是指在有关国家中足以确定提出申请日期的任何申请，而不问该申请以后的结局如何。

……

C.（1）上述优先权的期间，对于专利和实用新型应为 12 个月，对于外观设计和商标应为 6 个月。

（2）这些期间应自第一次申请的申请日开始；申请日不应计入期间之内。

------------ 案例 2 ------------

德国医药领域专利强制许可实施案

专利强制许可在世界各国都普遍存在实施困难的问题。德国先后颁发过两次专利强制许可。1996 年，德国 A 制药公司对治疗关节炎的某专利药品申请专利强制许可，并获得了联邦专利法院的许可。复审过程中，德国联邦宪法法院认为，无论出于何种目的，实施专利强制许可都应当满足穷尽其他一切解决办法这个重要前提，于是推翻了德国联邦专利法院的判决。

2017 年，联邦专利法院作出了一种关于艾滋病药品的临时专利强制许可。该项药品的专利权一直是日本 A 制药公司与竞争对手美国 B 公司长期争夺的对象。德国联邦宪法法院复审过程中认为：该药品对于艾滋病患者有难以替代的意义，若将该种治疗换成其他潜在替代品，可能会对患者产生极大的副作用。因此，出于公共利益保护的目的，德国联邦宪法法院作出了维持该专利临时性强制许可的决定。

【涉及的问题】

你认为，德国联邦宪法法院对待专利强制许可是一种怎样的态度？

【参考答案】

谨慎使用的态度。药品专利强制许可在国际上被许多国家承认且使用，其制度本身是将私有的专利权利益在一定期限内让渡给公众，如果专利权强制许可被政府频繁实施，将削弱企业的创新意识，必然会导致新药研发的动力不足。因此，药品专利强制许可作为一种公权力介入私权利的手段，应该谨慎使用。本案中，可以看出即便出于公共利益等考虑，德国联邦宪法法院也要求穷尽一切其他的解决办法后，仍然无法实现保护公共利益的目的，才能谨慎实施专利强制性许可制度。

7.3　商标权法律制度案例

7.3.1　商标权的概念和分类

------------ 案例 ------------

吉米公司商标注册的选择问题

【案例正文】

吉米先生是业内知名的化妆师，2018 年，他决定和几个朋友一起出来创业，创办一家化妆品公司。同年，吉米以自己的名字"吉米"申请了商标。品牌推出不久，就在线上线下获得了火爆的人气。公司因担心他人以类似名称注册商标来模仿自家的产品，想将近似发音的"JIMI""几米""奇米"等文字都予以注册。

【涉及的问题】

你认为吉米的化妆品公司可以注册何种商标形式来实现其目的？

【参考答案】

可以注册联合商标。联合商标是指将与已注册商标相近似的商标在相同或类似的商品或服务上加以注册的商标，其目的是防止他人故意采用类似商标而造成混淆。

7.3.2　商标权的取得

案例
"李麻花"商标宣告无效纠纷

【案例正文】

某国 X 市的麻花颇负盛名，尤其该市弯道口的"李麻花"最具代表性，游客甚至将其列进了"X 市必吃小吃排行榜"。X 市弯道口有多家麻花经营企业，多以包含"李"和"麻花"的字号开展经营，有的还在其生产的麻花商品上使用"李麻花"的标志。

2015 年，X 市弯道口 A 公司获准注册"李麻花"商标，核定使用商品为"麻花；花生；黑麻片；糕点"等。弯道口附近经营麻花的多家商户先后对"李麻花"商标提出无效宣告请求。A 公司认为，"李麻花"并不足以构成麻花类商品的通用名称，不属于《商标法》规定的不得作为商标注册的情形，案涉商标应属合法有效。

【涉及的问题】

"李麻花"商标应当被宣告无效吗？

【参考答案】

"李麻花"商标应当被宣告无效。原因是，"李麻花"虽然尚不足以构成麻花类商品的通用名称，但基于上述公众对"李麻花"的认识和当地经营者对"李麻花"标志的使用状况等事实，不难发现，本案诉争商标在申请注册时，"李麻花"已不足以用来区别具体的麻花商品的生产、经营者，从而发挥商标应有的识别功能。因此，根据商标法的规定，不得作为商标注册。

此外，"李麻花"商标核定在麻花以外的"花生、黑麻片、糕点"等商品上使用，属于商标法规定的"带有欺骗性，容易使公众对商品的质量等特点或者产地产生误认"，因此也不得作为商标使用。

7.3.3　商标专用权

案例
注册商标专用权争夺之战

【案例正文】

2010 年 1 月 9 日，美国 A 公司向我国商标局申请"利康"牌咽炎片的商标注册。商标局经初步审查，于 2010 年 7 月 20 日核准公告了该商标，公告期为 3 个月。2010 年 8 月 2 日，位于中国三亚的 B 公司向商标局提出异议，声称该商标自己已经使用了 2 年之久，A 公司无权注册，商标专用权应属于 B 公司。商标局裁定异议不成立。

2020 年 9 月 20 日，B 公司偶然发现，美国 A 公司并没有在中国申请续展该注册商标专用权，便于当天立即向商标局提起了"利康"牌咽炎片的商标注册。2020 年 10 月 20 日，美国 A 公司向我国国家专利局提出了续展申请，要求续展其对"利康"牌咽炎片的注册商标专用权。

【涉及的问题】 ■━━━
根据我国《商标法》的规定，"利康"牌咽炎片商标的专用权应当授予谁？

【参考答案】 ■━━━
应将商标专用权授予美国 A 公司。因为美国 A 公司是在我国《商标法》规定的有效期内提出的续展。

根据我国《商标法》第 39 条的规定，注册商标的有效期为 10 年，自核准注册之日起计算。2010 年 8 月 2 日商标局经初步审定后公告了甲的商标，B 公司提起的异议未能成立，因此美国 A 公司的商标权自公告之日起 3 个月，即 2010 年 7 月 20 日予以核准注册并开始计算有效期。注册商标的有效期为 10 年，应至 2020 年 7 月 20 日。

同样，根据《商标法》第 40 条的规定，注册商标有效期满，需要继续使用的，商标注册人应当在期满前 12 个月内按照规定办理续展手续。在此期间未能办理的，可以给予 6 个月的宽展期。因此美国 A 公司有权在 2021 年 1 月 20 日之前申请续展商标。美国 A 公司于 2020 年 10 月 20 日提出续展申请，案涉商标的专用权应当继续归美国 A 公司。

7.3.4　驰名商标的保护

━━━━━ 案例 ━━━━━

五粮液商标韩国抢注案

【案例正文】 ■━━━
五粮液集团有限公司（下称"五粮液集团"）自 1915 年代表中国产品首获"巴拿马万国博览会"金奖以来，相继在世界各地博览会上斩获 39 次金奖，创造了五粮液集团"八十年金牌不倒"的辉煌业绩战绩，被第 50 届世界统计大会评为"中国酒业大王"，在海内外享有盛誉。1991 年，商标"五粮液"被评为首届中国"十大驰名商标"。

2003 年 2 月 14 日，五粮液集团偶然发现，一韩国人李某将五粮液的汉语拼音"WULIANGYE"在韩国申请注册。五粮液集团于当年 2 月 19 日，向韩国商标总局递交异议申请，认为韩国申请人的商标属完全复制驰名商标、恶意抢注以误导消费者行为，并出具了五粮液作为国际驰名商标和品牌使用在先的证据。韩方称，"五粮液"在韩国不足以达到驰名商标程度，注册不存在误导消费者。

随后，五粮液集团对李某在韩状况展开调查。调查发现，李某不仅在韩国申请注册了"WULIANGYE"商标，还在此前将红星二锅头、湖南酒鬼酒等知名商标抢注。

在掌握了重要证据之后，五粮液集团开始反击。这场跨国的商标拉锯战长达14 个月，历经三申三辩，韩国商标总局于 2004 年 3 月 20 日最终作出裁定，驳回李某在韩国的商标权申请。

【涉及的问题】

结合《保护工业产权巴黎公约》，分析五粮液集团在本次商标权拉锯战中获胜的原因？

【参考答案】

中韩两国都是《保护工业产权巴黎公约》的成员国，根据该公约第 6 条第 2 款的规定，凡复制、模仿或者翻译某一国为公众知晓商标的，在其他缔约国内应被驳回或者撤销，并禁止其使用在相同或者类似之商品上。截至被李某抢注时，五粮液这一商标从未在韩国进行注册，其想在韩国获得保护，需要符合国际驰名商标这一条件。因此，审查该品牌在国际，尤其是在韩国的影响力是至关重要的。因五粮液在世界各地博览会上共获 39 次金奖，可以认定为国际知名商标。

另一方面，要分析抢注人李某的主观动机，判断其是否存在恶意。通过五粮液集团的调查，发现其针对中国知名白酒品牌存在一系列抢注行为，可以推定其存在恶意，进而认定李某复制驰名商标、恶意抢注以误导消费者行为。

7.3.5 地理标志权与商号权

```
---------- 案例 ----------
M县香梨地理标志权纠纷
```

【案例正文】

新疆 M 县盛产香梨，M 县香梨协会经国家商标局获准注册第×号地理标志证明商标，核定使用商品第 31 类：香梨。M 县香梨及图商标经过商标权人的持续宣传及广泛使用，于 2009 年被国家商标局认定为驰名商标，具有较高的显著性和知名度。

《M 县香梨证明商标权使用管理规则》明确规定了申请、使用 M 县香梨商标证明的要求和程序，并阐明"M县香梨"具体产地为M县X河域沿线，包括A区至C区，不包括其他区域。

2019年3月，M县香梨协会发现Z市某知名商超正在出售"M县香梨商品"，其包装箱正中标有红色较大字体的"M县香梨"字样及标识，但未标注生产单位名称及地址等信息。

M县香梨协会认为该超市侵害了其注册商标专用权，遂向所在地人民法院提起诉讼。

【涉及的问题】 ■

你认为，被告构成对案涉商标的侵权吗？

【参考答案】 ■

如被告不能举证其出售的香梨产自"M县香梨"标示的区域，则构成侵权。地理标志权，又称为原产地标志或原产地名称，是知识产权保护的内容。

经营者使用地理标志证明商标的，应对其生产、销售的产品来自该证明商标所标识的特定产地承担举证责任。案涉商品包装上突出使用了M县地理标志而不能举证所售商品来源于地理标志所标示的地区，侵犯地理标志证明商标专用权。

如被告能够举证证明其销售的香梨确系来源于M县香梨限定的特定原产地，原告则不能禁止被告以本案中的方式对其商品进行标示。但本案中，被诉侵权产品并未标注生产单位、产地等商品必要信息，被告亦不能举示产品来源的相关证据。因此，被告的行为不属于正当使用，因此构成侵权。

综合案例1：M国西歌公司诉广州夕铁古公司不正当竞争纠纷案

【案例正文】 ■

一、案件背景

M国西歌石油公司（下称"西歌公司"）成立于1900年，距今有100多年历史，目前在M国拥有6座炼油厂，是该国最大的汽油供应商之一，也是世界知名的柴油、航空燃油、煤油、润滑油等产品的主流供应商。西歌公司于1993年8月12日分别注册了第A1、A2、A3、A4号"CICIO"商标，有效期30年。申请上述商标时，西歌公司以"M国夕古石油公司"名称登记商标注册人，2012年又变更登记为"西歌石油公司"。第A1、A2号商标均核定使用在船用柴油、柴油、喷漆涡轮发动机油等商品上，第A3、A4号商标均核定使用在石油化学品等商品上。西歌石油公司注册名为CICIO PETROLEUM CORPORATION，中文翻译为"M国夕铁古石油公司"。

上海星星公司是西歌公司在大中华地区独家总代理，全权负责该公司全系列产品的销售、服务和技术支持。

广州市夕铁古润滑油有限公司（下称"夕铁古公司"）于 2001 年成立，注册资金 100 万元。2007 年，经国家商标局核准，在第 1 类刹车液、引擎冷却剂用防沸腾制剂、传动液等商品上取得第 X 号注册商标，商标注册有效期限为 10 年。2004 年，孙某经国家商标局核准在第 4 类工业用油、切削液、发动机油等商品上取得第 H 号"SICIO"注册商标，商标注册有效期限为 20 年。2008 年 1 月 1 日，孙某与夕铁古公司签订《商标使用许可合同》，约定孙某将第 H 号"SICIO"注册商标许可给夕铁古公司使用，许可使用期限自 2008 年 1 月 1 日起至孙某书面通知收回许可或双方协商终止本合同为止。

夕铁古公司经营的网站及第三方网站使用西歌石油公司的企业名称及公司简介文案，声称为该公司在中国的代理商，将西歌公司办公大楼的图片放在其经营的网站上，在网站上公开使用西歌公司英文名称和该公司简介。在夕铁古公司官网页面上点击"互动社区"进入新页面，显示有类似内容。

夕铁古公司生产并销售标识有夕铁古字样的机油。该产品一侧印有"Super SICIO"，另一侧印有"CICIO Petroleum（Singapore）PTE LTD"授权灌装等信息。广州夕铁古石油（新加坡）有限公司英文名称为"CICIO PETROLEUM（SINGAPORE）PTE LTD"，2001 年 2 月 14 日在新加坡依法成立。

二、基本案情

西歌公司诉至人民法院，请求法院判令其即停止不正当竞争行为，并停止在其企业名称中使用"夕铁古"三字，赔偿经济损失和合理维权费用。理由是：（1）中国、M 国均为《保护工业产权巴黎公约》的成员国，厂商名称应在本联盟一切国家内受到保护，西歌公司对"CICIO"及其中文翻译名称"夕铁古"享有在先企业名称权。（2）广州市夕铁古公司未经西歌公司授权，擅自在其经营的网站及第三方网站使用西歌公司的企业名称及公司简介文案，并声称为该公司在中国的代理商，将该公司办公大楼的图片放在其经营的网站上吸引消费者，在网站上公开使用西歌公司英文名称，使用该公司简介。（3）广州夕铁古公司声称其产品由 M 国西歌公司在新加坡的公司授权生产，而西歌公司在新加坡没有分公司。（4）夕铁古公司擅自使用西歌公司的企业名称，进行虚假商业宣传，使消费者误认为其生产、销售西歌公司的商品或与之有特定联系，构成不正当竞争，给西歌公司造成严重经济损失。

广州夕铁古公司在一审辩称：该公司成立于 2001 年，一直使用"SICIO/夕铁古"商标经营润滑油产品，并在 2007 年取得国家工商管理总局商标管理局颁发的商标登记证书。十多年来，公司对"夕铁古"商标品牌在国内、国际各类汽车赛事做了大量广告宣传，该商标品牌已在市场上建立了良好的口碑及认知度。而西歌公司在中国从未见大型或持续的广告宣传，市场认知度非常低。西歌公司在本案起诉状及其提供的商标注册证都是以"西歌石油公司"名义出现，在 2014 年 6 月 2 日西歌公司的翻译文件中才出现"夕铁古石油公司"字样。西歌公司在同一诉讼中对自身公司使用不同的名称别有用意，提起本次诉讼是企图抢夺中国企业塑造了十多年的"夕铁古"品牌商标名称。西歌公司的商标、产品外观形状、产品贴纸、包装装潢与广州夕铁古公司的不同，极易区分。CICIO Petroleum（Singapore）PTE LTD是在新加坡注册的合法公司。夕铁古公司以"CICIO Petroleum（Singapore）PTE LTD"的公司名称在包装物底部以小字号标注，不是以产品商标的形式突出显示在包装物上。夕铁古公司的网站为第三方经营，并非其所有或经营。夕铁古公司仅对自有网站负责，不对第三方网站上的资料、内容负责，因此不构成不正当竞争，请求驳回西歌公司的诉讼请求。

广州某区法院判令：（1）夕铁古公司停止使用含有"夕铁古"字样的企业名称；（2）停止在其网站及其生产销售的润滑油产品上以涉案方式进行宣传的行为；（3）赔偿西歌公司经济损失及合理维权费用。

夕铁古石油公司不服，上诉至广州知识产权法院。

三、法院审理

二审法院认为，夕铁古公司在其网站上突出宣传"M国夕铁古石油公司"，编造其是西歌石油公司的中国代理商，其行为构成我国《反不正当竞争法》规定的不正当竞争，但夕铁古公司合法使用其企业名称不构成不正当竞争。

首先，西歌公司的企业英文名称出现过多种中文译法，但没有一个中文译名与之形成较为长期固定的对应关系。西歌公司于 1993 年在我国注册商标时，以"M国夕古石油公司"的名称登记为商标注册人；2012 年将上述商标变更商标注册人为"西歌公司"；2013 年，其中国代理商参加展会时的展商名称为"M国著名品牌西歌高级润滑油"。由此可以看出，西歌公司在中国内地从事经营使用的中文名称先后有"M国夕古石油公司"与"西歌石油公司"；除了其公司法定代表人与员工为本案诉讼出具的声明将其企业名称翻译成"M国夕铁古石油公司"，西歌公司也没有其他证据证实其在经营活动中曾使用过"夕铁古石油公司"的中文名称。因此，西歌公司在我国从事经营活动中曾使用多个中文译名，中文译名"夕铁古石油公司"与其英文名称并未形成一个比较长期固定的对应关系，不能认定"夕铁古石油公司"就是与英文名称对应的中文字号。

其次，在 2001 年夕铁古公司注册企业名称时，西歌公司在我国内地不具有较高的知名度，也并未在我国内地投入大量的广告宣传。因此，夕铁古公司依法申请注册并合法使用其企业名称，不属于我国反不正当竞争法第 5 条第（3）项规定的不正当竞争行为。

四、法院判决

维持一审民事判决第二项、第三项，判令夕铁古公司停止在其网站及其生产销售的润滑油产品上以涉案方式进行宣传的行为；撤销了一审法院作出的责令广州夕铁古公司停止使用含有"夕铁古"字样的企业名称的判项。

资料来源：广州知识产权法院.（2016）粤73民终156号案［EB/OL］.［2022-10-20］. https：//wenshu.court.gov.cn/. 编者有修改。

【案例使用说明】■━━━━━━━━━━━━━━━━━━━━━━━━

一、讨论问题

1.简述工业产权的基本特质。

2.M 国西歌公司并未在中国注册"夕铁古"这一中文名称，但如果该翻译名已经在中国产生了有唯一指向性的影响力，则本案能否认定广州夕铁古公司以案涉形式使用企业名称的行为构成不正当竞争？

二、分析思路

法律的分析应当坚持"以事实为依据，以法律为准绳"。本案中，各位同学应当仔细审题，然后到案例中找出与每一讨论思考题相对应的案例事实，然后认真阅读案例相关材料，挖掘提炼出本部分案例材料的基本事实，再结合国际商法有关知识点，对相关事实反映的问题作出判断，确保法律依据适用的准确性。

三、理论依据

1.本案核心争议焦点分析

本案核心在于认定夕铁古公司在企业名称中使用"夕铁古"是否属于《反不正当竞争法》第 6 条第（2）项规定的"擅自使用他人有一定影响的企业名称（包括简称、字号等）、社会组织名称（包括简称等）、姓名（包括笔名、艺名、译名等），引人误认为是他人的商品或者与他人存在特定联系的不正当竞争行为。确定夕铁古公司是否存在擅自使用西歌公司的企业名称，应当审查夕铁古公司在中国工商行政（现市场监管）部门注册成立时申请的企业名称与西歌公司在先的企业名称是否相同或者近似，足以使相关公众对广州夕铁古公司的商品来源产生混淆，实质是要审查广州夕铁古公司的企业名称能否使用西歌公司英文企业名称的核心词汇"CICIO"的中文音译词"夕铁古"。

2.我国法律对企业名称权的保护

企业的名称，也称为商号、字号，对于企业名称的权利就是名称权。《民法典》将企业名称归类到人格权编，规定法人、非法人组织享有名称权，有权依法决定、使用、变更、转让或者许可他人使用自己的名称。《民法典》侧重的是从权利人的角度进行保护，是对本身权利的原则性保护。但在司法实践中，普遍的做法还是将企业名称权作为识别性标志权，属于知识产权的范畴。注册商标权也是知识产权中的识别性标志权，注册商标是用以区分商品和服务来源的标志，在核准注册的范围和类别上，也具有排他性。

《反不正当竞争法》则侧重的是规制同业竞争者之间通过擅用企业名称的方式实施的市场混淆行为，重点是规制行为，企业名称是不同市场主体之间进行区分的标志，可以起到区分市场主体身份的功能，在核准登记范围内具有排他性。

当企业名称与在先注册商标冲突时，应考察在后企业，是否突出使用与在先注册商标相同或者近似的名称，如果在后企业突出使用名称，使得相关公众造成混淆误认，则构成对在先注册商标的侵犯，应当停止对企业名称的突出使用，进行规范使用。而当在先注册商标的知名度较高时，在后企业即便规范使用企业名称，未进行突出使用，仍可能导致相关公众对企业的商品来源及与注册商标权人之间存在关联产生混淆误认，此时在后企业则很可能构成不正当竞争。

3.我国法律对企业"名称权"保护的法律依据

《民法典》第110条在自然人享有姓名权之后第2款规定，法人、非法人组织享有名称权、名誉权和荣誉权。

《中华人民共和国商标法》第58条规定，将他人注册商标、未注册的驰名商标作为企业名称中的字号使用，误导公众，构成不正当竞争行为的，依照《中华人民共和国反不正当竞争法》处理。

《中华人民共和国反不正当竞争法》第6条规定，经营者不得实施下列混淆行为，引人误认为是他人商品或者与他人存在特定联系：

（一）擅自使用与他人有一定影响的商品名称、包装、装潢等相同或者近似的标识；

（二）擅自使用他人有一定影响的企业名称（包括简称、字号等）、社会组织名称（包括简称等）、姓名（包括笔名、艺名、译名等）；

（三）擅自使用他人有一定影响的域名主体部分、网站名称、网页等；

（四）其他足以引人误认为是他人商品或者与他人存在特定联系的混淆行为。

四、参考答案

1.工业产权一般须经法律专门确认或经专门的部门授权，才能产生独占性的权利；专有性；地域性；具有时间限制。

2.能够认定夕铁古公司存在不正当竞争。

外国企业进入我国市场，如果没有在我国市场监督管理部门登记注册，没有申请相应的中文名称，为了便于经营，一般会有相应的中文名称。一个外语词汇可以翻译成不同的汉语词汇，因此，一个外国企业名称也可以翻译成不同的中文名称。而只有外国企业常用的或者固定的中文名称，才相当于其在我国的企业名称，受到中国法律的保护。

中国是WTO成员之一，对法国的当事人在华的知识产权也应给予平等的保护。西歌公司的商标在1993年已经在中国被核准注册，"夕铁古"这一翻译名经过大量宣传，与西歌公司已经形成唯一指向性的影响力，根据使用在先原则，其翻译名的利益应当得到保护。此时，夕铁古公司的案涉行为，侵害了对西歌公司企业名称（翻译名）的使用，具有明显的误导性，属于不正当竞争行为。

综合案例2：周某专利权申请驳回复审行政案

【案例正文】

一、案件背景

2012 年 7 月 28 日，周某申请了名为"防暴注射器"的第 X 号发明专利，公开日为 2013 年 2 月 20 日。经实质审查，国家知识产权局于 2014 年 10 月 31 日发出驳回决定，以该申请属于《中华人民共和国专利法》第 5 条第 1 款规定的不授予专利权的发明创造为由，驳回了该申请。

驳回决定所针对的权利要求书如下（部分内容）：

1. 用防暴注射器及时给持刀行凶的歹徒实施剧痛注射，让剧痛药水的功效迫使歹徒中止犯罪行为，维护人事安全。

（1）专利产品名称——防暴注射器。

（2）技术方案——用弹射方式实施剧痛注射药水。

（3）防暴注射器的原理、结构（见附图）及产品样式。

防暴注射器产品样式：限定采用的包含有红光瞄准具。

（4）剧痛药水的组合配方，即纯净水 50 克、柠檬酸钾 25 克、氢氧化钠 8 克和白酒 40 克。

（5）使用时机——存在人身安全危险，较为危急时刻。

周某不服，即刻向国家知识产权局专利复审委员会（简称专利复审委员会）提出了复审请求。专利复审委员会维持了国家知识产权局的决定。周某不服，向北京知识产权法院提起行政诉讼。北京知识产权法院判决驳回了周某的诉讼请求，理由是妨害公共利益，认为将剧痛药水造成的损害与可能实现阻止违法犯罪的积极效果相比，前者远远超过了后者，并不属于《专利审查指南》中规定的"产生积极效果的同时存在某种缺点"的情形。周某不服，上诉至北京市高级人民法院，请求撤销原审判决及被诉决定。

二、基本案情

周某上诉理由是：（1）专利审查对申报的机械原理、结构、功能、用途，未指出问题，表明设计是可行的；（2）发明目的没有违反法律法规；（3）原审判决指出的可能存在的严重伤害的后果没有事实和法律依据，本申请药水的配方中，氢氧化钠已经被稀释成弱腐蚀性溶液，不会造成被击中者的严重损害；（4）《专利审查指南》中规定，如果发明创造因滥用而可能造成妨害公共利益的，或者发明创造在产生积极效果的同时存在某种缺点的，不能以"妨害公共利益"为理由拒绝授予专利权。根据该规定，本申请应被授予专利权；（5）本申请技术方案是对歹徒实施，公民对正在实施犯罪的人有正当防卫的权利。

三、法院审理

经审理，查明国家知识产权局作出驳回决定的理由是：本申请请求保护一种防暴注射器，由说明书发明内容中的记载内容可知，使用过程中必然会发生通过注射器向实施对象即人体刺入注射器的针头并注射由纯净水、柠檬酸钾、氢氧化钠和白酒组成的腐蚀性药剂的情况，这种手段会对人体造成严重伤害，因而其实施或使用会给公众或者社会造成危害，属于《专利法》第5条第1款规定的不能授予专利权的申请。

根据《专利法》第5条第1款的规定，对违反法律、社会公德或者妨碍公共利益的发明创造，不授予专利权。根据《专利审查指南》第二部分第一章3.1.3的规定，妨害社会公共利益是指发明创造的实施或使用会给公众或社会造成危害，或者会使国家和社会的正常秩序受到影响。如果发明创造因滥用而可能造成妨害公共利益的或者发明创造在产生积极效果的同时存在某种缺点的，则不能以"妨害社会公共利益"为理由拒绝授予专利权。

我国司法实践中，对于公众造成危害的申请是否能够授予专利权，即判断是否构成"妨害社会公共利益"，关键是看危害是由于申请的技术方案本身造成的，还是由于技术方案被滥用造成的后果或者属于产生积极效果同时存在的缺陷。审查的内容既包括权利要求中记载的事项，也包括说明书中记载的事项。

从案涉专利申请的技术方案本身看，本申请要求保护的技术方案为用弹射方式实施剧痛注射药水，其目的是通过将剧痛药水注射入人体的方式，产生剧痛的效果，迫使歹徒中止犯罪行为，维护人身安全。

本申请记载，剧痛药水的组合配方为纯净水50克、柠檬酸钾25克、氢氧化钠8克和白酒40克。配方中的氢氧化钠为一种具有高腐蚀性的强碱，极易溶于水，吸收水，并放出大量的热，形成腐蚀性溶液，碰到人体皮肤会腐蚀并烧伤皮肤，尤其是溅到粘膜，可产生软痂，并能渗入深层组织，灼伤后留有疤痕；如果注射入眼睛、脸部等部位，伤害后果更严重。

本申请限定采用的防暴注射器包含有红光瞄准具——现有技术下，红光瞄准具并不能精准控制注射位置，只能控制在一定范围。

根据使用该防暴注射器的时机，案涉该剧痛药水存在着误伤周围群众的可能性。

资料来源：北京市高级人民法院.（2017）京行终4293号判决书［EB/OL］.［2022-10-30］.https://wenshu.court.gov.cn/.编者有修改。

【案例使用说明】

一、讨论问题

1.谈一谈应当具有哪些法律特征，才可能被授予专利。

2.谈谈专利审查主要有哪几种方式。

3. 你认为，诉争的专利申请是否构成"妨害社会公共利益"？

4. 如果周某最终被授予专利，其应当享有哪些权利？

二、分析思路

分析本案例应当根据讨论思考题，到案例中找出与每一讨论思考题相对应的案例素材，然后认真阅读案例相关材料，挖掘提炼出本部分案例材料的基本事实，然后再运用所学专业知识对相关问题进行分析、讨论。关于专利保护权保护的客体，各国不尽相同，但主要限于发明专利、实用新型专利、外观设计专利三个方面。各国对以上三种知识产权的授予要求和程序也有所区别，对此可以通过查询专利法以及教材予以明确。

三、理论依据

阅读本案例后讨论思考题，需要从以下理论来分析。

关于专利的法律特征，可以从授予专利的程序和条件进行理解。符合哪些特征，所在国家专利局能够认定其可以授予专利。同时，还要考虑到专利的种类，不同类型的专利审查的标准有所不同，在此不作阐述。

关于专利的审查方式，虽要结合不同国家的审查制度进行识别，但大体分为哪几个类型是可以明确的。

有关专利权人的专利，可以从实体法上的权利以及程序法上的权利予以分类梳理，也可以从财产性权利以及人身性权利进行归类。

有关"不予授予的专利"的法律规定：

《中华人民共和国专利法》第 5 条规定，对违反法律、社会公德或者妨害公共利益的发明创造，不授予专利权。对违反法律、行政法规的规定获取或者利用遗传资源，并依赖该遗传资源完成的发明创造，不授予专利权。

同时，该法第 25 条对此进一步明确。第 25 条规定，对下列各项，不授予专利权：

（1）科学发现；

（2）智力活动的规则和方法；

（3）疾病的诊断和治疗方法；

（4）动物和植物品种；

（5）原子核变换方法以及用原子核变换方法获得的物质；

（6）对平面印刷品的图案、色彩或者二者的结合作出的主要起标识作用的设计。

对前款第（4）项所列产品的生产方法，可以依照本法规定授予专利权。

四、参考答案

1. 新颖性、创造性、实用性。还要考虑到专利的种类，不同类型的专利审查的标准有所不同，在此不作阐述。

2. 主要有形式审查、实质审查，以及两者相结合形式。形式审查制度下，专利申请人提交专利申请后，专利审查机关一般不对专利内容进行新颖性、创造性和实用性审查，只审查申请文件形式是否符合要求，材料是否齐全，是否交纳专利费用。目前单纯采用形式审查制的国家非常少。

实质审查制，不仅对申请专利进行形式审查，也会对专利的内容进行新颖性、创造性和实用性的实质审查，符合实质性要求才能授予专利。这种形式周期长，成本高。还有一些国家采用形式审查与实质审查相结合的形式，譬如中国，对实用新型和外观专利申请实行形式审查（初步审查制），但对发明专利则采用实质审查制。

3. 构成"妨害社会公共利益"。

根据《专利法》第 5 条第 1 款的规定，对违反法律、社会公德或者妨碍公共利益的发明创造，不授予专利权。根据《专利审查指南》第二部分第一章 3.1.3 的规定，妨害社会公共利益是指发明创造的实施或使用会给公众或社会造成危害，或者会使国家和社会的正常秩序受到影响。如果发明创造因滥用而可能造成妨害公共利益的或者发明创造在产生积极效果的同时存在某种缺点的，则不能以"妨害社会公共利益"为理由拒绝授予专利权。在我国司法实践中，对于公众造成危害的申请是否能够授予专利权，关键是要看危害是由于申请的技术方案本身，还是由于技术方案被滥用造成的后果或者属于产生积极效果同时存在的缺陷。

本案中，案涉专利申请的配方中含有高腐蚀性物品，依据该配方生产的剧痛药水注射到人体内会直接导致人体损伤，这是实施本申请技术方案必然会产生的后果。虽然案涉专利申请限定了采用的防暴注射器包含红光瞄准具，但一般针对的是较为危急的时刻，红光瞄准具难以有效地控制注射的位置，由于剧痛药水本身配方的性质，仍然会造成身体损害。并且，根据使用该防暴注射器的时机可以明显看出该剧痛药水存在着误伤周围群众的可能性。

从案涉专利申请的技术方案本身看，是通过将剧痛药水注射入人体的方式，产生剧痛的效果，达到迫使歹徒终止犯罪的目的。但该技术方案在实施过程中所造成的后果是发明人无法控制的。将剧痛药水造成的损害，可能远远超过其实现阻止违法犯罪的积极效果，并不属于"产生积极效果的同时存在某种缺点"的情形，因此构成"妨害公共利益"，不应被授予专利。

4. 大多数国家专利立法都从禁止性角度对专利的独占实施权进行界定，即通常只规定权利人有权禁止他人以何种方式实施其权利，并没有规定权利人权属的具体内容。总体而言，专利权人的权利包含财产性权利和人身性权利。

常见的财产性权利，有独占实施权、许可权、转让权、质押权等。常见的人身性权利，有署名权、标识权、请求保护的权利等。

综合案例3：美国A公司与上海B公司侵害商标权纠纷案

【案例正文】

一、背景介绍

美国A公司2003年在上海设立亚洲总部，该公司旗下"汉克"品牌于2004年进入中国市场。2013年A公司在上海全资注册成立了"汉克（上海）公司"。2006年以来，美国A公司在中国注册了8枚"iFit"系列商标（包括"IFIT""iFIT!"等）。经过多年经营和大量宣传，在中国具有一定的知名度和影响力。

美国A公司在天猫商城设有旗舰店，"iFit"是其重要运动健身类品牌。该公司的运动器械上均内置了"iFit"在线智能健身交互平台，用户可以通过智能穿戴设备或者该品牌健身器材使用该平台，获得虚拟教练提供的在线指导和定制服务。

二、基本案情

2021年，美国A公司发现上海B公司在官网、微信公众号、微博以及健身APP中大量突出使用"I-FITNESS""I-FITNESSLAB"等标识。上海B公司两家线下门店在导购牌、门头招牌、背景墙、宣传海报、宣传册等处多次使用前述标识，店内摆放了标有"iFit"商标的健身器械。上海B公司运营的运动健身类APP的用户账号登录、软件介绍、相关活动介绍等多个界面均使用了"I-FITNESS"等标识。美国A公司认为，上海B公司行为具有明显攀附原告公司商誉的主观意图，容易使相关公众误认为其与原告存在关联，遂诉至人民法院。

上海B公司抗辩：（1）被告与原告在中国的全资子公司存在合作关系，双方商标可以交叉许可使用，原告对我方使用被控侵权标识是明知且许可的。（2）被告使用的是"I-FITNESS""I-FITNESSLAB"与蝴蝶卡通图标组合的标识，与原告的商标不构成近似。（3）被告"I-FITNESS"标识的服务对象是有健身需求的消费者，服务内容为借助移动互联网及软件客户端，采集消费者健身需求和相关信息，通过后台进行处理、选择，使消费者可以通过网络快速获得相关服务信息进而选购被告线下的健身服务。原告的"IFIT"系列商标核定使用的商品为计算机软硬件产品，被告使用标识在服务方式、对象和内容上均与原告商标核定的商品区别明显，不构成类似商品或服务。（4）原告"IFIT"商标的使用场景为内置在健身器材中的线上智能健身交互平台、私人教练指导应用程序；被告对于"I-FITNESS"有关标识的使用场景为提供线下课程教练服务。且案涉交互平台及应用程序于2020年才开始汉化，被告的课程教练服务2017年3月就已经推出。

三、法院查明

1.上海B公司在其官方网站、新浪微博、微信公众号、APP以及线下门店中，多次使用有关标识，且该标识完整包含了原告涉案商标的"IFIT"字母，且被告使用上述标识从事线上及线下健身培训服务，与原告涉案商标的核定使用范围相同或者类似，被告的店面中还陈列有原告生产的标有"iFIT"商标的健身器材。

2.2018年5月，被告与原告在中国的全资子公司汉克（上海）公司签订了《合作协议》，约定双方在中国北京市、上海市、深圳市范围内进行合作，并由甲方授权乙方在合作地域范围内销售 Fusion 型号的健身器械，协议有效期为36个月。合作性质为独家合作，即在合作期间，甲方承诺：除乙方外，甲方不再授权其他与乙方类似的机构，通过健身房、工作室等乙方渠道出售甲方产品。乙方承诺：除甲方产品外，乙方不得在健身团课中搭配出售与甲方产品类似的其他第三方产品。在合作期间，乙方同意向甲方提供包含甲方产品的课程视频片段，以供甲方用于产品宣传。合作期间，甲方无偿授予乙方非独占、非排他、可撤销、有限的普通许可。本次协议有效期内，乙方在宣传、营销时可使用产品商标。乙方仅能在协议限定范围内行使该项权利。乙方不得有变更或移除商标、任何其他隐藏标志或其他产品来源信息行为。所有乙方需用到的商标的设计、颜色和其他细节均需经甲方批准后方可采用，或直接采用与甲方使用的商标完全一致的复本。

资料来源：北京市朝阳区人民法院.（2021）京 0105 民初 63795 号判决［EB/OL］.［2022-04-29］.https://wenshu.court.gov.cn/. 编者有修改。

【案例使用说明】

一、讨论问题

1.法官审理本案，适用《保护工业产权巴黎公约》《与贸易有关的知识产权知识产权协定》（TRIPS）的前提条件是什么？本案适用了上述公约的什么原则？

2.本案应当如何适用准据法？

3.请总结本案核心争议焦点？

4.你认为，被告的抗辩能否成立？

二、分析思路

本案例为美国 A 公司与上海 B 公司之间发生的侵害商标权纠纷，案情主要围绕商标权侵权的法律认定展开分析。案涉两公司均为运动、健身类企业，美国 A 公司在中国注册并享有案涉一系列商标的知识产权。上海 B 公司在官方网站、微信公众号、新浪微博、健身 APP 以及门店中中大量突出使用"I-FITNESS"等标识。但上海 B 公司曾与美国 A 公司的全资子公司签订有"业务合作协议"，该协议是否能认定为对上海 B 公司有关案涉商标权的授权行为，或能否令上海 B 公司成功抗辩其权属来源的合法性？这是本案要核心思考和探讨的问题。

三、理论依据

本案是一起涉外商标权侵权纠纷，原告美国 A 公司系涉外商事主体，上海 B 公司为国内商事主体。本案在处理过程中，人民法院适用了《保护工业产权巴黎公约》《与贸易有关的知识产权知识产权协定》（TRIPS）规定的"国民待遇"原则予以审判，充分尊重和保护了涉外主体在中国境内的知识产权。要重点从知识产权的专有性法律特征、侵权行为的认定、合理来源的抗辩几个方面去寻找法律依据。

要厘清何为有关商标侵权行为。商标侵权，是指行为人未经商标权人许可，在相同或类似商品上使用与其注册商标相同或近似的商标，或者其他干涉、妨碍商标权人使用其注册商标，损害商标权人合法权益的其他行为。根据《中华人民共和国商标权》第 57 条的规定，有下列行为之一的，均属侵犯注册商标专用权：

（1）未经商标注册人的许可，在同一种商品上使用与其注册商标相同的商标的；

（2）未经商标注册人的许可，在同一种商品上使用与其注册商标近似的商标，或者在类似商品上使用与其注册商标相同或近似的商标，容易导致混淆的；

（3）销售侵犯注册商标专用权的商品的；

（4）伪造、擅自制造他人注册商标标识或者销售伪造、擅自制造的注册商标标识的；

（5）未经商标注册人同意，更换其注册商标并将该更换商标的商品又投入市场的；

（6）故意为侵犯他人商标专用权行为提供便利条件，帮助他人实施侵犯商标专用权行为的；

（7）给他人的注册商标专用权造成其他损害的。

四、参考答案

1. 使用前提是中国、美国都是《保护工业产权巴黎公约》《与贸易有关的知识产权知识产权协定》（TRIPS）的成员国。本案使用前述公约规定的"国民待遇原则"。

《保护工业产权巴黎公约》第 2 条（1）规定，本联盟任何国家的国民，在保护工业产权方面，在本联盟所有其他国家内应享有各该国法律现在授予或今后可能授予各该国国民的各种利益，一切都不应损害本公约特别规定的权利，因此，他们应和各该国国民享有同样的保护，对侵犯他们的权利享有同样的法律上的救济手段，但是以他们遵守对各该国国民规定的条件和手续为限。本案中，美国 A 公司系案涉商标的注册商标专用权人，依法应当受到中国法律保护。

2. 中国法。鉴于本案为涉外知识产权民事纠纷案件，根据《中华人民共和国涉外民事关系法律适用法》第 48 条的规定，知识产权的归属和内容，适用被请求保护地法律。本法第 50 条规定，知识产权的侵权责任，适用被请求保护地法律，当事人也可以在侵权行为发生后协议选择适用法院地法律。就本案而言，因被请求保护地为中国，故应适用中国法律作为准据法。

3. 本案核心争议焦点应围绕被告与原告的全资子公司签订的《合作协议》及一系列往来是否能够被认定为交叉许可。（如不讨论该问题，则被告未经许可使用上述标识容易使相关公众误认为二被告提供的服务系经原告授权或者与原告有关，被告构成侵权确凿无疑。但如该抗辩事由得以成立，则原告一系列行为均可能被认定为正当使用的范畴。）

4.被告的抗辩不能成立。《中华人民共和国商标法》第 57 条第 1 款第（2）项规定，未经商标注册人的许可，在同一种商品上使用与其注册商标近似的商标，或者在类似商品上使用与其注册商标相同或者近似的商标，容易导致混淆的，属侵犯注册商标专用权。本案中，被告未经许可使用案涉标识容易使相关公众误认为被告提供的服务系经原告授权或者与原告有关，存在侵权事实确凿无疑。

鉴于《合作协议》的签约主体、约定及履行内容，原告作为注册商标专用权人与被告尚不存在关于"IFIT"商标的交叉许可。根据该协议，双方仅就在中国北京市、上海市、深圳市范围内销售 Fusion 型号的健身器械达成许可销售协议，并不包括被诉侵权的产品系列，故其抗辩意见不能成立。

第八章　比较票据法

开篇案例　高效执结24宗票据纠纷案　弘扬诚实守信社会风尚

【案例正文】

近日，海南一中院在执行涉票据追索权纠纷系列案时，既执行又普法，充分向被执行人普及"商事诚信"政策法规及"诚信兴商"的理念，释明失信惩戒机制，一个月内顺利将24起涉案金额高达3 600万元的案件执行到位，得到双方当事人一致"好评"。

据悉，涉案票据由某集团公司出票，其关联公司负责承兑，并承诺汇票到期无条件付款。但票据到期后，关联公司拒绝承兑，以致成讼。某钢公司将连续背书人某集团有限公司深圳分公司等诉至我院，经审理，判决出票人、承兑人、连续背书人对票据承兑承担连带责任。判决生效后，被执行人均未主动承兑义务，某钢公司遂向我院申请强制执行。

进入执行程序后，执行法官仔细查阅卷宗材料，考虑到被执行人均为大型上市企业，且信誉较好，初步判断应该具有偿债能力，如果简单采取强制执行措施，可能会对企业生产经营造成严重不良后果。据此，执行法官当即转变执行策略，约谈被执行人，向其充分释明若法院采取强制措施可能造成企业失信惩戒、征信降级、账户冻结等影响企业经营的一系列不利后果。同时，从情理和款项到位效率方面，多次做申请执行人某钢公司的工作。经过法官多次沟通，最终，双方达成和解协议，某钢公司主动减免利息，被执行人10日内一次性付款3 600万元。至此，24起案件顺利执结。

资料来源：海南市一中院.高效执结24宗3 600万元票据纠纷案　弘扬诚实守信社会风尚［EB/OL］.［2022-07-05］.https：//www.toutiao.com/article/7116777957758304772/？tt_from=weixin.编者有修改。

【涉及的问题】

1. 结合票据的法律特征，谈谈国际商法的基本原则。
2. 谈谈本案对你的启示。

8.1　票据

8.1.1　票据的概念和种类

---- 案例 ----

A公司的三张票据属于何种类型？

【案例正文】 ■

2022 年 1 月 1 日，因资金周转需要，A 公司向 Charlie、George、Shannon 各借款 5 000 美元。他决定以票据方式向三人还款。

首先，他将票据 A 交给了 Charlie，告知他 3 个月后可凭该票据让自己无条件支付 5 000 美元。Charlie 欣然接受了该票据。

A 公司给 George 出具了票据 B，告诉他可以凭借该票据找 H 银行，H 银行见面会直接从自己的账户中划扣 5 000 美元给他。但因为自己账户的资金较为紧张，特地嘱咐他最好过几天再来，George 接受了这张票据。

最后，A 公司将票据 C 交给 Shannon，告诉他 David 刚好欠自己 5 000 美元，凭借该票据他可以半年后直接找 David 收取 5 000 美元。Shannon 接受了该票据。

【涉及的问题】 ■

你认为，案涉 3 张票据属于何种类型？

【参考答案】 ■

票据 A 是一张本票，票据 C 是汇票，票据 B 可能是一张支票，也可能是汇票。

本票是由出票人签发，承诺自己于到期日无条件支付一定金额给收款人或持票人的票据。票据 A 中，只有出票人 A 公司和收款人 Charlie，属于一张本票。

汇票是出票人签发的、委托付款人在见票时或指定日期无条件支付一定金额给收款人或持票人的票据。汇票的付款人可以是出票人自己，也可以是银行等金融机构，还可以是其他委托付款人。本案中，票据 C 有 3 个基本当事人，A 公司是出票人，Shannon 是收款人，David 是委托付款人（而非金融机构），因此其只能是汇票。

支票是由出票人签发，委托银行或其他法定金融单位，在见票时无条件支付一定金额给收款人或持票人的票据。支票的付款人仅限于银行或其他法定金融单位。

票据 B 的出票人是 A 公司，收款人是 George，而付款人则是 H 银行。因此票据 B 可能是支票，也可能是汇票。

8.1.2　票据的法律特征

案例 1
支票残片具备票据的法律效力吗？

【案例正文】 ■

某年，A 电器公司为支付货款，给 B 公司签发了一张以 Y 银行为付款人的支票。2012 年，C 电器厂通过交易从 B 公司处取得了该支票。在银行拒付后，C 电器厂又因保管不慎，支票掉进洗衣机被水洗得仅剩残片，除显示票据号码外，其余内容无法清晰显示。随后，C 电器厂只好持该支票残片诉至人民法院，要求出票人 A 电器公司支付票款。

【涉及的问题】 ■
结合票据的法律特征，你认为 C 电器厂的请求能否得到法院支持？

【参考答案】 ■

不能得到支持。票据是要式证券，必须符合法定形式才能产生票据效力。如果不符合法定形式条件，如票据缺少绝对记载事项，票据即为无效。（或根据《中华人民共和国票据法》第 84 条，支票必须记载事项是法定形式要件，支票上未记载规定事项之一的，支票即应认定为无效。）

本案中，C 电器厂作为持票人，其提供的票据残片，除显示票据号码外，其余内容均不清晰，不再能满足票据的要式特征。故该支票残片应认定为无效。电器厂持该支票残片等证据向电器公司行使票据追索权，诉请 A 电器公司向其支付票据款，理据不足，不应得到支持。

案例 2
D 冶金公司应如何行使票据权利？

【案例正文】 ■

2018 年，C 化工公司为履行采购合同支付货款义务，向 D 冶金公司提供出票人为 A 实业公司、收款人为 B 建材公司、票面金额为 260 万元的银行承兑汇票一张。C 化工公司在票据上签章后背书转让给 D 公司。

2019 年，D 冶金公司持该汇票到银行办理业务时，银行以该汇票存在变造为由予以拒绝。无奈之下，D 冶金公司遂以前手 C 化工公司为被告，诉至人民法院，要求法院判决确认该电子商业承兑汇票无效。

【涉及的问题】

1. 你认为，D 冶金公司的诉请能够得到法院支持吗？为什么？

2. D 冶金公司还可以以何种形式实现自己的权利？

【参考答案】

1. D 冶金公司的诉请不能得到法院支持。

虽然票据具有要式性、独立性，但为保护持票人的权利和票据的信用力，须在票据的要式性和流通性之间做一个平衡，这也是票据独立性的要求。即便票据上存在签章变造，也不影响其他票据行为的法律效力。只要票据上其他签章是真实的，变造签章以外的事项，不影响票据效力。如确认涉案汇票无效，将会导致票据自始无效，那么票据变造之前签章的人亦将不承担变造之前的票据责任，这将破坏票据的流通性，并影响后手向前手行使票据追索权，故 B 冶金公司请求确认涉案汇票无效没有事实和法律依据。

本案中，并无证据证明涉案票据存在原记载人即出票人 A 实业公司更改了票据的"金额、日期、收款人名称"，亦无证据证明涉案票据金额变造系 C 化工公司行为，在 C 化工公司为履行其与 D 冶金公司合同付款义务时，背书转让涉案汇票给冶金公司。依《中华人民共和国票据法》第 14 条的规定，化工公司应对其签章时的票据金额 260 万元承担票据责任。

2. D 冶金公司在不能实现付款请求权情形下，可向其前手行使票据追索权，即可以向 A 实业公司、B 建材公司、C 化工公司追索（目前并无证据证明案涉票据存在变造），要求所有前手承担票据连带付款的法律责任。即使追索权不能实现，亦可依其与 C 化工公司的基础法律关系行使债权请求权来实现其权利保护。基于票据无效的法定性，冶金公司以票据收缴为由确认涉案汇票无效没有法律依据。

------- 案例 3 -------

旧版票据能否享有票据权利

【案例正文】

A 公司为了支付装修款，给 B 装修工公司出具了一张支票，Y 银行是付款人。B 公司持该票据要求 Y 银行付款遭到拒绝，拒绝理由是该票据为旧版票据。B 公司认为，旧版票据也是真实的票据，旧版人民币也可以用来购买商品，其依法应当享有票据权利。

【涉及的问题】

1. 依据《中华人民共和国票据法》，你认为 B 公司能否实现票据权利，为什么？

2.B 公司应当如何维护自己的权益？

【参考答案】

1. 不能。票据是要式证券，必须按照法定形式的要求制作才具有票据效力，如果不符合法定形式条件，票据即为无效。已经停止使用的旧式支票上记载票据内容，即使其内容完全符合法律对支票的要求，也为无效票据。无效票据自始无效、当然无效，该票据上不存在票据权利，持票人不能据此主张与票据相关的权利，故旧版票据持票人不可主张票据权利。

（注意：在英美法系国家，因法律允许个人、企业等自行制作票据，以该票据样式停止使用为由进行抗辩的权利受到严格限制。）

2. 如前所述，B 公司并未取得票据权利，要实现自己的债权，只能以基础法律关系主张权利。

------ 案例 4 ------

承兑协议无效属于拒绝付款的正当事由吗？

【案例正文】

A 公司申请甲银行为其签发的汇票进行承兑，为此双方签订了承兑协议；甲银行为履行该协议而在票据上作为承兑人签章。于是 A 公司以甲银行为承兑人向 B 公司签发了一张汇票。B 公司以此向甲银行要求付款，遭到甲银行拒绝，原因是，甲银行与 A 公司之间的承兑协议因案外人的起诉被撤销。

【涉及的问题】

你认为，甲银行的拒付理由成立吗？

【参考答案】

不成立。根据票据法的基本原理，票据具有无因性，票据资金关系瑕疵不影响票据效力。本案中，即便甲银行与出票人之间的承兑协议被撤销，甲银行承兑行为的效力不因此而受影响，甲银行仍然要为该票据承担付款责任。

------ 案例 5 ------

票面金额记载错误可以直接更正吗？

【案例正文】

A 公司与 B 公司签订买卖价值 100 万元的货物的合同，A 公司因此签发一张票据给 B 公司，但 A 公司签发票据的时候自己失误，将票面金额写为 200 万元。经过一番沟通，B 公司同意 A 公司在票面金额上予以更正，但须签章为证。

【涉及的问题】◼━━━━━━━━━━━━━

1.你认为，B 公司享有票据权利是 100 万元还是 200 万元，为什么？

2.如何评价 A 公司和 B 公司之间协商对票据的票面金额予以更正的行为？

【参考答案】◼━━━━━━━━━━━━━

1.B 公司享有票据权利是 200 万元。根据票据法的基本原理，票据具有无因性、文义性，票据行为的内容与基础关系不一致，应当以票据记载的内容为准。

2.该行为不发生法律效力。票面金额是我国票据法规定的绝对记载事项，不允许被更改。《中华人民共和国票据法》第 9 条规定，票据上的记载事项必须符合本法的规定。票据金额、日期、收款人名称不得更改，更改的票据无效。对票据上的其他记载事项，原记载人可以更改，更改时应当由原记载人签章证明。

8.1.3　票据法的基本原理

━━━━━━━━━━━ 案例 ━━━━━━━━━━━

票据原因关系的瑕疵对票据效力有影响吗？

【案例正文】◼━━━━━━━━━━━━━

2018 年 3 月 1 日，A 公司向约翰出具了一张支票，票面金额为 5 000 英镑，付款人为伦敦 H 银行。约翰凭该支票到 H 银行要求付款。约翰的另一个身份是毒贩，常年向东南亚低价购买毒品销售到本国，该种毒品可以令人神经处于高度亢奋状态，颇受夜店年轻人欢迎。

【涉及的问题】◼━━━━━━━━━━━━━

1.H 银行知道 A 公司向约翰开出这张票是用于购买毒品，该张票据是否会存在效力瑕疵，H 银行是否应当付款？

2.如果约翰是通过欺诈获得的该支票，银行对此知悉，H 银行是否应当付款？

3.如果约翰通过欺诈手段获得票据后，又将其转让给汉森杂货店，用以购买大量日用品，H 银行是否应当向汉森杂货店付款？

【参考答案】◼━━━━━━━━━━━━━

1.票据不具有效力瑕疵，H 银行应当付款。票据具有无因性，票据关系一经形成，就与基础关系相分离，基础关系是否存在，是否有效，对票据关系都不产生影响。本案中，即使 A 公司向约翰开出这张支票是用于购买毒品，H 银行也应当付款。H 银行作为付款人，只处理票据关系，而不涉及基础关系。

2.不应当付款。如果通过欺诈获得票据，H 银行对此知悉，则约翰不享有票据权利。《英国票据法》第 29 条也要求票据持票人为正当持票人。如是以善意并支付对价取得汇票，在汇票流通转让于正当持票人时，不知转让人之所有权有任何缺陷属于正当持票人，具有票据权利。相反，如以欺诈、胁迫、暴力和恐吓，或其他非法手段，或以非法对价取得汇票或汇票之承兑，或违反诚信，或在等同欺诈之情况下流通转让票据，则该票据转让人之所有权存有缺陷。

3. 应当向汉森杂货店付款。票据具有流通性，在票据转让中，强调对善意第三人的保护。本案中，即便约翰通过欺诈手段获得支票后，将其转让给汉森杂货店，H 银行也应当向汉森杂货店付款。因为汉森杂货店系善意受让人，依法享有优于其前手的权利，不受其前手权利瑕疵的影响。

8.1.4　票据权利

案例

伪造票据的法律责任

【案例正文】

某游戏公司业务员甲伪造公司印章，签发了一张支票给乙用于还债。乙不知其伪造签章事实，接受支票后将其背书给某商场用于购货，商场将其背书给某材料公司用于还债，材料公司要求兑现支票时发现该支票是伪造支票。

【涉及的问题】

1. 该票据的效力如何？

2. 持票人材料公司可以如何维护自己的权利？

3. 持票人能否向甲行使票据追索权，为什么？

【参考答案】

1. 该票据属于无效票据。本案中，甲直接假冒游戏公司名义出票，因出票是基本票据行为该票据系全部伪造的票据，故该票据是自始就无效的票据。

2. 材料公司可以依据该票据向乙和商场追索追索。如前所述，伪造的票据自始就是无效的，即使材料公司是善意取得票据的正当持票人，也不能对被伪造人（游戏公司）行使票据追索权。但乙和商场是在伪造票据上进行了真实签章的人，仍然应当对善意持票人材料公司承担票据责任。

3. 不能。票据伪造人甲并未以自己的名义进行签章，因此他不因伪造行为而承担票据付款责任。但甲应当承担民事赔偿责任，以及伪造票据而产生的刑事责任。

8.2 汇票

8.2.1 汇票的概念

案例

赛希公司的拒付理由是否成立？

【案例正文】■━━━━━━━━━━━━━━━━━━━━━━━━━

2022 年 3 月 1 日，加拿大 LW 奢侈品集团在中国的子公司"赛希有限责任公司"（简称"赛希公司"）向广州一知名品牌中古企业"广州市 MH 有限责任公司"（简称 MH 公司）出具了一张电子商业承兑汇票。该汇票到期日未 2023 年 3 月 1 日，票面金额 5 万元人民币，载明"已承兑""到期无条件付款"字样，汇票支付，收款人记载为，"五万元整"及小写 50 000.00 元。付款人为该公司在华的开户银行。MH 集合店凭票向提示付款时被付，原因是：

1. 收款人应是"广州市 MH 有限责任公司"，而非"MH 集合店"；收款人名称记载与收款人印章不符；

2. 该票据上未记载付款地和出票地；

3. 未记载出票日期。

【涉及的问题】■━━━━━━━━━━━━━━━━━━━━━━━━

1. 不考虑该电子商业承兑汇票的效力，持票人应于何时行使票据权利？如不及时行权，可能有什么法律风险？

2. 依据我国票据法，付款人的拒付理由是否成立？

3. 如果该票据效力存在瑕疵，MH 公司应当如何实现自己的权利？

【参考答案】■━━━━━━━━━━━━━━━━━━━━━━━━━━

1. 应当于 2023 年 3 月 1 日汇票到期后十日内通过电子商业汇票系统向承兑人提示付款。如未及在上述期限内按照要求提示付款，如遭到承兑人拒付，将导致持票人丧失对前手背书人的追索权，仅能向票据出票人、承兑人票据追索。

2. 拒付理由 1 成立。票据是要式证券，收款人是绝对记载事项，收款人名称必须在形式上与其正式名称绝对一致。本案中，收款人名称与注册登记名称不一致，与签章不符，直接导致该票据无效。

拒付理由 2 不成立。付款地和出票地并非我国《票据法》要求的绝对记载事项，而属于相对记载事项，汇票上未记载付款地的，付款人的营业场所、住所或者经常居住地为付款地。《票据法》第 23 条规定，汇票上未记载出票地的，出票人的营业场所、住所或者经常居住地为出票。

拒付理由 3 成立。《票据法》第 22 条规定，汇票必须记载下列事项：（一）表明"汇票"的字样；（二）无条件支付的委托；（三）确定的金额；（四）付款人名称；（五）收款人名称；（六）出票日期；（七）出票人签章。汇票上未记载前款规定事项之一的，汇票无效。因此，票据的出票日期系绝对记载事项，如未记载，将导致汇票无效。

3. 如果案涉票据被确认无效，则 MH 公司不能行使票据上的任何权利，但可以依据双方的基础法律关系要求赛希公司承担法律责任。

8.2.2　汇票的背书

------------ 案例 1 ------------

背书时备注"不得转让"等字样的法律效力

【案例正文】■

A 将两张张汇票（票据①、票据②）分别背书转让给 B。A 在转让票据①时备注"不得转让"字样，在转让票据②时注明"免予追索"字样。为支付货款，B 将该两张票据转让给了 C。

【涉及的问题】■

A 背书时的备注是否能按照其想要的意思发生法律效力？

【参考答案】■

针对票据①，按照大陆法国家一般情形，A 在背书时注明"不得转让"字样，被背书人仍然可以继续将该汇票转让。本案中，B 又将该汇票转让给后手 C，C 仍然可以取得票据权利，但 C 享有的票据权利受到限制。C 在不能实现票据权利时只能向前手背书人 B 追索，而明确注明"不得转让"字样的前手背书人 A 不再对 C 承担票据保证责任。在我国，A 在背书时注明"不得转让"字样的效果与大陆法国家相同。

针对票据②，A 在背书时注明"免予追索"字样，被背书人 B 依然也可以继续将该汇票转让，但出票人 A 对 B 以及 B 的后手 C 都不再承担该票据的保证责任，B、C、D 均不能向 A 行使追索权。大陆法国家和英美法国家对此的认定基本保持一致。但我国实行非常严格的票据责任制度，如果 A 在背书时注明"免予追索"字样，该备注不发生任何票据法上的效力。根据我国《票据法》第 33 条的规定，背书时附有条件的，所附条件不具有汇票上的效力。

------ **案例 2** ------

X诉Y票据纠纷

【案例正文】▬━━━━━━━━━━━━━━━━━━━━━━━━━━━━━━

　　X接受了Y的委托，在2022年5月以3 000美元的报酬作为对价为Y粉刷房屋。6月20日，X刚完成一半的工作，Y因被派遣至美国出差，临行前Y向X签发了一张7月10日的本票。第二天，X即以3 000美元的价格向当地的B银行贴现了该本票。7月12日，B银行持该本票要求Y付款时遭到拒绝，Y的理由是：X未完成粉刷工作。X遂将Y诉至人民法院。

【涉及的问题】▬━━━━━━━━━━━━━━━━━━━━━━━━━━━━━━

　　1. Y的拒付理由是否符合票据法？为什么？

　　2. 如果该本票上加注了"不可流通"字样，情况又会怎样？

【参考答案】▬━━━━━━━━━━━━━━━━━━━━━━━━━━━━━━

　　1. Y的理由不符合票据法。票据具有无因性，即本票的票据关系成立后就与该票据的基础关系相分离，出票人需对后手承担保付的责任而不能以票据的基础关系瑕疵抗辩。本题中，X已经完成出票，基于票据无因性，不得再以"X未完成粉刷工作"这一基础法律关系的履行瑕疵对抗持票人Y。

　　2. 加注了"不可流通"字样，即该票据原则是不得再转让，若Y公司再背书转让，则Y公司的后手持票人就不能向非直接出让的前手或出票人追索。根据《中华人民共和国票据法》第27条的规定，出票人在汇票上记"不得转让"字样的，汇票不得转让。司法实践中的通常做法时，出票人在票据上记载"不得转让"字样，其后手以此票据进行贴现、质押的，通过贴现、质押取得票据的持票人主张票据权利的，人民法院不予支持。

------ **案例 3** ------

票据的设质背书

【案例正文】▬━━━━━━━━━━━━━━━━━━━━━━━━━━━━━━

　　2020年6月22日，上海A公司因代理苏州B公司从新西兰C公司进口羊毛，向上海X银行申请总金额为200万美元，见票120天付款的远期信用证，并以一张金额为1 000万元人民币的银行承兑汇票（汇票1）作为开证质押。信用证项下的单据到达后，上海A公司交付了与发票金额等同的远期银行承兑汇票给上海X银行。上海X银行审查后，对外开出了不可撤销的远期信用证。

　　2020年7月26日，上海X银行接到了"印度大西洋银行"和"新西兰国民银行"的议付单据，总金额为 100 万美元。经向上海 A 公司提示单据，上海 A 公司在规定期限内审单无误确认付款，同时将总金额为 700 万元人民币的 6 张银行承兑汇票（汇票 2）质押给上海 X 银行，并以背书方式为上海 X 银行设立了质押。该 6 张汇票由苏州 B 公司签发，签发时在票面记载"不得转让"，收款人为上海 A 公司，上海 X 银行已对该 6 张汇票作了承兑。

由于经营不善，上海 A 公司陷入财务困境，无力偿付上海 X 银行垫付的信用证款项。

【涉及的问题】 ■────────────────────────

请分析，上海 X 银行主张行使汇票权利获得清偿，是否能够得到法院支持？

【参考答案】 ■────────────────────────

上海 X 银行有权就"汇票 1"主张行使汇票权利获得清偿，但无权就"汇票 2"主张行使汇票权利。

票据的设质背书是持票人以票据权利设定质权为目的而在票据上的背书。设质背书成立后，背书人仍然是票据的权利人，被背书人取得的是质权人的地位。但是，在背书人不履行其债务时，被背书人可以行使票据权利。本案中，如果上海 A 公司陷入财务困境，无力偿付上海 X 银行垫付的信用证款项，上海 X 银行可以主张行使"汇票 1"的票据权利获得清偿，可以得到法院的支持。

"汇票 2"，出票人苏州 B 公司在签发时在票面记载了"不得转让"字样。根据我国《票据法》第 27 条的规定，出票人在汇票上记"不得转让"字样的，汇票不得转让。有关司法解释对此的规定是，依照《票据法》第 27 条的规定，出票人在票据上记载"不得转让"字样，其后手以此票据进行贴现、质押的，通过贴现、质押取得票据的持票人主张票据权利的，人民法院不予支持。因此，"汇票 2"的 6 张银行承兑汇票，即使由上海 A 公司背书质押给上海 X 银行，也不发生票据质押效力。故上海 X 银行无权就其主张汇票权利。

------ 案例 4 ------

背书的连续性

【案例正文】 ■────────────────────────

2020 年 5 月 10 日，A 公司购买电子产品，向 B 公司签发了一张汇票，该汇票经付款人是 A 公司的开户银行，票据到期日为 2021 年 5 月 10 日，票号为"0510×××××××"，载明"到期无条件承兑"。2020 年 8 月 1 日，B 公司为支付货款，将该票据背书给了 C 电商公司。2020 年 10 月 29 日，C 公司为冲抵欠款又将其背书给 D 公司。2021 年 1 月 3 日，经股东会决议，D 公司与星星公司新设合并，改名为太阳公司。太阳公司取得该汇票，又将它背书给月亮公司。

【涉及的问题】

1. 如果月亮公司持票据找银行付款，银行能否以背书不连续为理由拒付？

2. 如果查明，太阳公司在票据到期前不慎遗失该票据，恰好被月亮公司拾得，月亮公司伪造了太阳公司的背书，后将该票据背书给 M 批发超市购买日用品。请问，M 批发超市如持该汇票向银行要求付款，银行能否因其背书实质上不连续而拒付？

【参考答案】

1. 如果太阳公司能够证明月亮公司与星星公司合并为太阳公司，则太阳公司取得该票据合法权利的情况属实，则付款人不能以背书不连续为理由拒付票款。

根据我国《票据法》第 31 条第 1 款的规定，以背书转让的汇票，背书应当连续。持票人以背书的连续，证明其汇票权利；非经背书转让，而以其他合法方式取得汇票的，依法举证，证明其汇票权利。本案中，太阳公司属于因企业合并或分立取得票据权利的情形，即"以其他合法方式取得的汇票"，只要持票人能够证明其取得票据的合法性，就可以享有票据权利。

2. 不能。背书连续性的主要针对其形式上的连续，付款人无须对票据的背书进行实质审查（譬如签章真实性）。如付款人对于背书在实质上不连续并不知情，经谨慎审查仍不能发现其中有伪造等情形的，则应对持票人付款。这也体现了票据法强调对善意第三人的保护之原理。

8.2.3　汇票的提示和付款

- - - - - - - - - - - - - - - - - 案例 - - - - - - - - - - - - - - - - -

汇票到期前提示付款，效力能否及于到期后？

【案例正文】

2020 年 10 月 1 日，A 公司为购买建筑材料向 C 材料公司开出一张银行承兑汇票，B 银行作为承兑人，票面金额 300 万元人民币，付款期 6 个月。C 材料公司为了进货，于 2020 年 10 月 29 日将该汇票背书给 D 批发公司。2020 年 12 月 20 日，持票人 D 批发公司向承兑人 B 银行提示付款。

【涉及的问题】

1. 根据中国法，D 批发公司于 2020 年 12 月 20 日向承兑人 B 银行提示付款，B 银行可以拒绝吗？

2. 假如 B 银行已向 D 批发公司完成支付，然而 A 公司因资金链断裂，无力向 B 银行支付票款。此时依据中国法，B 银行能否凭票向 D 批发公司追索，要求其归还票款？

【参考答案】■————————————————————————————

1.D 批发公司未在法定期限内提示，B 银行可以拒绝。根据我国《票据法》，商业汇票的付款提示期限，自汇票到期日起 10 日。案涉汇票应于 2021 年 4 月 1 日到期，其付款提示期限应为 2021 年 4 月 1 日至 2021 年 4 月 11 日。因此，持票人 D 批发公司提示付款时，该票据尚未到期，B 银行可以拒绝付款。

值得注意的时，我国法律目前并未明确期前提示付款的效力，而是给了承兑人选择权，承兑人可以同意，也可以选择拒绝或不予理会。司法实践一般认为，期前提示付款的效力并不当然及于到期后。因此，持票人依然有义务在到期后 10 日内（法定期间内）提示付款，否则有可能丧失自己对于背书人的追索权利。

2.B 银行在付款后，已经无权再向 D 批发公司进行追索，要求 D 批发公司归还票款。原因是，B 银行作为票据主债务人的付款人，一旦按照票面足额金额付款，此时票据上的债权债务关系就随之消灭了。此时，付款人 B 银行因付款而取得了向出票人求偿权。因此，B 银行付款后，无权再向 D 批发公司进行追索，只能向出票人 A 公司求偿。

8.2.4　汇票的承兑

------------ 案例 ------------
附条件承兑的效力探讨

【案例正文】■————————————————————————————

2021 年 9 月 1 日，为支付合同款，X 向 Y 签发了一张商业承兑汇票。X 公司为出票人，Y 为收款人，A 银行为付款人和承兑人。票面记载了"承兑"字样并签章，注明"以到期日出票人账户有足额存款为付款条件"。汇票到期日为 2022 年 9 月 1 日。

Y 收到汇票后，向 B 银行申请票据贴现。B 银行向 A 银行查询该汇票是否真实，A 银行电传回复"承兑有效"。据此，B 银行向 Y 办理了承兑贴现。

2022 年 9 月 5 日，B 银行向承兑人 A 银行提示付款，遭到拒绝，理由是"出票人账户上存款不足"。B 银行认为，A 银行回复"承兑有效"，属于再次承兑，A 银行应无条件付款。

【涉及的问题】■————————————————————————————

1.根据票据法的一般原理，A 银行拒绝付款的理由是否成立？

2.它是否作出了有效承兑？

3.A 银行通过电传告诉 B 银行"承兑有效"在票据法上的后果是什么？

【参考答案】

1. 不成立。票据具有无因性，A 银行与 X 之间的资金预约关系属于票据的基础关系。票据基础法律关系的瑕疵，不影响票据的效力。

2. A 银行作出了承兑，但属于附条件承兑。附条件承兑在不同的法律制度下，效力不同。

（1）根据我国票据法，票据承兑不能附条件，附条件的承兑不产生承兑效力，B 银行无须承担付款责任。

（2）在日内瓦统一法国家，普遍认为承兑应当无条件，本案中的附条件承兑应视为拒绝承兑，但承兑人仍应按照所附条件承担责任。本案中，案涉汇票到期时，如出票人账户上有足够款项，A 银行仍须承担付款责任。

（3）英美法系国家通常认为持票人有权选择拒绝承兑或接受附条件的承兑。然而，这并不意味着出票人和背书人无法在某些情况下撤回承兑或背书，这取决于具体的法律规定和具体情况。

3. A 银行电传答复"承兑有效"，不构成任何具有票据法意义上的承兑。票据系要式法律行为，票据承兑必须依法定形式进行：票据是文义性证券，任何票据权利义务应以票面记载为准，票据以外的行为对票据无任何影响。因此，承兑必须按各国法律要求进行。

8.2.5　汇票的保证

案例

美国法下个人对票据的保证责任

【案例正文】

A 公司是一家小型封闭式（closely-held）企业。A 公司为了从银行获取贷款，先后出具了两张本票。两张本票的签署时间相隔大约一年。两张本票上的右下角位置，A 公司的总经理弗莱尔都作出签名，并且都签了两次。一次注明系以公司总经理的身份签名，另一次仅签署了自己的名字，而没有其他说明。

A 公司破产后，银行要求弗莱尔支付该本票，因为银行认为弗莱尔是本票的共同制票人。弗莱尔认为，自己当时在本票上的签名仅代表公司作出，而非共同制票人的签名，因此不应为本票承担个人责任。

本案其他查明事实为：A 公司是弗莱尔与丈夫詹姆斯共同拥有的家庭型公司，本来由丈夫经营和管理，而弗莱尔实际上并不参与管理，也没有相关的知识和经验。由于丈夫在某次交通事故中意外去世后，该女士不得不担任了公司的总经理，但日常管理工作在很大程度上依赖其丈夫的弟弟大卫。随后，A 公司出于经营需要，两次从银行获得贷款。一直以来，和银行联系以及谈判的人都是大卫，但贷款文件和本票最后需要由弗莱尔签名。根据银行的要求，当时已经担任公司总经理的弗莱尔，在两张本票的右下角签了两次名。显然弗莱尔并不理解为什么要签两次名，也不理解两个签名的区别和法律效力。这样的签名方式，应是大卫事先与银行商量好的，但他并未向弗莱尔作出明确解释，银行也没有作出解释。

银行起诉弗莱尔后，初审法院判决，银行和弗莱尔都知道弗莱尔系代表公司签署该本票，因此，弗莱尔无须承担个人责任。

银行不服，提起上诉。

资料来源：根据马萨诸塞州上诉法院 1987 年；504 N. E. 2d 664，First Safety Fund National Bank v. Janet M. Friel 第一安全基金国民银行诉弗莱尔案改编。

【涉及的问题】■━━━━━━━━━━━━━━━━━━━━━━━━

你认为，弗莱尔是否需要承担个人责任？

【参考答案】■━━━━━━━━━━━━━━━━━━━━━━━━━

弗莱尔需要承担个人责任。

从签名方式看，原则上弗莱尔必须承担个人责任，除非她能证明，本票当事方无意让她承担个人责任。从本案证据看，不能说银行无意让弗莱尔承担个人责任。事实上，对于小型封闭式公司，让个人为企业承担保证责任，正是银行的本意，这也是行业的通常做法。如果说存在误解，应该只是弗莱尔的单方误解，但这种误解从法律上不足以免除其个人责任。上诉法院认为，没有证据表明银行有欺诈行为，并且银行也没有义务向弗莱尔解释第二个签名的效力。

《美国商法典》第 3.402 条规定："除非票据上清晰地显示签名系以其他身份作出，否则应将签名视为背书。"法典在本条款的正式评论中提及，"如果签名的身份存在模糊，则解决该问题的法律原则是，将该签名视为背书"，并继续解释，"如果签名的位置在票据右下角，则显示签名人意图作为本票的支票人或汇票的出票人而签名"。

本案中，弗莱尔在两张本票的签名都位于右下角，即使弗莱尔认为自己只是 A 公司的经理，仅以代理人身份作出的签名，但只要其在票据上签署了自己的名字，即便票据上并未显示其身份为代理人，签名者也要对票据承担个人责任。

至于弗莱尔女士在两张票据上作了两次签名的行为，依照《美国商法典》第 3.403 条（3）款，第一个签名属于代理人签名；而第二个签名则属于其以个人名义做出的签名，属于《美国商法典》第 3.403 条（2）款的类型。法院认为，若不是为了强调个人责任，那么未注明代理人身份的第二个签名，则完全缺乏必要性。因此，弗莱尔女士应当为该票据承担责任。

8.2.6 汇票的追索权

----- 案例 1 -----

票据的期前追索

【案例正文】▪━━━

2021 年 7 月 12 日，为支付合同款，星星公司开出一张由 Y 银行承兑的银行承兑汇票给月亮公司，载明出票后 5 个月付款。2021 年 7 月 20 日，月亮公司将该票据背书给太阳公司用于购货。然而，2021 年 10 月 10 日太阳公司得知：星星公司向法院起诉月亮公司，要求撤销原被告之间的买卖合同，并申请了诉前保全，法院于 9 月 20 日裁定冻结了该汇票的票款。

【涉及的问题】▪━━━

你认为，太阳公司 10 月 10 日能否可以行使票据追索权？

【参考答案】▪━━━

不能。因为该汇票尚未到期，太阳公司如果 10 月 10 日要行使追索权，只能是期前追索，但无论根据《日内瓦统一汇票本票法》，还是根据我国《票据法》，持票人都不符合期前追索的法定条件。因此，太阳公司还不能行使追索权。

但太阳公司有权作为正当持票人向受案法院申报票据权利，要求受案法院对该汇票予以解冻。如果法院解冻后，承兑人 Y 银行在汇票到期时拒绝付款，则此时符合追索的法定条件，太阳公司可以向所有前手行使追索权，追索对象包括出票人、前手背书人和承兑人。所有前手对持票人太阳公司承担连带付款责任。

期前追索的法定条件：

《中华人民共和国票据法》第 61 条第 2 款规定，汇票到期日前，有下列情形之一的，持票人也可以行使追索权：（一）汇票被拒绝承兑的；（二）承兑人或付款人死亡、逃匿的；（三）承兑人或者付款人被依法宣告破产或者因违法被终止业务活动的。

----- 案例 2 -----

背书人被采取强制措施，票据追索权能否实现？

【案例正文】▪━━━

绿藤市是沿海某知名城市。2021 年，绿藤市 A 贸易公司向绿藤市 B 物资公司签发总面额为 200 万元的商业承兑汇票 2 张，X 银行作为付款人。该汇票在绿藤市经连续背书，最终由 C 港务公司背书转让给 D 船舶公司。D 船舶公司委托 X 银行收款时，X 银行以中间背书人橡胶厂涉嫌诈骗、已被公安机关采取冻结措施为由拒绝付款，D 船舶公司遂诉请 A 贸易公司、B 物资公司支付票款及利息。法院经审查，支持了 D 船舶公司的诉讼请求，判决贸易公司、物资公司对船舶公司票款及利息承担连带责任。

【涉及的问题】

票据被采取强制措施予以冻结，你认为，D 船舶公司的诉讼请求能得到支持吗？

【参考答案】

能够得到实现。票据系无因证券，票据一经形成，票据关系即与原因关系相分离；同时，票据又系要式证券和文义证券，票据记载事项须符合票据有关法律规定，票据权利内容及票据有关的一切事项须以票据记载文字为准。本案诉争的汇票，形式完备，背书连续，各项必要记载事项齐全，且背书连续，持票人的票据权利应予确认。D 船舶公司行使票据付款请求权遭拒，再行向票据付款人和其他债务人主张票据追索权，亦符合法律规定。

案涉票据虽涉及刑事案件，但与本案并非同一法律关系。根据票据有关法律规定，以背书转让的汇票，后手应当对其直接前手背书的真实性负责。票据债务人不得以自己与出票人或者与持票人的前手之间的抗辩事由，对抗持票人。其他背书人橡胶厂涉嫌诈骗的事实不能对抗善意持票人 D 船舶公司享有的票据权利。这也体现了司法对"善意"持票人的正当票据权利的保护。

案例 3

M 建材经营部票据追索权纠纷

【案例正文】

2021 年 2 月 8 日，福建 A 电器公司（下称 A 电器公司）作为出票人，签发了一张电子商业承兑汇票，记载下列事项：收款人为广州市 B 建设工程集团有限公司（下称 B 建工集团），票面金额 80 万元；承兑人为 A 电器公司；承兑信息为"本汇票已经承兑，到期无条件付款"；汇票能够转让；汇票到期日为 2021 年 8 月 8 日。

B 建工集团收到前述汇票后于 2021 年 2 月 9 日背书转让给东莞市 C 公司；C 公司于 2021 年 3 月 5 日背书转让给深圳市 D 公司；深圳市 D 公司于 2021 年 3 月 5 日背书转让给福州市 M 建材经营部（下称 M 建材经营部）。

2021 年 7 月 30 日，M 建材经营部向 A 电器公司提示付款。2021 年 8 月 8 日，汇票到期。2021 年 10 月 23 日、10 月 27 日，M 建材经营部提示付款，票据状态为"逾期提示付款已拒付"。

M 建材经营部向法院提起票据追索权纠纷之诉，请求 A 公司、B 公司、C 公司连带向自己支付商业承兑汇票票面金额 80 万元及利息。

【涉及的问题】▪━━━━━━━━━

1.2021 年 7 月 30 日，M 建材经营部的提示付款如遭到拒绝，能否进行拒付追索？

2. 如何评价 M 建材经营部 2021 年 10 月的两次提示付款行为？

3. 你认为本案原告的诉讼请求能否得到支持？为什么？

【参考答案】▪━━━━━━━

1. 不能。依据我国《票据法》《电子商业汇票业务管理办法》等有关法律法规的规定，持票人应在提示付款期内向承兑人提示付款。案涉汇票于 2021 年 8 月 8 日到期，但原告于 2021 年 7 月 30 日即汇票到期日前提示付款。又根据《电子商业汇票业务管理办法》第 66 条的规定，持票人在票据到期日前被拒付的，不得拒付追索。因此，M 建材经营部的期前提示付款如遭到拒绝，不能进行拒付追索。

值得注意的是，期前提示付款的行为虽不违反法律、行政法规的强制性规定，但若票据债务人并未放弃期限利益，并未追认期前提示付款的效力，则不产生期前提示付款行为效力持续至票据到期时，而具有期内提示付款的法律效果。

2.2021 年 10 月的两次提示付款均非发生在汇票的法定提示付款期内，即发生在汇票到期 10 日后。

《电子商业汇票业务管理办法》第 66 条规定："持票人在提示付款期内被拒付的，可向所有前手拒付追索。持票人超过提示付款期提示付款被拒付的，若持票人在提示付款期内曾发出过提示付款，则可向所有前手拒付追索；若未在提示付款期内发出过提示付款，则只可向出票人、承兑人拒付追索。"本案中，M 建材经营部的 2021 年 10 月的两次提示付款均超过了提示付款期，如果遭到拒付，持票人将丧失对前手的追索权，只可向出票人暨承兑人 A 电器公司追索。

3. 如前所述，原告已丧失对前手的追索权，其只可向出票人暨承兑人 A 电器公司追索。本案中，A 电器公司作为出票人和承兑人，应当按照票面金额承担票据责任，并支付利息。B 建工集团、C 公司作为其他前手背书人，无需承担票据责任。

8.3 本票和支票

8.3.1 本票

━━━━━━━ 案例 ━━━━━━━

长江壹号公司与澳大利亚生物公司案

【案例正文】▪━━━━━━

2022 年 10 月 1 日，中国某国有企业的全资控股企业长江壹号有限责任公司

（下称长江壹号公司）向澳大利亚 A 生物公司订购了一组生物制药产品，价值 120 万美元。双方约定的付款方式为：长江壹号公司应于签订后 15 日内签发一张票面金额为 100 万美元、收款人为 B 公司、出票后 2 月到期的票据（票据①）以支付货款。长江壹号的债务人英国人 Anna 签发了一张票面金额为 20 万英镑的票据（票据②）并在票据上签字，收款人为向澳大利亚 A 生物公司。2022 年 12 月 1 日，收款人可以凭票直接找 Anna，她将从自己的银行账户中无条件付款。

【涉及的问题】

1. 我国长江壹号公司可以以何种票据付款？

2. Anna 出具的是何种票据？

【参考答案】

1. 只能以汇票方式付款。

首先，长江壹号公司不能采用本票方式付款。因为我国法律规定的本票仅限于银行本票，在我国境内的非银行企业无权开出以自己为付款人的商业本票。

其次，长江壹号公司也无法用支票方式付款。因为我国法律规定支票属于见票即付的票据，不能适应"出票后 2 个月到期"的要求。因此，长江壹号公司只能采用汇票方式支付款项，汇票种类应为出票后定期付款的商业汇票。

2. Anna 出具的是一张本票，本票只有两个当事人，即出票人 Anna 和收款人澳大利亚 A 生物公司。根据《英国票据法》第 83 条的规定，本票是一人向另一人签发的、保证即期或定期或在可以确定的将来时间，对某人或其指定人或持票人支付一定金额的无条件书面承诺。《英国票据法》允许个人以自己的名义出具本票。

8.3.2 支票

案例 1

陈某诉赵某票据支付纠纷案

【案例正文】

为支付合同款，赵某于 2022 年 1 月 1 日向陈某签发一张票面金额为 20 万元的支票，委托赵某的开户行晴天银行付款。2022 年 1 月 5 日，该支票因晴天银行存款不足而遭到退票，陈某遂将该支票退给赵某。1 月 10 日，赵某又出具了一张票面金额为 10 万元的转账支票交给陈某，备注合同款。陈某持票要求晴天银行付款时，再次因赵某的存款不足而遭退票。陈某遂将赵某起诉至人民法院。

【涉及的问题】

1. 如果陈某诉讼请求是要求赵某按照第一次遭退票的票据金额 10 万元承担票据责任，能否得到支持？

2. 经查，赵某欠陈某的合同款实际只有 5 万元，陈某能否有权要求赵某按第二次出具的转账支票金额承担票据责任？

3. 经查，赵某欠陈某的款项为 12 万元，此时陈某应如何实现自己全部的债权？

【参考答案】

1. 不能得到支持。票据是完全有价证券，票据权利的行使和处分，须持有票据为前提。证券之外无权利。本案中，陈某在遭到银行退票后已经将该面额为 10 万的支票退还给了赵某，故陈某不再是持票人，当然丧失了对该支票的票据权利。

2. 可以。

票据具有无因性，票据关系一经成立，即票据的基础法律关系相分离。票据的原因行为是否有效、是否存在争议，均不影响票据的效力。票据具有文义性，票据权利义务的内容及票据的其他有关事项，完全由票据上记载的文字为准。

本案中，赵某和陈某之间实际的合同未结款只有 5 万元，系票据的基础法律关系，该事由不能对抗票据权利人。因此，陈某有权要求赵某按票面金额 10 万元承担票据责任。

3. 如支票面额不足以覆盖双方之间的债权债务，在赵某按照 10 万元这一面额偿付了票据款项之后，陈某亦然有权要求赵某偿还剩余 2 万元欠款。如赵某不履行，陈某可以另案提起合同纠纷的诉讼实现自己的债权。

------ 案例 2 ------
空头支票的法律责任

【案例正文】

A 公司是 B 建工公司的专业分包商。B 建工公司拖欠 A 公司工程款未给付，为支付该笔款项，B 建工公司于 2022 年 2 月 10 日给 A 公司出具了一张票据金额为 80 万元的转账支票。可当 A 公司持该转账支票向银行兑付票据款项时，却被该银行告知，"支票签章与银行预留签章不符"，因此遭到拒绝。A 公司才发现自己收到的是一张"空头支票"。A 公司遂将 B 建工公司诉至人民法院，要求其按照票面金额付款并支付利息。

【涉及的问题】

想一想，企业开"空头支票"可能面临何种法律责任？

【参考答案】

可以分情形讨论：

第一种情形，如出票人故意出具空头支票，为了骗取权利人的财物或其他财产性利益，则其行为本身具有非法占有他人财物的目的。此时，根据我国《刑法》第 194 条的规定，签发空头支票或者与其预留印鉴不符的支票，骗取财物的，可构成票据诈骗罪，根据涉案金额的不同，最高可判处无期徒刑并处罚金 50 万元或没收财产。同时，出票人依票据法应承担的民事责任亦不能豁免。

第二种情形，如出票人并无非法占有他人财物的目的，对开具空头支票的行为并非明知，而是由于资金周转、预留印鉴错误、经营不善等原因出现迟延付款。此时，出票人承担的是依票据法承担相应的民事法律责任。本案中，A 公司持有 B 建工公司作为出票人的转账支票，因出票人签章与银行预留签章不符而未能兑现，致使 A 公司无法取得票据权利，依票据法，出票人（被告）应当对持票人承担票据责任。向原告支付票据款和相应利息。

8.4 我国涉外票据的法律适用

案例

涉外票据的识别与法律适用

【案例正文】◼━━━━━━━━━━

2022 年 5 月 25 日，一个澳大利亚商人甲在美国出差期间，在当地开出一张见票即付的汇票给美国商人乙，用以支付某好莱坞电影的授权费用。该汇票的付款人为中国 A 银行，汇票金额为 200 万美元。乙将该汇票背书给中国企业丙公司。

【涉及的问题】◼━━━━━━━━━━

根据我国《票据法》的规定，你认为以下哪些说法是正确的？

（1）该汇票的记载事项适用澳大利亚法律。

（2）如果美国商人乙是在中国上海将汇票背书给丙公司，则该背书行为适用中国法律。

（3）该票据追索权的行使期限，适用美国法律。

（4）该汇票应在 2022 年 9 月 25 日以前向付款人提示付款。

（5）案涉汇票应以美元支付。

【参考答案】◼━━━━━━━━━━

（1）错误，应适用美国法律。首先，案涉票据的一系列票据行为，既有发生于我国境内，也有发生于境外，故属涉外票据。其次，根据我国《票据法》第 97 条的规定，涉外汇票、本票出票时的记载事项，适用出票地法律。因此，案涉票据出票地为美国，应适用出票地美国的法律。

（2）正确。根据我国《票据法》第 98 条的规定，涉外票据的背书、承兑、付款和保证行为，适用票据行为地法律。美国商人乙是在中国上海将汇票背书给中国丙公司的，则该背书行为应适用中国法。

（3）正确。根据我国《票据法》第 99 条的规定，涉外票据追索权的行使期限，适用票据出票地法律。本案中，该汇票出票地是美国，故应适用美国法律。

（4）错误。根据我国《票据法》第 100 条的规定，涉外票据的提示期限、有关拒绝证明的方式、出具拒绝证明期限，适用票据付款地法律。该汇票在中国付款，应适用中国法律。在我国，见票即付的汇票，须自出票日起 1 个月内向付款人提示付款，因此，该票据应在 2022 年 6 月 25 日以前向付款人提示付款。

（5）错误，应以人民币支付。如汇票当事人对汇票支付的货币种类没有约定，则应当按照法律规定进行判断。根据我国《票据法》第 98 条的规定，涉外票据的背书、承兑、付款和保证行为，适用票据行为地法律。本案中，案涉汇票的付款行为在中国境内，所以适用中国法律。又根据我国法律规定，如果汇票金额为外币的，应按付款日的市场汇价，以人民币支付。

综合案例1：乐乐经营部诉建材公司等票据追索权纠纷案

【案例正文】

一、背景介绍

2017 年 9 月 18 日，红山集团公司作为出票人，向北京红山公司出具一张电子商业承兑汇票，金额为 20 万元，2018 年 9 月 18 日到期，红山集团财务公司作为承兑人。该汇票经多次连续背书转让，先后转让给电力公司、新新股份公司、建材公司、乐乐经营部。2018 年 9 月 19 日，原告乐乐经营部通过电子商业汇票系统提示付款，票据状态随即变更为提示付款待签收，后票据状态陆续变更为逾期提示付款待签收、非拒付追索待清偿、非拒付追索已撤回。承兑人红山财务公司因涉嫌票据诈骗已被当地公安局立案侦查。乐乐经营部诉至人民法院，要求红山集团公司、建材公司和电力公司承担连带付款责任。

案涉票据流转情况如图 8-1 所示。

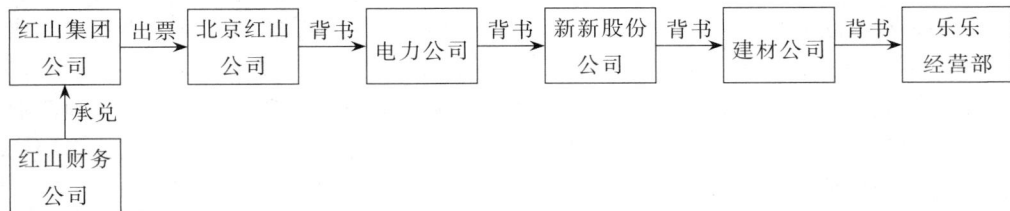

图 8-1　案涉票据流转情况

二、基本案情

被告建材公司未作答辩。

被告电力公司辩称：承兑人红山财务公司因涉嫌违法犯罪已被立案侦查，根据《最高人民法院关于在审理经济纠纷案件中涉及经济犯罪嫌疑若干问题的规定》，人民法院作为经济纠纷受理的案件，经审理认为不属经济纠纷案件而有经济犯罪嫌疑的，应当裁定驳回起诉。原告提示付款已经超过了票据提示付款期限，且承兑人只是未处理提示付款申请，并没有进行拒付，原告也没有出具相应的拒付证明，故原告发起非拒付追索的条件不成立。

被告新新股份公司的辩称意见与电力公司意见一致。

资料来源：安徽省芜湖经济技术开发区人民法院．（2019）皖 0291 民初 275 号案．［EB/OL］．［2019-07-16］．https：//wenshu.court.gov.cn/．编者有修改。

【案例使用说明】 ■━━━━━━━━━━━━━━━━━━━━━━━━━━━━

一、讨论问题

1. 如承兑协议因涉嫌犯罪被确认无效，你认为原告能否享有票据权利？

2. 原告是否符合行使票据追索权的条件？

3. 承兑人涉嫌刑事犯罪，你认为本案是否应当中止审理？

二、分析思路

本案例争议系一起票据追索权纠纷，法院审理主要围绕票据权利的取得及行使展开，但厘清案情之关键实则有赖于对票据法律特征及有关法律原理的充分的理解和把握。原告为持票人乐乐经营部，出票人红山集团公司、背书人建材公司以及电力公司为共同被告。案涉票据历经一系列转让，票据到期后，合法持票人向票据承兑人红山财务公司提示付款，但票据状态既未被明确拒付，却变更为提示付款待签收、逾期提示付款待签收、非拒付追索待清偿等状态。票据承兑人因涉嫌票据诈骗已被公安局立案侦查，是否会导致票据追索案件中止审理，是否会可以成为其他票据背书人的抗辩事由，系本案需要重点关注的内容。

三、理论依据

针对本案例，在提示付款申请不处理、不回复且承兑人可能涉及刑事犯罪的情况下，票据持有人能否行使票据权利是本案争议的焦点。

1. 票据追索权如何行使？

票据权利的行使，是指持票人向债务人提示票据，请求其履行票据债务的行为。票据权利包括付款请求权和票据追索权。票据追索权是指票据到期不获付款或到期前不获承兑，或有其他法定原因时，持票人行使或保全票据上权利之行为后，对于发票人背书人或其他票据债务人得请求偿还票据金额、利息及费用的一种票据权利。票据追索权又称为"偿还请求权"，只有在付款请求权无法实现的情形下才能行使。行使票据追索权需具备实质要件和形式要件。

实质要件是持票人的付款请求权得不到实现，即《票据法》第 61 条规定的"拒绝付款"，不仅包括付款人明确表示"拒绝付款"的情形，还包括付款人客观上无力履行付款义务而无法付款的情形。

形式要件，是指持票人应提供被拒绝承兑或被拒绝付款的证明。本案中，因承兑人涉嫌票据犯罪被公安机关立案侦查，公司业务也由工作组接管，原告已不能取得相应证明，符合法律固定的可以直接提起诉讼的情形。

2.有关票据纠纷中是否应当适用"先刑后民"的法律规定。

根据《最高人民法院关于审理票据纠纷案件若干问题的规定》第74条的规定，人民法院在审理票据纠纷案件时，发现与本案有牵连但不属同一法律关系的票据欺诈犯罪嫌疑线索的，应当及时将犯罪嫌疑线索提供给有关公安机关，但票据纠纷案件不应因此而中止审理。

四、参考答案

1.即便承兑协议被确认无效，原告依然享有票据权利。

票据具有无因性，票据基础关系欠缺、无效或被撤销并不当然导致票据行为无效。票据具有独立性，票据关系一经产生即与基础关系相分离。因此，即使某个票据行为被确认为无效或被撤销，依然不影响其他票据行为的效力，票据债务人就应当按照票据记载的事项对票据债权人承担票据义务。本案中，即便承兑协议无效，只要原告持有的汇票背书连续，票据记载事项完整，原告就应当享有票据权利。

2.原告符合行使票据追索权的条件。

关于原告行使追索权是否符合条件。案涉票据2018年9月18日到期，原告于2018年9月19日发出提示付款请求，而承兑人并未在法定期间内付款或者拒绝付款，而是对电子汇票管理系统的指令不予处理，致使票据状态长期处于"逾期提示付款待签收"，故应当认定案涉票据实际上已被拒付。在承兑人因涉嫌票据犯罪被立案侦查以及其对电子商业汇票系统发出的指令不予处理的情况下，原告属已不能取得票据被拒付的证明。因此，原告在此基础上提起诉讼，符合法律规定且未超过法定的追索权行使期限，能够取得票据权利。

3.不应当中止审理。首先，本案系票据追索法律关系，与红山财务公司涉嫌的票据诈骗案并非同一个法律关系。其次，票据具有无因性，票据关系一经产生即与基础关系相分离。换言之，票据基础关系是否合法，不影响本案审理，故本案应当继续审理。

综合案例2：中国A公司与亚洲银行票据付款纠纷抗诉案

【案例正文】

一、背景介绍

本案是一起典型的涉外票据纠纷，案经两审和再审才得以定案。票据行为人包括德国金属公司、中国A公司、德国Y银行、亚洲银行。争议焦点是付款人的签章有缺陷，承兑行为是否有效？签章人应否承担票据责任？之所以案件当事人存在较大争议，是因为法院对是否能够适用《日内瓦统一汇票本票法》亦存在不同理解。

二、基本案情

2005 年 11 月 30 日，德国金属公司供给中国 A 公司一批钢材，中国 A 公司开出一张远期商业汇票。该汇票金额为 100 万美元，有效期至见票后 90 天，付款人为中国 A 公司，收款人为"我们自己指示的指示人"。后德国金属公司以空白背书的形式将该汇票转让给德国 Y 银行。德国 Y 银行取得该汇票后，作出内容为"请付给指示人为亚洲银行（中国内地注册、经营）收托款项额"的背书，委托亚洲银行收款。亚洲银行收到该汇票后向中国 A 公司提示承兑，并在该汇票左侧上端加盖了托收印章（一二审期间，亚洲银行称加盖公章是应德国 Y 银行要求为该票据作保证）。但亚洲银行未在该汇票上记载表明"保证"的字样。

2005 年 12 月 8 日，中国 A 公司在以上托收印章上加盖了单位公章，但没有其法定代表人或其授权代理人签章。

2005 年 12 月 25 日，亚洲银行向中国 A 公司提示付款。中国 A 公司以出票人提供的货物存在与合同要求严重不符的问题予以拒绝。2006 年 3 月 5 日，亚洲银行向中国 A 公司发出付款通知，再次遭到拒绝。2006 年 5 月 13 日，德国 Y 银行要求亚洲银行以保证人身份支付票款。5 月 17 日，亚洲银行回复德国 Y 银行，已汇付 100 万美元到你方账户。

亚洲银行付款后向中国 A 公司要求付款未果，遂向法院提起诉讼，请求判令中国 A 公司立即支付汇票金额 100 万美元及利息。

亚洲银行补充证据为：（1）德国 Y 银行发给亚洲银行证明书复印件。内容是：由德国金属公司出具的汇票已由付款人中国 A 公司承兑并经亚洲银行保证，该汇票金额已由德国 Y 银行贴现给收款人德国金属公司。（2）德国 Y 银行出具证明书。内容是："我行确已收到亚洲银行汇付的 100 万美元；我行据此将自己对中国 A 公司的所有索款权利转让给亚洲银行……"

三、法院审理

一审法院驳回了亚洲银行的诉讼请求。亚洲银行不服，提起上诉。二审法院认为，案涉票据票面记载要素齐全、内容符合规范，为有效汇票。德国 Y 银行通过开票人空白背书取得汇票后，在汇票背面作出内容为"请付给指示人为亚洲银行托收数额的款项"的背书，委托亚洲银行取款，亚洲银行作为委任取款的被背书人有权行使该汇票上的付款请求权和追索权。中国 A 公司在该汇票托收印章印戳处加盖了其公司印章，虽无其法定代表人或其授权的代理人签章，但按照《日内瓦统一汇票本票法》的有关规定，付款人在汇票票面签字，即构成承兑，负有向持票人支付汇票金额的义务。

亚洲银行虽未在票面注明"保证"字样，不构成我国票据法上有效的票据保证。但亚洲银行作为委任取款行，可以行使票据权利（付款请求权和追索权），且亚洲银行已将汇票金额支付给德国 Y 银行，德国 Y 银行亦具函证实将其索款权全部转让给亚洲银行。因此，亚洲银行已经成为该汇票的合法持票人，中国 A 公司作为汇票承兑人负有将汇票金额支付给亚洲银行之义务。亚洲银行上诉请求理由成立，本院予以支持。

终审判决后，中国 A 公司不服申请再审。

再审法院认为，德国 Y 银行已将其对汇票的索款权全部转让给亚洲银行。亚洲银行是该汇票的合法持有人，有权行使票据权利。亚洲银行在汇票上加盖了托收印章，内容载有承兑的字样及承兑的日期，并将该汇票连同提示回单交给中国 A 公司承兑。中国 A 公司签收了提示承兑回单，并在汇票托收印章印戳处加盖了该公司的公章，故承兑行为已实际完成。尽管中国 A 公司没在汇票上加盖该公司法定代表人或其授权的代理人印章，缺乏法定形式要件，但承兑是中国 A 公司的真实意思表示，故中国 A 公司依法应负票据责任，负有将汇票金额支付给亚洲银行的义务。

四、判决结果

再审法院维持了二审判决。

资料来源：吴庆宝. 票据诉讼原理与判例［M］. 北京：人民法院出版社，2005.编者有修改。

【案例使用说明】

一、讨论问题

1.案涉票据是一张什么类型的汇票？

2.本案能否适用《日内瓦统一汇票本票法》？

3.2005 年 12 月 25 日，中国 A 公司以出票人提供的货物存在与合同要求严重不符的问题拒绝付款，请谈谈你的看法。

4.中国公司在汇票上加盖印章是否构成承兑？

二、分析思路

本案系一起涉外票据纠纷再审案件，分析讨论前，要充分阅读案情，梳理出案涉几方当事人的身份——无论是诉讼身份，抑或是票据法上的身份。分析问题还要以法律为依据，注意结合票据的基本法律原理，票据的种类，我国票据法对于票据行为的形式要求，票据付款请求权、票据追索权的行使条件等对本案作充分的把握。本案核心是理解原告是否属于正当持票人，其权属来源的依据，付款人承兑是否有效，以及付款人的签章缺陷是否能作为其抗辩付款责任的依据。

三、理论依据

1.我国《票据法》第 38 条规定："承兑指汇票付款人承诺在汇票到期日支付汇票金额的票据行为。"持票人只有在付款人作出承兑后，其针对付款人的付款请求权才得到确定。

2.亚洲银行在汇票上加盖印章，是将托收手续格式化，此行为受到国际商会《托收统一规则》认可。

3. 我国票据法对承兑汇票规定了严格的法律程序，只有依此法定程序承兑才是有效的承兑。我国《票据法》第 42 条规定："付款人承兑汇票的，应当在汇票正面记载'承兑'字样和承兑日期并签章。"第 7 条规定："法人和其他使用票据的单位在票据上的签章，为该法人或者该单位的盖章加其法定代表人或者其授权的代理人的签章。"本案付款人在汇票上的签章，只有公司的印章，没有其法定代表人或其授权的代理人签章，该签章不完整，没有完全符合我国票据法规定的形式要件，对此行为是否构成承兑，签章人应否承担票据责任，我国票据法并无明确规定，需要法院根据事实和证据予以认定。

四、参考答案

1. 远期商业承兑汇票，案涉票据由债权人向债务人签发，经债务人（商人）中国 A 公司承兑，承认在票据到期日按汇票金额付款给持票人。远期一般指超过 30 天期限，案涉票据期限为 3 个月，因此，属于远期商业汇票。

2. 不能适用《日内瓦统一汇票本票法》。该公约虽然作为国际商法的法律渊源，但中国并非该公约的成员国，故不能适用。

3.2005 年 12 月 25 日，该远期汇票尚未到期，出票人有权拒绝付款。根据我国票据法，持票人提示付款的法定期间为汇票到期后十日内。

但持票人拒绝的理由并不成立。根据票据法的基本原理，原因是票据具有无因性，票据关系一经形成，就与其基础关系相分离。出票人提供的货物存在与合同要求严重不符，属于票据的基础法律关系，该基础法律关系是否存在无效或其他瑕疵，对票据关系都不产生影响。

4. 构成承兑。

我国《票据法》第 41 条规定："付款人对向其提示承兑的汇票，应当自收到提示承兑的汇票之日起三日内承兑或者拒绝承兑。"中国 A 公司在收到亚洲银行承兑后三天之内没有拒绝承兑，而是在提示回单及汇票上签章。该签章的行为应视为是其同意承兑的票据行为。中国 A 公司拒绝付款的理由是：因出票人提供的货物存在与合同要求严重不符，可见，拒绝付款时也并没有以签章不完整而主张承兑无效。故，本案的承兑已实际完成，而且承兑是中国 A 公司真实的意思表示。

第九章　国际商事仲裁

开篇案例　承认和执行外国仲裁裁决

【案例正文】

2009年4月，深圳某公司（以下简称深方）与英国HD公司（以下简称HD）签订了一份货物合同，合同约定：15个集装箱到岸卸货期为2009年10月。合同还约定：一切纠纷均交由伦敦国际仲裁院依其业务规定作出最终裁决。合同签订后，HD依约开出了信用证，深方却在履行期内只发运了三个集装箱。HD向深方索赔未果，依约向英国伦敦国际仲裁院申请仲裁，要求深方赔偿延迟履行合同给其造成的损失。2010年4月，伦敦国际仲裁院裁决深方应偿付HD损失及相关利息并承担仲裁费。但深方并未履行裁决书。2010年12月，HD与深方签订协议，约定深方将在2011年12月30日前支付赔偿款，但深方仍未履行。2012年5月29日，HD向深圳市中级人民法院申请承认和执行裁决书。

深圳市中级人民法院经审查该项申请和仲裁裁决，认为HD的申请符合《承认和执行外国仲裁裁决的公约》及中国相关法律规定。2012年7月裁定：承认该裁决书，并予以执行。深方接到执行通知书后，向深圳市中级人民法院提出执行异议如下：①HD在裁决书生效后25个月向中国法院申请强制执行，超过了法定申请执行期限；②双方所签订的合同书条款中并无仲裁条款，只是在合同总则中含有仲裁之意的文字，不能作为解决争议的条款，故应依法裁定不予执行。

【涉及的问题】

1. 请问此案应该如何判决？
2. 从此案中，可以得到什么启示？

9.1 国际商事仲裁概述

9.1.1 国际商事仲裁的概念和范围

------------------ 案例 ------------------

彩云公司与驰鹏公司确认仲裁协议效力案

【案例正文】 ■━━━━━━━━

某年，彩云公司与驰鹏通信（广州）有限公司（下称"驰鹏公司"）就线上办公相关软件的开发与许可项目签订许可协议。2020 年 7 月，彩云公司以驰鹏公司拖欠款项、恶意违约为由，向深圳市中级人民法院（下称"深圳中院"）提起诉讼，请求判令驰鹏公司继续履行约定义务，并支付协议项下的欠款、利息、损失，以及其它因驰鹏公司违约产生的各项费用。

驰鹏公司提出管辖权异议，认为双方基于合同的争议应提交伦敦国际仲裁院，在伦敦仲裁。理由是：（1）根据《国际仲裁院仲裁规则》和《国际商事仲裁示范法》的规定，双方就案涉争议存在真实有效的仲裁协议。（2）此案涉及的协议为涉外合同，依法可以约定境外仲裁。协议双方均系中外合资企业，且驰鹏公司是在自贸区注册成立，彩云公司签订合同时是 BAISHIM 有限公司的外国法人独资企业，具有涉外因素；涉案合同的标的大部分为彩云公司在境外享有的知识产权；即使涉案合同不具有涉外因素，考虑到当事人双方在自贸区注册设立、中外合资等事实，也应当认定当事人之间有权约定由其他仲裁机构仲裁。

深圳中院驳回了驰鹏公司提出的管辖权异议。法院认为，双方约定将案涉争议提交域外机构进行仲裁的意思表示明确，但此案涉及协议的双方当事人，合同标的物，法律关系设立、变更、终止的法律事实均不具有涉外因素，协议不属于涉外民事关系。

1. 关于案涉合同当事人。

无论中外合资企业、外商独资企业均是中国境内注册的企业法人，不属于《最高人民法院关于适用〈中华人民共和国民事诉讼法〉的解释》（下称"民事诉讼法司法解释"）第 522 条中规定的"外国企业或组织"，也不属于《最高人民法院关于为自由贸易试验区建设提供司法保障的意见》（法发〔2016〕34 号）第 9 条规定的涉外民事关系适用条件；而《最高人民法院关于明确第一审涉外民商事案件级别管辖标准以及归口办理有关问题的通知》的相关内容，只是为调整法院内部审判庭的分工，更不能据此认定本案当事人具有涉外因素。因此，本案争议双方均属中国法人。

2. 关于合同标的物。

案涉协议的主要内容是双方当事人就彩云公司拥有的线上办公相关软件给驰鹏公司进行使用，驰鹏公司为此支付许可使用费，而涉案线上办公软件由彩云公司在境内开发完成，知识产权为境内主体所享有，故彩云公司与驰鹏公司之间的合同标的物不具有涉外性。驰鹏公司不服深圳中院作出的裁定，向最高院提起上诉，请求撤销该裁定。驰鹏公司称，深圳中院关于认定仲裁协议无效的程序违法，关于案涉合同不具有涉外因素的事实认定错误。

最高院驳回驰鹏公司的上诉。涉案协议仲裁条款系国内当事人对不具有涉外因素的争议达成的域外仲裁条款，属无效的仲裁条款。

【涉及的问题】 ▟▬▬▬▬▬▬▬▬▬▬▬▬▬▬▬▬▬

案例中涉及的纠纷可否提交国际商事仲裁院？

【参考答案】 ▟▬▬▬▬▬▬▬▬▬▬▬▬▬▬▬▬▬▬

根据国际商事仲裁的定义：在国际商事活动中，各方当事人根据合同中所订立的仲裁条款或事后所达成的仲裁协议，自愿将他们之间所发生的争议提交给各方都同意的仲裁机构审理、裁决的活动。我们知道只有在国际商事活动中，出现有关纠纷才可以提交国际仲裁院进行裁决。

而驰鹏公司在中国（广州）自由贸易试验区注册成立，为台港澳与境内合资有限责任公司。彩云公司在深圳市注册成立，为中外合资、上市股份有限公司。尽管涉案协议仲裁条款对争议提交域外仲裁机构进行仲裁的意思表示明确，且仲裁机构约定明确具体，但根据《中华人民共和国民事诉讼法》（下称《民事诉讼法》）第271条的规定、《仲裁法》第65条的规定，我国法律并未允许国内当事人将不具有涉外因素的争议提请外国仲裁。参照民事诉讼法司法解释第522条有关认定涉外民事案件的规定，本案当事人均为中国法人，涉案协议的订立及标的物均在中国境内，当事人之间法律关系的产生、变更、消灭的法律事实也不具有涉外因素。

9.1.2 国际商事仲裁的特点

┌─────────────── 案例 ───────────────┐

出口水果腐烂由谁负责？

【案例正文】 ▟▬▬▬▬▬▬▬▬▬▬▬▬▬▬▬▬

中国新绿公司以FBO条件向韩国YUNO公司出口100吨水果，在大连港装船时，通过中国商检机构检验，水果并无问题，并出具相应的合格证明书。但该批水果运抵韩国时已经严重腐烂，为此中国新绿公司与韩国 YUNO 公司发生争议。依据双方签订的合同条款，该争议被中国新绿公司提交中国国际经济贸易仲裁委员会仲裁。裁决结果为：韩国 YUNO 公司应承担水果腐烂损失的风险。

【涉及的问题】

1. 如果韩国 YUNO 公司对裁决结果不服，是否可以向有关法院起诉或者要求更换仲裁机构重新仲裁？

2. 如果韩方拒不执行仲裁裁决，中方是否可以申请有关机构予以强制执行？

【参考答案】

1. 如果韩方对裁决结果不服，原则上不能再向有关法院起诉或者要求更换仲裁机构重新仲裁。因为国际经济贸易仲裁具有终局性特点，他的裁决是终局的，对仲裁双方均具有约束力。除特别规定外，败诉方应执行仲裁裁决，他既不能向有关法院起诉，也不能要求更换仲裁机构，重新仲裁。

2. 如果韩方拒不执行仲裁裁决，中方可以申请有关法院对仲裁裁决予以强制执行，这是国际经济贸易仲裁国际性的体现。当仲裁裁决作出后，如果败诉一方不执行仲裁裁决，另一方当事人可以凭仲裁裁决及有关文件到其他国家法院申请执行，就像执行本国法院判决或仲裁裁决一样。

9.2 国际商事仲裁机构

---- 案例 ----
买卖合同纠纷仲裁案的适用法律？

【案例正文】

某年，国外 B 公司与国内 A 公司之间订立买卖合同。A 公司与 B 公司《买卖合同》约定由 A 向 B 供应高档瓷砖。A 向 B 发货，但 B 拖欠 A70 余万美元货款。A 于是依约向中国国际经济贸易仲裁委员会提请仲裁，除要求 B 支付所欠货款及其他一些请求外，还要求 B 向 A 支付扣减一定数额违约金后的逾期付款损失。

由于本案是属于国际商事合同纠纷，所以仲裁庭须首先确定案涉合同的适用法。而《买卖合同》首部约定："根据《中华人民共和国合同法》及相关法律法规，本着平等互利的原则，经双方协商一致，订立本合同。" 对此，A 认为该约定即为适用法律的依据。但 B 则认为，中国和 B 营业地所在的国家均为《公约》当事国，故本案应自动适用《公约》，对于《公约》中未作规定的事项，根据最密切联系原则应当适用其所在国的法律。

【涉及的问题】

该案应该适用的法律是什么？

【参考答案】

根据本案中的《买卖合同》约定，双方当事人具有将中国法作为《买卖合同》的适用法的意思表示。而根据该案法律行为发生时有效的《中华人民共和国民法通则》第142条的规定，中国缔结或者参加的国际条约同中国的民事法律有不同规定的，适用国际条约的规定，但中国声明保留的条款除外。由于本案为国际货物买卖合同纠纷，双方当事人营业地所在国均为《公约》缔约国，且双方在案涉合同中并未明确排除适用《公约》，因此本案应当优先适用《公约》，《公约》中未规定的问题应当适用中国法。

不同于国内商事合同纠纷，国际商事合同因具有涉外性，其所应适用的法律未必是中国法。为此，仲裁庭首先依当事人意思自治原则或最密切联系原则确定案涉合同的适用法律。前者即要求国际商事合同受当事人所选择的法律调整。而所谓"选择"，以明示选择为主，默示选择为补充。明示选择的认定一般较少滋生歧见。默示选择的认定则相对不易。而依后者则适用最能体现合同特征的义务履行方经常居所地法律或者其他与该合同有最密切联系的法律。

9.3　仲裁协议

9.3.1　仲裁协议的有效要件

------ 案例 1 ------
H 与 G & F 仲裁协议效力确认案

【案例正文】

2020 年 1 月 13 日，原告 H 就其与被告一 G、被告二 F 之间关于"担保债券"和"软件开发合同"项下的纠纷，向中国香港高等法院提起诉讼。其中，软件开发合同约定了仲裁条款，仲裁机构是中国香港国际仲裁中心（HKIAC），担保债券则未约定仲裁条款。在 H 提出诉讼后，F 基于软件开发合同中的仲裁条款，向法庭申请搁置法庭诉讼程序，理由是双方之间存在有效的仲裁条款，且 F 已于 2020 年 1 月 5 日，就有关软件开发合同的争议向 HKIAC 发出了仲裁通知。

H 答辩意见：软件开发合同中的有关仲裁条款，双方在争议出现的初期，谈判过程中已经明确放弃了有关的仲裁协议，并向法庭提交了 H 与 F 就相关事项进行的书面信函往来。基于该信函往来，H 认为，双方就放弃软件开发合同约定的仲裁条款达成了共识，因此不再对双方具有约束力，双方应通过诉讼的方式解决争议。

同时，H 援引了中国香港终审法院〔2006〕9 HKCFAR 403 案（下称"FW 案"），提出一份协议并不会仅仅因为各方留下了一些仍需在双方之间进行确定和讨论的内容，而不完整。

中国香港高等法院意见：（1）中国香港高等法院原讼庭 CheF 法官认为，H 所提及判例与本案背景不同，FW 案是在协议是否可能因其不确定性而无效的背景下，围绕当事人之间成立法律关系的意图进行分析。FW 案阐述的裁判原则是，法院通常有可能在当事人的协议中予以辨别各方意图之情形，在无须各方进行进一步商定的情况下，用来确定具体的合同权利和义务。因此，协议存在一些尚待确定的内容，并非致命意义上的不完整。在可以判定当事人之间存在可确定和决定性的订立协议的意图，法院应当尽最大努力使协议生效；除非在当事各方以过于不确定或含糊不清的语言表达自己的意见而无法使他们的合约具有法律效力时，合约才会因不确定而无效。（2）CheF 法官进一步指出，订立具有法律约束力的协议必须有明确的意图，与之相类似，放弃具有法律约束力的协议也必须有明确的意图。如果可以确定的意图是有条件的，该条件未达成一致或满足，则不存在确定的协议。

在阅读了各方之间的信函后，CheF 法官表示，案件事实并非 H 所称，从当事人之间的信函沟通过程来看，双方之间并未明确同意放弃仲裁协议的意图表达。尤其是 F 在 6 月 15 日发出信函表示"准备同意"提起诉讼后，双方是否就此达成一致，取决于 H 的书面同意，也取决于双方同意软件开发合同关于争议解决机制和程序的所有相关内容予以变更；从双方后续（尤其是 6 月 22 日、6 月 29 日期间）的信函中可以看出，当事人就放弃仲裁协议并无明确的约定。因此，本案应当由仲裁庭来决定其管辖权，并判断是否仲裁协议中的有关程序和时间安排得到了遵守。

法庭基于《仲裁条例》第 20 条的规定，同意了 F 的申请，搁置了 H 对 F 的诉讼程序。但与此同时，法庭也搁置了 H 方对于 G 方的诉讼程序，原因是尽管 H 与 G 之间在担保债券层面上并不存在仲裁协议，但是有关软件开发合同的仲裁裁决将直接影响到 H 就担保债券对 G 的诉讼，因此，基于对当事人之间纠纷的整体的程序公正性考虑，搁置相关程序是目前正确的选择。

【涉及的问题】 ■━━━━━━━━━━━━━━━━━━━━━━━━━━━
本案中的仲裁协议效力如何确定？

【参考答案】 ■━━━━━━━━━━━━━━━━━━━━━━━━━━━━
从国际商事仲裁的特点来看，影响国际商事仲裁协议有效性的要件主要有两个：一是提交的争议是否具有可仲裁性，二是仲裁协议的形式是否符合法律的要求。对于仲裁协议主要有书面形式和口头形式，中国国际经济贸易仲裁委员会《仲裁规则》和 1958 年《承认及执行外国仲裁裁决公约》都规定，仲裁协议须采用书面形式。

本案中提到软件开发合同约定了仲裁条款，仲裁机构是中国香港国际仲裁中心（HKIAC），担保债券则未约定仲裁条款。这里提供的 3 个重要审理原则，均对仲裁实践具有重要指导意义。

1. 在认定当事人之间存在尚待确定内容的协议效力时，法院应当围绕当事人之间建立法律关系的意图进行分析，尽最大努力并促使协议生效；但前提是，无论建立或是放弃具有约束力的法律关系，法庭都应对此进行实质性审查，对当事人是否存在明确意图表示进行判断。

2. 判断当事人在订立或放弃协议方面是否具有明确意图表示，与判断未确定内容是否影响协议生效是两个不同层面的问题。

3. 纠纷涉及不同协议项下的争议解决条款，诉讼程序管理与仲裁程序管理存在"打架"的情形时，如何基于整体的程序公正恰当处理两者关系。

---- 案例2 ----
提单中的仲裁条款是否有效？

【案例正文】━━━━━━━━━━━━━━━━━━━━━━━━━━━━

Lisa 是一台集装箱吊车的货主和收货人。该吊车由发货人在韩国装上轮船的舱面运送到美国的巴尔的摩，在巴尔的摩卸下时已经处于严重破损状态。为此，Lisa 在美国联邦地区法院提起诉讼。但承运人提出抗辩，依照提单所记载的仲裁条款，该争议应当在东京仲裁解决。Lisa 认为自己并没有在提单上签字，也未授权发货人签署这样的条款。

【涉及的问题】━━━━━━━━━━━━━━━━━━━━━━━━━━

该纠纷是否应当仲裁解决？

【参考答案】━━━━━━━━━━━━━━━━━━━━━━━━━━━━

美国联邦地区法院接受了承运人的抗辩理由，驳回了货主的起诉。可见，为适应国际商事仲裁的发展趋势，各国已经普遍接受了将提单中的仲裁条款作为有效的仲裁协议予以接受的做法，并且，这种仲裁条款无须当事人特别签署，对于未签字的当事人具有法律上的约束力。通过对提单中的仲裁条款这种非规范的书面形式的肯定，说明了国际上是仲裁对书面形式拓宽理解的趋势。我国最高人民法院在 1995 年 10 月 20 日致广东省高级人民法院的复函中，也对提单中仲裁条款的效力予以肯定："本案上诉人福建省生产资料总公司虽然不是租赁合同和海上货物运输合同的签约人，但其持有承运人签发的含有合并租约和仲裁条款的提单，并明示接受该仲裁条款。因此，该条款对承运人和提单持有人均具有约束力。"

9.3.2　仲裁协议的内容

---------- 案例 1 ----------

国际商事仲裁机构如何确定？

【案例正文】 ■────

英国公司甲与英国公司乙就一货物买卖合同发生争议，根据合同的仲裁条款规定，英国甲公司向中国国际经济贸易仲裁委员会提出仲裁申请，但是被诉人乙公司收到通知后，向伦敦法院提出了停止仲裁程序的申请。理由是：（1）合同双方当事人都是英国公司，在英国法院解决双方的争议最方便，同时提出根据《国际司法冲突规范》，双方的争议与北京无实际关联。（2）根据双方的合同仲裁条款，如双方发生争议，首先应该通过友好协商方式处理，但是甲公司在发生争议后，并没有第一时间进行友好协商。（3）根据双方的合同仲裁条款，选择的仲裁机构是北京促进委员会对外贸易仲裁会，而不是中国国际经济贸易仲裁委员会，因此，中国国际经济贸易作战委员会没有管辖权。

中国国际经济贸易仲裁委员会核实了双方合同中仲裁条款，"一切因执行本合同或与本合同有关的争议，应由双方通过友好协商解决，如经协商不能得到解决时，应提交北京促进委员会对外贸易仲裁委员会，按照中国国际贸易促进委员会对外贸易仲裁委员会仲裁程序暂行规则进行仲裁，仲裁委员会的裁决为终局裁决，对双方均有约束力。"中国国际经济贸易仲裁委员会决定对这一案件有管辖权，仲裁程序继续，并通告被诉人在限期内指定仲裁员，结果，被诉人如期指定了仲裁员参加仲裁，撤回了在伦敦法院的诉讼。

【涉及的问题】 ■────

国际商事仲裁案件如何确定仲裁机构和仲裁地点？

【参考答案】 ■────

在本案中，甲乙公司在合同中有关仲裁协议对仲裁机构、仲裁地点、仲裁裁决的效力都作了明确的约定，此仲裁协议是完全有法律效力的，排除了法院的司法管辖，被诉人对管辖权提出的异议是毫无根据的。而且该仲裁条款中明确选定了北京促进委员会对外贸易仲裁会作为仲裁委员会，也就能推定下来，可以明确地确定中国国际经济贸易仲裁委员会，即后来改名的北京国际贸易促进委员会对外贸易仲裁会，因此仲裁机构可以选定。根据《中国国际经济贸易仲裁委员会仲裁规则》第 4 条的规定，仲裁委员会有权对仲裁协议的存在、有效性以及仲裁案件的管辖权作出决定。中国国际经济贸易仲裁委员会决定取得案件的管辖权符合仲裁规则的规定。确定仲裁地点十分重要，确定哪一个国家（地区）仲裁，一般就等于确定适用该国的法律，在对外贸易中，双方当事人一般都力争在本国进行仲裁，如果争议双方对仲裁地点不能达成协议，则一般情况下以第三国仲裁机构进行仲裁。

仲裁协议具有以下法律效力：①订立仲裁协议的当事人须受仲裁协议的约束，当争议发生后应以仲裁的方式解决，任何一方都无权就有关争议向法院起诉。②排除法院的司法管辖权。③是仲裁机构取得管辖权的依据。④是进行仲裁程序和保证仲裁强制执行的依据。⑤仲裁协议的效力不受主合同的影响，即使争议双方订立的商业合同无效或失效，一方当事人仍可以有关仲裁协议为依据提请有关仲裁机构进行仲裁。

------ 案例 2 ------

仲裁地点确定，仲裁机构是否确定？

【案例正文】 ■

新加坡亿中企业有限公司（申请人）根据其与中国防城外轮代理有限公司（被申请人）1996 年 3 月 27 日签订的"苏霞"轮租船协议中的仲裁条款，就该租船协议项下产生的运费、滞期费、延滞费等项争议，于 1996 年 7 月 9 日向中国海事仲裁委员会提起了仲裁，要求被申请人赔偿上述款项共计 149133.45 美元。该仲裁条款约定："在中国北京仲裁，适用中国法律。"1996 年 8 月 5 日，被申请人以传真方式向中国海事仲裁委员会提出管辖权异议。被申请人认为，原仲裁条款内容不够完整，因为其中仅仅约定了仲裁地点在北京，并没有约定仲裁委员会。根据中国《仲裁法》第 16 条、第 18 条的规定，如果双方当事人不能就约定仲裁委员会达成补充协议，该仲裁条款就归于无效。

【涉及的问题】 ■

该案中的仲裁机构有管辖权吗？

【参考答案】 ■

中国海事仲裁委员会在审议了本案双方当事人的书面材料以后，认为：首先，本案中的仲裁条款明确表明了当事人的仲裁意愿、仲裁事项和仲裁地点。其次，虽然本案租船协议中的仲裁条款只约定在中国北京进行仲裁，但根据国务院 1958 年 11 月 21 日《关于在中国国际贸易促进委员会内设立海事仲裁委员会的决定》和中国海事仲裁委员会仲裁规则，中国海事仲裁委员会是中国唯一受理涉外租船合同争议的仲裁机构。《仲裁法》生效以后，北京新成立了仲裁委员会，但并没有明确北京新成立的仲裁委员会有权受理涉外租船合同产生的争议。国务院办公厅 1996 年 6 月 8 日的通知，恰恰说明北京新成立的仲裁委员会在 1996 年 6 月 8 日以前无权受理涉外租船合同产生的争议。因此，虽然双方在 1996 年 3 月 27 日签订租船协议时，中国《仲裁法》已经生效，但因双方签订时，北京只有中国海事仲裁委员会有权受理涉外租船合同产生的争议，所以很容易推断出，双方约定在北京仲裁就是指在北京的中国海事仲裁委员会仲裁。据此，海事仲裁委员会作出了该争议案件的仲裁程序继续进行的决定。

在国际商事实践中，存在当事人签订了含糊的仲裁条款，而未明确指明仲裁机构和仲裁地点的现象。对于这些问题，国际上通行的做法是，只要双方当事人有提交仲裁的约定，就维持仲裁条款的效力，不因为缺少某些因素而否定该仲裁条款，即所谓的"仲裁的优先管辖权"原则。

9.3.3 仲裁协议的效力与独立性

------------------------------ 案例 ------------------------------

合同解除后，仲裁条款是否有效？

【案例正文】■

英国比特公司向美国玛雅公司出口一批机器设备，价值50万美元。双方在合同中约定：如出现纠纷不能解决，自愿提交国际商会国际仲裁院仲裁。后双方因机器设备的质量等级问题发生争议。英国比特公司宣布解除合同，美国玛雅公司依据合同中的仲裁条款向国际商会国际仲裁院申请仲裁。而英国比特公司认为合同已经被解除，仲裁条款已经失去效力，因而向英国法院起诉。

【涉及的问题】■

1. 在英国比特公司宣布解除合同后，该合同中所包含的仲裁条款是否还有效？

2. 该争议应该由仲裁机构解决还是由法院解决？

【参考答案】■

1. 在英国比特公司宣布解除合同后，该合同中所包含的仲裁条款仍然有效，这就是仲裁协议的独立性。合同中的仲裁条款一般被视为与合同其他条款分离、独立存在的一个部分。合同的变更、解除、终止、失效或无效以及存在与否，均不影响仲裁协议或仲裁条款的效力。

2. 该争议应该由国际商会国际仲裁院仲裁机构解决。该仲裁协议仍然有效，而仲裁协议的效力之一，就是排除法院的管辖权。因此，该争议应当由仲裁机构国际商会国际仲裁院来解决，任何法院都没有管辖权。

9.4　仲裁裁决的承认与执行

国际金融公司与四川久大制盐公司仲裁裁决承认与执行案

【案例正文】■────────────────────────

2007 年 12 月 11 日，国际金融公司（International Finance Corporation，下称"IFC"）与四川久大制盐有限责任公司（下称"久大公司"）签署《贷款合同》。根据《贷款合同》约定，IFC 作为贷款方，向借款方久大公司发放了 2 500 万美元。由于久大公司未能按照《贷款合同》约定偿还贷款及利息等各种费用，IFC 根据《贷款合同》中约定的仲裁条款向中国香港国际仲裁中心（下称"HKIAC"）提起仲裁。

2019 年 8 月 12 日，HKIAC 作出裁决，裁令久大公司向 IFC 支付本金及利息；如果久大公司未在 2019 年 8 月 15 日前全额支付前述款项，久大公司应按当时中国香港判决利率支付迟付前述款项的利息；驳回久大公司暂停仲裁申请和其他请求。

裁决生效后，久大公司未按裁决向 IFC 支付任何款项。IFC 向久大公司所在地四川省自贡市中级人民法院（下称"自贡中院"）申请认可和执行 HKIAC 作出的仲裁裁决。

久大公司关于不予执行的抗辩：

1. 久大公司与 IFC 之间的仲裁协议无效。

根据《贷款合同》第 16 条约定，"第 7.05（b）和第 7.05（c）条因贷款协议发生的纠纷或索赔应根据《联合国国际贸易法委员会仲裁规则》进行仲裁解决。仲裁地为中国香港，但 IFC 也可在任何有管辖权的法院起诉借款方"。双方约定争议解决既可以是仲裁也可以是法院。因此，根据《最高人民法院关于适用〈中华人民共和国仲裁法〉若干问题的解释》（下称《仲裁法司法解释》）第 7 条的规定，双方之间的仲裁协议无效，IFC 向 HKIAC 申请仲裁不符合法律规定，该仲裁中心所作的裁决也不应发生法律效力。

2. 仲裁庭组成与当事人之间的约定不符。

《贷款合同》第 7.05 条规定，仲裁庭组成应为三名仲裁员，HKIAC 仲裁程序采用独任仲裁员，与《贷款合同》约定不符。根据《最高人民法院关于内地与香港特别行政区相互执行仲裁裁决的安排》（下称《安排》）第 7 条规定，即使久大公司与 IFC 之间纠纷可以通过仲裁解决，但该裁决的仲裁程序不符合规定，不应当被认可和执行。

资料来源：哈尔滨仲裁委员会. 仲裁实务｜十大有影响力仲裁案例［EB/OL］.［2022-02-14］. https：//mp. weixin. qq. com/s? __biz=MjM5OTQ5NDM5Mg== &mid=2651313632&idx=2&sn=415a7583106 f55b4939093a7eb8a1a89&chksm=bcc9e2778bbe6b6160a8f87e861cea2e115755f99280f0b3cc84c93fc05 bfc688edde9c19406&scene=27. 编者有修改。

【涉及的问题】

本案中久大公司的抗辩理由成立吗？

【参考答案】

本案涉仲裁裁决形式要件合法。理由是：（1）IFC 与久大公司之间的仲裁协议条款合法有效。从双方正式签署的《贷款协议》约定来看，并未约定向法院提起诉讼的情形，被申请人久大公司在听证程序中提交的《四川久大制盐有限责任公司与国际金融公司之间的贷款协议主要条款（中文翻译）》，与双方均认可的《贷款合同》正式文本不一致，不应予以采信。（2）HKIAC 有关独任仲裁员的任命是双方达成的一致意见。从裁决内容来看，虽然仲裁程序改变了《贷款合同》第 7.05 款（c）有关由三名仲裁员组成仲裁庭的原始约定，任命由独任仲裁员进行裁决。但该改变系经双方同意后达成的一致意见，久大公司并没有根据准据法《联合国国际贸易法委员会仲裁规则》（下称《贸法会仲裁规则》）相关规定，在仲裁过程中对 HKIAC 指定的仲裁员提出异议。

本案是自 1980 年中国恢复在世界银行席位后，中国首个涉及政府间国际组织的香港仲裁裁决认可及执行案件。此外，本案还涉及国内法院对最高院《安排》第 7 条关于不予执行情形的具体适用：仲裁庭组成与协议约定不符，一方当事人未在仲裁程序规定时间内提出异议，裁决作出后以此为由申请不予执行的，法院不予认可。

综合案例：BVI C 公司与深圳 E 投资公司申请确认仲裁协议效力案

【案例正文】

一、案件背景

中国 A 旅游公司，是一家国有独资公司。中国香港 B 旅游公司是中国 A 旅游公司的全资子公司，注册于中国香港中环。BVI C 公司是中国香港 B 旅游公司的全资子公司，注册于英属维尔京群岛。BVI D 公司是 BVI C 公司的全资子公司，亦注册于英属维尔京群岛。

2016 年 3 月 24 日，中国 A 旅游公司作出《关于同意挂牌转让 BVI D 公司 100% 股权的批复》，同意 BVI C 公司依法转让其持有的 BVI D 公司的全部股权。2017 年 3 月 29 日，BVI C 公司通过北交所公开挂牌转让其持有的 BVI D 公司

100% 的股权。深圳 E 投资公司作为意向受让人与 BVI C 公司等就签订案涉项目的产权交易合同等事宜开展磋商。

二、基本案情

2017 年 5 月 9 日，中国香港 B 旅游公司投资部经理张三发送电子邮件给深圳 E 投资公司法务李四。电子邮件的附件《产权交易合同》，系北交所提供的标准文本，载明甲方为 BVI C 公司，乙方为深圳 E 投资公司，双方根据合同法和《企业国有产权转让管理暂行办法》等相关法律、法规和规章制度文件，就 BVI C 公司向深圳 E 投资公司转让其拥有的 BVI D 公司全部股权签订《产权交易合同》。

《产权交易合同》第 16 条管辖及争议解决方式约定：16.1 本合同及产权交易中的行为均适用中华人民共和国法律；16.2 有关本合同的解释或履行，当事人之间发生争议的，应由双方协商解决；协商解决不成的，提交北京仲裁委员会仲裁。上述电子邮件的附件《债权清偿协议》第 12 条约定：本协议适用中华人民共和国法律。有关本协议的解释或履行，当事人之间发生争议的，应由各方协商解决；协商解决不成的，任何一方均有权提交北京仲裁委员会以仲裁方式解决。

2017 年 5 月 10 日，深圳 E 投资公司法务李四发送电子邮件给中国香港 B 旅游公司投资部经理张三，内容为："附件为我司修改意见，请贵司在基于平等、公平的原则及合同签订后的有效原则慎重考虑加以确认"。在该邮件的附件中，《产权交易合同》文本第 16 条"管辖及争议解决方式 16.2"修改为"有关本合同的解释或履行，当事人之间发生争议的，应由双方协商解决；协商解决不成的，提交深圳国际仲裁院仲裁"；《债权清偿协议》第 12 条修改为"本协议适用中华人民共和国法律。有关本协议的解释或履行，当事人之间发生争议的，应由各方协商解决；协商解决不成的，任何一方均有权提交深圳国际仲裁院以仲裁方式解决"。

2017 年 5 月 11 日 13 时 42 分，中国香港 B 旅游公司投资部经理张三发送电子邮件给深圳 E 公司法务李四和高管赵六，针对 E 投资公司对两个合同文本提出的修改意见进行了回应，并表示"现将修订后的合同草签版发送给贵司，请接到附件内容后尽快回复意见。贵方与我司确认后的合同将被提交至北交所及我司内部审批流程，经北交所及我司集团公司最终确认后方可签署（如有修改我司会再与贵司确认）"。该邮件附件《产权交易合同》（草签版）第 16 条"管辖及争议解决方式"与《债权清偿协议》（草签版）第 12 条和上述 5 月 10 日李四发送给张三的电子邮件附件中的有关内容相同。

同日 18 时 39 分，E 公司法务李四发送电子邮件给中国香港 B 旅游公司投资部经理张三，内容为"附件为我司签署完毕的《产权交易合同》（草签版）及《债权清偿协议》（草签版）、项目签约说明函等扫描件，请查收并回复"。该邮件附件《产权交易合同》（草签版）和《债权清偿协议》（草签版）的管辖及争议解决方式的内容与张三在同日发送电子邮件附件中的有关内容相同。深圳 E 投资公司在合同上盖章，并将该文本送达 BVI C 公司。

2017 年 5 月 17 日，中国香港 B 旅游公司投资部经理张三发送电子邮件给深圳 E 公司高管赵六，载明："深圳项目我司集团最终审批流程目前正进行中，如审批顺利计划可在本周五上午在北京某酒店举办签约仪式，具体情况待我司确认后通知贵司。现将《产权交易合同》及《债权清偿协议》拟签署版本提前发送给贵司以便核对。"该邮件附件 1 为《股权转让项目产权交易合同》（拟签署版），附件 2 为《股权转让项目债权清偿协议》（拟签署版）。上述两个合同文本中的仲裁条款仍与草签版相同。

2017 年 10 月 27 日，BVI C 公司发函深圳 E 投资公司取消交易。2018 年 4 月 4 日，E 投资公司根据《产权交易合同》（草签版）第 16.2 条及《债权清偿协议》（草签版）第 12 条的约定，向深圳国际仲裁院提出仲裁申请，将 BVI C 公司等列为共同被申请人。在仲裁庭开庭前，BVI C 公司等分别向深圳市中级人民法院提起诉讼，申请确认仲裁协议不存在。该院于 2018 年 9 月 11 日立案，形成了本案和另外两个关联案件。

深圳中院审查期间，最高人民法院认为，本案及关联案件有重大法律意义，由国际商事法庭审查有利于统一适用法律，且有利于提高纠纷解决效率，故依照民事诉讼法第 38 条第 1 款、《最高人民法院关于设立国际商事法庭若干问题的规定》第 2 条第 5 项之规定，裁定本案由最高人民法院第一国际商事法庭审查。各方当事人均明确对于原合同中对于法律适用的规定无异议。

三、裁判结果

经审理，依据《合同法》《仲裁法》《最高人民法院关于适用〈中华人民共和国仲裁法〉若干问题的解释》等规定，最高人民法院于 2019 年 9 月 18 日作出裁定，驳回 BVI C 公司的申请。

资料来源：最高人民法院. 运裕有限公司与深圳市中苑城商业投资控股有限公司申请确认仲裁协议效力案［EB/OL］.［2022-12-30］. https://wenshu.court.gov.cn/. 编者有修改。

【案例使用说明】▰▬▬▬▬▬▬▬▬▬▬▬▬▬▬▬▬▬▬

一、讨论问题

1. 本案的准据法如何确定？

2. 结合案情，请分析本案中仲裁协议或条款是否成立，并说明原因。

3. 你认为，本案当事人之间是否存在有效的仲裁协议？

4. 本案法院是否具有管辖权？为什么？

二、分析思路

本案例适用于国际商法课程中关于仲裁条款效力认定知识点的教学案例。结合 BVI C 公司与深圳 E 投资公司之合同磋商过程，掌握仲裁协议或条款的独立性，以及仲裁与司法管辖的关系。案涉争议焦点围绕当事人之间是否存在合法有效的仲裁协议产生。一方面需要判断双方之间是否存在仲裁协议或条款，另一方面才是识别

效力问题。依中国法律的规定，仲裁条款是否成立，主要指当事人双方是否有将争议提交仲裁的合议，即是否达成了仲裁协议。仲裁协议是一种合同，判断双方是否就仲裁达成合意，根据当时的法律，应适用于《合同法》关于要约承诺的规定，而案涉合同是否成立的问题。如当事人以仲裁条款未成立为由要求确认仲裁协议不存在的，属于申请确认仲裁协议效力案件，依法应由具有管辖权的机构予以审理。故，成立与效力应当予以区分识别。

三、理论依据

阅读本案例并正确回答讨论思考题，需要学生把握以下要点：

案件认定过程逻辑性强，且恰当的运用了合同解释、法律选择等法律方法。通过本案的审理，与仲裁管辖权相关的一些长期存在争议的问题得到明确，归纳起来有以下四点：（1）仲裁协议的独立性。（2）仲裁协议的成立问题。值得注意的是，仲裁协议是当事人之间合同行为，判断双方是否达成仲裁合意，应适用于合同法关于要约、承诺的规定。（3）仲裁协议的效力问题。（4）确认仲裁协议效力问题。根据《仲裁法》第20条第1款的规定，当事人对仲裁协议的效力有异议的，可以请求仲裁委员会作出决定或者请求人民法院作出裁定。

四、参考答案

1.本案应当适用中国法作为准据法。《中华人民共和国涉外民事关系法律适用法》第18条规定："当事人可以协议选择仲裁协议适用的法律。当事人没有选择的，适用仲裁机构所在地法律或者仲裁地法律。"本案中，各方当事人均明确选择适用中国法，应适用中国法作为准据法。

2.本案仲裁协议（或条款）已经成立。仲裁协议（或条款）是否成立，主要指当事人是否有将争议提交仲裁的合意，即是否达成了仲裁协议。仲裁协议是一种合同，判断双方是否就仲裁达成合意，应适用合同法关于要约、承诺的规定。从案涉合同磋商情况看，当事人双方一致同意将争议提交仲裁。BVI C公司等一方发出的合同草签版的仲裁条款，已将仲裁机构改为深圳国际仲裁院。就仲裁条款而言，这是BVI C公司等发出的要约。E投资公司在合同草签版上盖章，表示同意，并将盖章合同文本送交BVI C公司，这是E投资公司的承诺。根据《合同法》第25条、第26条的规定，承诺通知到达要约人时生效，承诺生效时合同成立。据此，产权交易合同、债权清偿协议中的仲裁条款分别在两个合同的各方当事人之间成立。因此，此案中仲裁协议成立。

3.当事人之间存在有效的仲裁协议（条款）。仲裁协议独立性是广泛认可的一项基本法律原则，是指仲裁协议与主合同是可分的，互相独立，它们的存在与效力，以及适用于它们的准据法都是可分的。《仲裁法》第19条第1款规定："仲裁协议独立存在，合同的变更、解除、终止或者无效，不影响仲裁协议的效力。"本案中，双方已经达成了仲裁条款的合意，且不存在仲裁协议或条款的无效事由，故

无论 BVI C 公司与深圳 E 投资公司之间的合同是否成立或被撤销，均不影响其效力。

4. 本案法院不具有管辖权。本案中，BVI C 公司与深圳 E 投资公司之间在产权交易合同、债权清偿协议磋商过程中对仲裁条款达成一致，且不存在导致仲裁合同无效的法定情形，即双方存在合法有效的仲裁协议（条款），依法排除了法院的管辖权，相关合同争议应提交仲裁。

参考文献

［1］施米托夫．国际贸易法文选［M］．赵秀文，译．北京：中国大百科全书出版社，1993.

［2］王军．国际私法案例选评［M］．北京：对外经济贸易大学出版社，2009.

［3］中华人民共和国最高人民法院，新加坡最高法院．中国-新加坡"一带一路"国际商事审判案例选（第一卷）［M］．北京：法律出版社，2020.

［4］张圣翠．国际商法［M］．8版．上海：上海财经大学出版社，2020.

［5］杨良宜，杨大明，杨大志．合约的履行、弃权与禁反言［M］．北京：法律出版社，2018.

［6］范剑虹．国际货物买卖合同法［M］．北京：法律出版社，2017.

［7］王军．美国合同法判例选评［M］．北京：中国政法大学出版社，1995.

［8］杨良宜．国际货物买卖［M］．北京：中国政法大学出版社，1999.

［9］杨良宜．国际商务游戏规则：英国合约法［M］．北京：中国政法大学出版社，1998.

［10］杨桢．英美契约法论［M］．3版．北京：北京大学出版社，2003.

［11］KLEINBERGER．代理、合伙与有限责任公司［M］．英文版．北京：中信出版社，2003.

［12］秦元明，周波．浅析平行进口商标侵权法律问题［J］．人民司法，2020（26）：12-18.

［13］曹磊，刘昭，赵琨，等．国际视野下药品专利强制许可制度的实施案例研究综述［J］．中国新药杂志，2020（13）：1441-1448.

［14］母洪，朱静．从五粮液案看韩国的驰名商标保护［J］．中华商标，2005（1）：47-48.

［15］潘琪．美国《统一商法典》案例（中英文对照本）［M］．北京：法律出版社，2022.

［16］吴庆宝．票据诉讼原理与判例［M］．北京：人民法院出版社，2005.

［17］杨良宜．国际商务与海事仲裁［M］．大连：大连海事大学出版社，2003.